이요정집

한국고전번역원 한국문집번역총서

이요정집 1

二樂亭集

신용개 지음
申用漑

이정원 옮김

일러두기

1. 이 책의 번역 대본은 한국고전번역원에서 간행한 한국문집총간 17집 소재《이요정집(二樂亭集)》으로 하였다. 번역 대본의 원문 텍스트와 원문 이미지는 한국고전종합DB(http://db.itkc.or.kr)에서 확인할 수 있다.
2. 역주는 내용이 간단하면 간주(間註)로, 길면 각주(脚註)로 처리하였다.
3. 한자는 필요한 경우 이해를 돕기 위하여 넣었으며, 운문(韻文)은 원문을 병기하였다.
4. 원문의 오류를 수정하였거나 오류가 의심되는 경우, 교감자료와 중요한 자구(字句)에서 차이가 있는 경우에는 그 내용을 각주로 밝혔다.
5. '한글 맞춤법'의 용법과 다르거나 새로 만든 문장 부호는 다음과 같다.

   「 」: ' ' 안의 재인용을 나타낼 때 사용한다.

   『 』: 「 」 안의 재인용을 나타낼 때 사용한다.

   …… : 원문의 '云云'을 처리할 때, 각주에서 긴 인용문을 처리할 때, 각주의 표제어가 네 어절 이상일 경우 생략되는 말을 처리할 때 사용한다.

   - - : 본문에서 소자(小字) 원문 주(註)의 처음과 끝에 사용한다.

   □ : 원문의 글자가 빠진 빈 난을 표기하거나 '결락과 판독 불가 글자에 대한 지침'에 따라 번역할 때 사용한다.

   ▨ : 훼손 등으로 인해 판독이 불가능한 원문을 표기할 때 사용한다.

차례

이요정집 제1권

시 詩

이요정집 제2권

시 詩

이요정집 제3권

이요정집 제4권

시 詩

이요정집 제5권

시 詩

이요정집 제6권

이요정집 제7권

부 賦

잠 箴

찬 贊

기 記

서 序

조선 전기 훈구파·사림파의 이분법적 인식 극복을 위한 시금석

김영봉 | 한국고전번역원 번역위원

1. 머리말

《이요정집(二樂亭集)》은 조선 중종 때의 문신인 신용개(申用漑, 1463~1519)의 문집이다. 신용개는 대제학을 맡았을 정도로 당대 최고 수준의 학자였으며, 신숙주(申叔舟)의 손자로도 유명하다. 그러나 현재까지 학계에서 신용개에 대한 연구는 매우 미미한 실정이다. 20여 년 전에 석사 학위 논문 한 편과 소논문 한 편이 나온 이후 10여 년 전 소논문 한 편이 뒤를 이은 것이 확인될 뿐이다. 연구가 활발하지 않은 것은 기존의 문학사에서 그다지 많이 언급되지 않은 점이 가장 큰 이유일 것이다. 역대의 비평이나 문학사에서 크게 주목되지 않았고, 또 각종 시선집에 개인의 작품이 얼마나 많이 실렸는지는 문학적 성취의 중요한 판단 기준이 될 수 있는데 신용개의 작품은 거의 실리지 않았다. 주요 시선집 중 《기아(箕雅)》에 〈배를 타고 양화나루로 내려갔다가 저녁에 돌아오며. 계운의 시에 차운하다〔舟下楊花渡夕歸次季雲〕〉라는 칠언 절구 한 수가 실려 있는 정도이다. 조선 말기의 《대동시선(大東詩選)》은 그 범례에서 밝히고 있듯이 《기아》를 전재한 것이다. 그 외에는 작품이 실린 시선집을 찾아보기 어렵다.

그렇다고 해서 신용개의 학문적, 문학적 역량을 소홀히 여길 수는 없다. 대제학을 맡았다는 것은 한 시대 문단의 영수로서 인정받았다는 것이어서 어느 정도 공인된 수준을 갖추었다는 증거이며, 단편적인 평가에서도 뛰어난 역량에 대한 증언을 많이 찾아볼 수 있다. 그중 이수광(李睟光)이 《지봉유설(芝峯類說)》에서 "이요정 신용개의 〈제강정(題江亭)〉 한 연에 이르기를 '모래벌판 따뜻하여 뭇 새들 모여들고, 강물은 맑아서 달그림자 떠 있네.〔沙暖集群鳥, 江淸浮太陰.〕'라고 하였는데, 홍유손(洪裕孫)이 감탄하면서 말하기를 '이는 성당(盛唐) 수준의 작품이다.'라고 하였다. 그가 중히 여겨진 것이 이와 같은데도 시문이 후세에 많이 전하지 않는 것은 어째서일까?"라고 하였다. 홍유손이 성당 수준으로 평한 부분까지는 남효온(南孝溫)의 《추강냉화(秋江冷話)》에 실려 전해지는 일화인데, 이수광은 이를 그대로 받아들이면서 후세에 많이 알려지지 않은 것을 아쉬워하고 있다.

신용개는 조선 초의 대표적인 훈구 가문 출신이지만 점필재(佔畢齋) 김종직(金宗直)의 제자이며 신진 사림들과도 교유가 깊어 그 자신 역시 신진 사림으로 분류되기도 한다. 이러한 정황은 조선 초기 정치나 학문의 흐름을 흔히 훈구파와 사림파의 대립 구도로 파악해 온 학계의 오랜 관행이 실상과는 많이 다르다는 것을 시사한다. 김종직 자체가 흔히 사림파의 영수로 규정되고 있지만 한명회(韓明澮), 신숙주, 강희맹(姜希孟) 등 당대의 쟁쟁한 훈구 세력과 폭넓은 친교를 가졌으며 관료 문인으로서의 역할에 충실하였다는 점을 주목하면, 신용개가 훈구 가문 출신으로 김종직의 제자가 되었다는 것은 전혀 이상할 것이 없는 일이다. 이와 연관해서, 신숙주의 문집인 《보한재집(保閑齋集)》의 서문을 김종직이 썼다는 사실도 간과해서는 안 된다. 신용개는 무오사화(戊午士禍)에 화를 당한 신진 사림들을 추모하는 시를 지어 그들과의 친교를 증명하는가 하면, 훈구 세력을 대변하는 남곤(南袞)과도 친하여서 자신이 맡았던 대제학의 후임에 남곤을 천거하였다. 이처럼 조선 초기의 정세나 학문적 동향을 제대로 파악하기 위해서는 신용개에 대한 이해가 매우 중요하다. 《이요정집》은 그 중요한 열쇠가 된다.

신용개에 대한 연구가 미진한 것은 앞에서 언급한 대로 문학사에서 비중 있게 언급되지 않은 점도 작용했겠지만, 흔히 그렇듯 문집이 번역되지 않아 현대 연구자들의 접근이 쉽지 않은 점도 상당한 요인으로 꼽을 수 있을 것이다. 이제 한국고전번역원에서 문집이 완역된 것을 계기로 활발한 연구가 이루어져서, 신용개 개별 작가에 대한 이해는 물론이고 조선 전기의 피상적인 문학사 서술도 보완되기를 기대한다.

2. 생애와 주요 활동 상황

신용개의 자는 개지(漑之)이고 대표적인 호는 이요정(二樂亭)인데 이 외에도 송계(松溪), 휴휴자(休休子), 수옹(睡翁) 등을 사용하였다. 초명은 백악종(白岳鍾)인데 조부인 신숙주가 산악(山岳)이 신령함을 내려 주는 상서로운 태몽을 꾸고서 붙여 준 이름이다. 신숙주는 직접 손자를 가르쳤는데 글을 읽으면 바로 외울 정도로 영민함을 보이자 이를 기특하게 여겨 이름을 고치고 자를 지어 주었다. '이요정'은 '樂'의 이음(異音) 때문에 '이락정'이라는 표기도 더러 보이는데, 심언광(沈彦光)이 쓴 문집 서문에 "이요(二樂)는 공의 정자(亭子) 이름인데, 인(仁)과 지(智)의 뜻을 취한 것이다."라고 하여 '인자요산(仁者樂山), 지자요수(知者樂水)'에서 왔다는 것을 밝히고 있으니 '이요정'이 맞는 표기이다. 본관은 고령(高靈)이고 시호는 문경(文景)이다. 1463년(세조9)에 서울에서 태어났는데, 다섯 살 때인 1467년에 부친 신면(申㴐)이 함길도 관찰사로 재임하고 있을 때 이시애(李施愛)의 난에 피살되어 조부인 신숙주에게 양육되었다.

부친이 피살된 경위는 문집에는 전혀 보이지 않고 후에 원수를 갚는 내용만 문집이나 여타 기록에 나오는데, 이기(李墍)의 《송와잡설(松窩雜說)》에 자세한 정황이 나와 있다. 이시애의 난이 일어났을 때 그 부친은 함길도 관찰사로 있었는데, 사건이 갑자기 일어나는 바람에 미처 대응할 방도가 없었다. 상황이 다급하자 대청 위에 설치된 작은 다락방 사이에 숨어 들어가 피신하였고 수색하러 온 반란군이 찾아내지 못하여 그냥 돌아가려 하였는데, 정황을 알고 있던 아전 한 명이 그가 숨은 곳을 고자질하여 마침내 발각되고 피살된 것이다. 신용개는 부친이 도적의 손에 죽은 것을 애통하게 여겨 훗날 장성하면 반드시 부친의 원수를 갚을 것을 다짐하였다. 그래서 높은 기개로 유명한 홍유손과 친교를 맺고, 그 아전의 동향을 파악한 뒤에 그가 일이 있어 서울에 오다가 중간에 인가에 묵게 되었을 때 홍유손과 함께 그곳에 가서 어둠을 틈타 도끼로 찍어 죽였다. 이때가 35세였는데, 이 일로 삼성(三省)에서 살인죄로 국문하려고 하였으나 자식이 부친의 원수를 갚은 일이라고 의롭게 여겨서 그만두게 하였다.

13, 14세 무렵부터 정효항(鄭孝恒)의 문하에서 수학하였는데, 정효항은 대사성을 거쳐 첨지중추부사를 지낸 문신이며, 성종 때 서거정(徐居正) 등과 함께 《동국여지승람(東國輿地勝覽)》을 편찬하고 《동국통감(東國通鑑)》을 편수한 학자이다. 21세 때인 1483년(성종14)에 사마시에 합격하고 성균관에 나아갔는데 동료들이 따라잡기 어려울 정도로

두각을 나타내었다. 26세 때인 1488년에 성종이 성균관에 행차하여 명륜당에서 직접 시험을 관장하고 네 사람을 선발하였는데, 이때 신용개는 병과(丙科)의 으뜸으로 뽑혔으며 이때부터 성종의 총애를 받기 시작하였다.

승문원 권지정자를 제수받고 얼마 뒤 홍문관에 들어가 여러 직책을 맡게 되며, 29세 때 사가독서(賜暇讀書)를 하게 된다. 이 사가독서 기간 동안 신진 기예의 젊은 사류들과 본격적인 교유가 시작되었다. 31세 때도 사가독서의 특전이 베풀어졌는데, 이때 함께 사가독서한 사람들 중에 김일손(金馹孫), 강혼(姜渾) 등 김종직의 제자들이 있어서 김종직과의 간접적인 인연이 시작되었다. 이때에 교유한 인물들이 김일손, 강혼 외에도 김감(金勘), 이과(李顆), 이희순(李希舜), 김전(金詮), 이주(李冑), 남곤, 최숙생(崔淑生), 정희량(鄭希良), 홍언충(洪彦忠), 박은(朴誾), 이계맹(李繼孟), 허침(許琛), 채수(蔡壽), 김흔(金訢) 등인데 대부분 역사에 뚜렷한 족적을 남긴 명사들이다. 특히 홍유손과 교유하면서 친하게 지냈고 후에 부친의 복수를 하는 데 결정적인 도움을 받았는데, 홍유손 역시 김종직의 제자이다.

김종직의 〈문인록(門人錄)〉에는 신용개가 실려 있지 않고 직접 수학한 내력도 찾기 어려워 제자인지 의문이 있을 수 있으나 정황상 사제 관계가 인정된다. 무오사화 때 김일손에 대한 공초(供招)에 김종직의 제자를 추궁하는 내용이 나오는데, 윤필상(尹弼商)의 신문에 김일손이 대답하면서, 직접 학업을 배운 제자들을 열거하는 중에 신용개를 비롯한 몇 사람은 과거 시험에서 제술(製述)로 과차(科次)를 받은 사실을 밝히고 있다. 고려 시대에 고관(考官)과 급제자는 좌주(座主)와 문생(門生)이라고 하여 으레 사제 관계로 인식되고 평생 부자 관계에 버금

가는 유대를 맺었다. 조선 시대에는 그 부작용을 우려하여 관계를 약화하는 제도를 마련하였지만 그래도 예전의 인식이 완전히 없어진 것은 아니었다. 신용개와 함께 나열된 권경유(權景裕), 이계맹, 이주, 이원(李黿) 등이 모두 〈문인록〉에 올라 있다.

35세 때인 1497년(연산군3) 가을에 모친상을 당하여 여묘살이를 하였는데, 사람들이 거상을 잘한다고 칭찬하였다. 거상 중인 36세 때 무오사화가 일어나 김종직이 부관참시당하고 그 제자들도 여러 사람이 연루되어 화를 입었다. 신용개도 처음에는 제자라고 해서 투옥되어 문초까지 받았으나 금방 풀려나게 되는데, 본 문집의 〈문경공 행장(文景公行狀)〉에서는 당시 국문을 맡은 재신(宰臣)들이 그와 마음을 거스른 사람들이 없었기 때문이라고 그 이유를 들고 있다. 마음을 거스른 재신들이 없었다는 것은, 당시 국문을 담당한 관리들이 사화를 일으킨 장본인이며 훈구 관료들이 대부분인데 신숙주 집안도 대표적인 훈구 세력이었으므로 충분히 이해가 되는 일이다.

42세 때인 1504년에 갑자사화(甲子士禍)가 일어났는데, 그 직전 여름에 성절사(聖節使)에 차임되어 중국에 갔다가 돌아오는 중에 직첩이 환수되고, 전라도 영광(靈光)으로 유배당하였다. 그 전부터 강직한 언론으로 연산군의 미움을 받고 있었는데 사화가 일어나자 함께 연루되어 화를 당한 것이다.

44세 때인 1506년(중종1) 가을에 중종반정으로 다시 조정에 돌아와 형조 참판이 되고 동지경연사, 홍문관 제학 등을 겸하였다. 이듬해 봄에 동지성균관사를 겸하였는데, 당시 오랫동안 문형(文衡)의 자리가 비어 있자 조정의 여러 대신이 신용개를 추천하여 대제학을 맡게 되었다. 이후 순탄한 관직 생활이 이어져 공조 판서, 우참찬, 예조 판서, 오위도총부 도총관, 좌참찬, 이조 판서 등 여러 관직을 역임하였다.

50세 때인 1512년에 김전, 장순손(張順孫), 박열(朴說), 조계상(曺繼商) 등과 함께 소릉(昭陵) 복위의 상소를 올려 마침내 이듬해 복위가 이루어졌다. 소릉은 문종이 세자였을 때 세자빈으로서 단종을 낳고 며칠 안 되어 세상을 떠난 현덕왕후(顯德王后)의 능호인데, 후에 단종이 왕위에서 쫓겨나고 영월에 귀양 갔다가 살해되자 '이미 왕이 아닌 노산군(魯山君)'의 생모라는 이유로 종묘에서 신주가 철거되고 문종의 능침에 묻힌 관곽이 파헤쳐져 물가에 이장되어 있었다. 이를 다시 복위시키자는 것이 이른바 '소릉 복위 운동'인데, 이 일은 성종조 때부터 김종직의 제자들이 중심이 된 신진 사류들이 꾸준히 제기해 온 문제였으나, 중종 때에 이르러 마침내 신용개 등에 의해 결실을 보게 된 것이다.

대사헌, 좌찬성, 우의정을 거쳐 56세 때인 1518년에 좌의정에까지 올랐는데, 그사이 《속삼강행실도(續三綱行實圖)》, 《속동문선(續東文選)》 등을 편찬하여 문화 사업에 기여하였다. 조광조(趙光祖)가 등용되면서 현량과(賢良科) 시행 등 여러 가지 개혁 정책을 펼칠 때는 그에 동조하여 힘을 실어 주었다. 남곤이 조광조를 견제하고 제거하고자 획책하려는 기미가 있었을 때는 단호하게 꾸짖어서 남곤이 감히 발호하지 못하게 하였다. 이듬해 10월에 57세를 일기로 세상을 떠났는데, 그의 사후 겨우 보름 만에 남곤이 획책한 기묘사화(己卯士禍)가 일어났다. 남곤은 자신을 대제학으로 추천해 준 신용개의 제지로 조광조 등 개혁 세력에게 함부로 위해를 가하지 못하다가 거리낄 게 없어지자 바로 화란(禍亂)을 자행한 것이다. 사화가 일어나자 사람들은 "만일 신용개가 있었다면 반드시 일을 진정시켜서 변이 없게 하였을 것이다."라고 하였으며, 당시 영의정으로 있던 정광필(鄭光弼)은 "그가 일찍 죽어서 나로 하여금 혼자 이 변을 당하게 한다."라고 한탄하기도 하였다. 이런 일화들은 그가 조정의 중신으로서 세력 간의 충돌을 방지하고 어려운 문제들을 잘 조정하였음을 알려 준다.

3. 《이요정집》의 판본과 간행 경위

《이요정집》의 초간본은 아들 신한(申瀚)이 남아 있는 초고(草稿)를 거두어 집안에 보관해 두었다가 진주 목사(晉州牧使)로 있던 1541년(중종36)에 숙부인 신광한(申光漢)에게 질정을 받아 간행하였다. 이 초간본에는 김안국(金安國)과 심언광(沈彦光)의 서문 및 신광한의 발문이 실려 있는데, 원래의 판본은 임진왜란을 겪으면서 없어지고 문집도 현재는 전하지 않는다. 다행히 병화를 면하고 전해진 초간본이 심열(沈悅)의 집에 소장되어 있었는데, 이것을 신용개의 후손인 신응구(申應榘)가 정서하여 집안에 간직하였고 그 아들 신량(申湸)은 이것을 다시 간행하지 못하는 것을 항상 아쉬워하였다. 그러다가 1682년(숙종8)에 신응구의 손자 신익상(申翼相)이 전라도관찰사 겸 전주부윤으로 있을 때 마침내 전주에서 15권 3책으로 간행하여 부친의 숙원을 이루었는데, 이것이 중간본(重刊本)이다. 이 중간본에는 습유(拾遺)로 일시(逸詩) 2편과 신흠(申欽)이 지은 〈화상기(畫像記)〉, 여러 역사 기록에서 뽑은 유사(遺事) 몇 가지 조항을 원집 부록 뒤에 붙이고 신익상의 중간본 발문을 첨부하였다. 현재 서울대학교 규장각한국학연구원(奎4035)에 소장되어 있다.

4. 《이요정집》의 구성과 내용

본 문집 중간본은 10행 21자, 상하이엽(上下二葉) 화문어미(花紋魚尾)의 목판본으로, 본집 15권, 부록과 습유를 합하여 전 3책으로 되어 있다. 앞부분에는 1541년에 지은 김안국의 서문과 1535년에 지은 심언광의 서문이 실려 있다. 본집과 부록 및 습유가 끝나고 1682년에 지은 신익상의 중간본 발문이 앞에, 초간본의 발문인 신광한의 글이 바로 뒤인 맨 마지막에 실려 있다.

권1~6에는 시가 실려 있는데 대체로 시의 형식별로 편차되어 있다 권1에는 오언 절구와 칠언 절구가 편차되어 있는데, 앞부분에 오언 절구, 뒷부분에 칠언 절구로 나뉘어 있지만, 9장(張)의 〈함양으로 부임하는 조호연을 전송하며〔送曺浩然赴咸陽〕〉는 칠언 절구 2수와 오언 절구 1수가 한 제목 아래 연작으로 섞여 있다. 권2에는 오언 고시와 칠언 고시가 주류를 이루는 중에 3·5·7언 잡체시 1수 및 오언 절구 몇 수가 실려 있다. 오언 8구로 된 몇 작품은 외형상 율시로 보이지만 율시의 법칙을 따르지 않은 고시이다. 권3에는 오언 고시와 오언 율시가 실려 있다. 권4~5에는 칠언 율시가 실려 있는데, 권4 중 4장의 〈제주목으로 부임하는 이자후를 전송하며〔送李子厚赴任濟州牧〕〉는 3수 연작 중 첫 수만 칠언 율시이고 뒤의 2수는 칠언 절구이다. 권6은 '독서당록(讀書堂錄)'이라는 부제 아래 편차되었으며, 저자가 사가독서할 때의 작품이 실려 있다. 일정한 시기를 기준으로 모은 작품이라 여러 체가 함께 섞여 있다. 이 중에는 함께 독서한 김일손, 강혼 등과의 차운시(次韻詩)가 포함되어 있다. 시 작품의 전체 편수는 권1에 43제(題) 92수(首), 권2에 29제 39수, 권3에 22제 28수, 권4에 28제 47수,

권5에 38제 39수, 권6에 24제 33수이다.

권7은 부(賦), 잠(箴), 찬(贊), 기(記), 서(序)가 묶여 있는데, 응제(應製)한 2편의 부와 잠 1편, 찬 2편, 서 6편이 실려 있다. 권8은 서와 발인데, 문집 서문 등 4편의 서와 응제한 도발(圖跋) 및 서발(書跋) 등의 발문 7편이 실려 있다. 권9는 논(論), 의(議), 장(狀), 제문(祭文)인데, 논 2편, 의 1편, 사직장(辭職狀) 2편, 제문 2편이 실려 있다. 권10 이후는 모두 신후문자(身後文字)인데, 권10은 행장(行狀) 1편과 묘지명(墓誌銘) 6편, 권11은 9편의 묘지명, 권12~15에는 신도비명(神道碑銘) 11편, 묘갈명(墓碣銘) 14편이 실려 있다.

이상이 본 문집이고 마지막에 부록과 습유가 실려 있다.

신용개의 시 세계에 대한 전반적인 모습은 아래에 별도의 항목에서 자세히 알아보기로 하고, 여기서는 우선 각 권별로 주목할 만한 작품들을 살펴보기로 한다.

권1의 〈'요하 가는 길에' 절구 네 수에 차운하다〔次遼河道中四絶〕〉는 명(明)나라의 문신으로 한림원 시강(翰林院侍講)을 지낸 예겸(倪謙)이 지은 시에 차운한 작품이다. 예겸은 1450년에 명나라 경제(景帝)가 황제에 올랐을 때 등극을 알리는 조서(詔書)를 가지고 우리나라에 사신으로 온 인물이다. 그는 우리나라의 여러 문인과 많은 시를 주고받았는데 신용개의 할아버지인 신숙주가 사신을 접대하였으며, 예겸은 신숙주의 시를 극찬하며 서로 형제의 의를 맺기도 하였다. 이를 추모하는 마음에서인지 예겸의 시에 차운한 작품이 많이 있다. 〈'우장역으로 가며'에 차운하다〔次赴牛莊驛〕〉도 예겸의 시에 차운한 것인데, 이 작품에는 지은 내력이 있다. 신용개는 1507년(중종2)에 성희안(成希顔)이 주문사(奏聞使)가 되어 명나라에 고명(誥命)을 받으러 갈 때 부사로 따라갔는데, 만주 지역의 역(驛)인 우가장(牛家莊)에 이르렀을 때 하수(河水)가 막 얼기 시작하여 건널 수가 없었다. 신용개가 몸소 골풀과 갈대를 베어서 강을 메워 건너려고 하자 성희안은 아랫사람들이 많이 있는데 시키지 않고 몸소 하려고 하느냐며 말렸다. 이에 신용개가 나랏일은 정해진 기한이 있으니 의당 솔선해야 한다고 하니 성희안도 그 말을 따랐으며, 마침내 평평한 육지를 만들어 무사히 일을 마치고 돌아오게 되었다.

권2의 〈호남 관찰사로 부임하는 김국경을 전송하다〔送金國卿觀察湖南〕〉는 전라도 관찰사로 떠나는 김안국을 전송하는 송별시로, 전체 84구의 장편 오언 고시이다. 임지에 가서 선정을 베풀어 훌륭한 업적을 남기기를 당부하는 내용이다. 〈총마계축에 쓰다〔書驄馬契軸〕〉는 사헌부 감찰의 계축에 쓴 작품이다. 총마는 사헌부의 감찰을 뜻하고 계축은 일정한 모임의 사람들이 잔치를 베풀면서 시부(詩賦)를 적어 두루마리로 만든 권축(卷軸)인데, 조선 시대에는 이 풍습이 성행하여 여러 사람의 작품이 남아 있다. 신용개도 이와 같은 제재로 〈총마계축에 제하다〔題驄馬契軸〕〉라는 시를 지었는데, 권3과 권5에 있다. 모두 강직한 마음으로 직분에 충실하여 나라에 이바지하자는 다짐을 주제로 하고 있다. 〈소요당에 제하다〔題逍遙堂〕〉는 3언 2구, 5언 2구, 7언 2구로 된 보기 드문 잡체시(雜體詩)이다. 소요당은 좌의정을 지낸 심정(沈貞)이 양천(陽川)의 공암(孔巖) 서쪽 강가에 지었던 별장이다. 그 밖에 여러 수의 만사(挽詞)가 실려 있다.

권3의 〈요춘루(繞春樓)〉와 〈관홍루(貫虹樓)〉는 모두 응제시(應製詩)로서 40운의 장편 고시인데, 궁궐에서 군신(君臣)이 연회를 벌이고 흥겹게 노는 광경과 화려한 누각에서 문무를 연마하면서 선정의 교화를 펴는 성대한 모습을 묘사한 전형적인 관각문자(館閣文字)이다. 〈청심루 시에 차운하다〔次淸心樓韻〕〉는 경기도 여주(驪州)의 객관 북쪽에 있던 누각인 청심루의 현판 시에 차운한 오언 율시인데, 청심루는 워낙 유명한 누각이라 고려 시대부터 수많은 시인들의 작품이 지어진 명소였다. 평성(平聲) 우운(尤韻)의 이 작품은 신용개와 동시대 인물로 약간 후배인 김극성(金克成)의 문집 《우정집(憂亭集)》 권2에도 〈무제(無題)〉라는 표제 아래 실려 있어 작자의 고증이 필요하다. 《우정집》에는 같은 운(韻)의 시 2편이 연작으로 실려 있는데, 그 두 번째 작품이 이 시와 한 글자만 제외하고 동일하다. 그런데 김극성은 조정에서 인재를 천거하라고 하였을 때 신용개가 그를 추천한 적이 있으며, 김극성의 시문은 오랫동안 수습되지 못하다가 후손이 저자 사후 200여 년 만에 우연히 민가에서 습득하였고 그 후로도 한참 시간이 흘러 사후 300여 년이 지난 1860년에야 간행이 이루어졌다. 이런 정황으로 보아 이 시의 저자는 신용개일 가능성이 훨씬 높으며, 김극성이 선배의 작품을 자신의 작품과 함께 적어 놓았던 것을 후손들이 모르고 문집에 편입한 것으로 보인다. 다른 사람의 작품을 베껴 놓았는데 후대에 문집을 간행하면서 잘못 알고 편입하는 일은 종종 나타나는 현상이다. 두 사람 모두 청심루의 현판 시에 차운하였을 것이다. 권3의 후반부는 거의가 만사이다.

권4의 앞부분에는 예겸의 시에 차운한 작품이 다수를 차지한다. 또 권4에도 권3처럼 같은 제목의 〈청심루 시에 차운하다〉가 평성 산운(刪韻)의 칠언 율시로 실려 있다. 이 작품 역시 김극성의 《우정집》 권3에도 〈무제〉 중 하나로 실려 있는데, 권3의 경우와 마찬가지로 잘못 편차된 것으로 보아야 한다.

권5는 몇 편의 차운시, 계축(契軸)에 지은 시, 송시(送詩), 증시(贈詩)를 제외하고 만시(挽詩)가 압도적으로 많이 실려 있는데, 이를 통해 그의 교유 관계의 폭을 알 수 있다. 그중 〈김계운의 유골을 이장할 때의 만사[移葬金季雲遺骨挽詞]〉는 김일손의 묘를 이장할 때 지은 것으로, 김일손이 무오사화로 처형된 뒤 10년 만에 고향으로 이장되었는데 후사(後嗣)도 없이 부인만 홀로 남아 슬퍼하는 정경을 가슴 아파하면서 억울한 죽음이 후대의 올바른 평가를 받게 되기를 기대하는 내용이다. 여기에 실린 만시의 주인공 대부분은 신용개가 신도비명이나 묘지명 등 묘도 문자까지 지어 준 인물이 많다.

권6은 '독서당록(讀書堂錄)'이라는 부제 아래 실려 있는데 이름 그대로 사가독서할 때 지은 작품들을 따로 모은 것이다. 강혼, 김일손, 이희순 등과의 차운시가 실려 있는데, 이처럼 쟁쟁한 명사들이 사가독서를 계기로 교유한 성사(盛事)를 김일손은 〈취산증이사성별(聚散贈李師聖別)〉이라는 글에서 다음과 같이 표현하였다.

"금년 가을에 고령(高靈) 신개지(申漑之), 진양(晉陽) 강사호(姜士浩), 안악(安岳) 이사성(李師聖), 그리고 나, 이렇게 네 사람이 사가(賜暇)를 입어 독서당(讀書堂)에 모였는데, 나와 강씨와 이씨는 모두 동갑이요 신씨는 한 살 위이지만, 한 달밖에 떨어지지 않았으니 참으로 한 무리 물고기 떼와 같다. 밥도 한 상에서 같이 먹고 잠도 한 이불 속에서 같이 자며, 나가면 서로 뒤를 따르고 앉으면 서로 마주 대하며, 흥취를 얻으면 함께 시를 읊고 글귀를 얻으면 함께 창을 하며, 말은 서로 똑같지 않지만 뜻은 같고 걸음은 발자국을 따르지 않지만 방향은 같으며, 출사(出仕)는 선후가 있지만 때는 같고, 직무는 내외가 있지만 업은 같아서 밤낮으로 함께 맞대고 있으니 그 모임이 극에 달했다. 바야흐로 모였을 적에는 희희낙락하며 서로 권면하고 서로 책망하니, 그 외모를 보면 조정의 벼슬아치이지만 그 내면을 들여다보면 포의(布衣)의 서생으로, 성덕(聖德)에 배부르고 천진(天眞)을 고무(鼓舞)하여, 이 네 사람이 합해서 천지의 육성하는 가운데 있는 한 덩이 물건이 되었던 것이다."

이 글은 1493년(성종24)에 김일손, 김감, 강혼, 이과, 이희순 등과 사가독서할 때의 일을 기록한 것이다. 서로의 나이가 거의 비슷한 데다 지기(志氣)도 상합하여 지극히 친밀했음을 보여 주는데, 한유(韓愈)의 〈부독서성남(符讀書城南)〉이라는 시의 "한 무리 물고기 떼〔同隊魚〕"라는 말을 빌려 와서 함께 어울린 모습을 표현하였다. 여기에 실린 〈배를 타고 양화나루로 내려갔다가 저녁에 돌아오며. 계운의 시에 차운하다〔舟下楊花渡夕歸次季雲韻〕〉는 신용개의 작품 중 유일하게 시선집인 《기아》와 《대동시선》에 실려 있다. 또 시화집인 《소화시평(小華詩評)》에도 신숙주와 그 손자인 신광한(申光漢), 신종호(申從濩)의 작품과 함께 신용개의 이 작품을 나란히 소개하면서 당(唐)나라 시인에게도 뒤지지 않는다고 높이 평가하였다.

권7은 부(賦), 잠(箴), 찬(贊), 기(記), 서(序)로 구성되었다. 응제로 지은 〈분서갱유부(焚書坑儒賦)〉는 진 시황의 폭정을 비판하면서 우리 임금은 요(堯) 임금과 순(舜) 임금의 도를 계승하고 문왕(文王)과 무왕(武王)의 법을 따라 성군의 정치를 행하고 있다고 찬양하였다. 역시 응제로 지은 〈아사대성부(餓死臺城賦)〉는 남조(南朝) 양(梁)나라의 무제(武帝)가 불교에 귀의하여 깊이 신봉하였지만 결국 복을 받지 못하고 후경(侯景)의 난에 대성(臺城)에서 굶어 죽은 것을 풍자한 내용이다. 〈분서갱유부〉는 178구, 〈아사대성부〉는 112구의 굉장한 장편이다. 〈나의 진영에 부치는 찬〔自眞贊〕〉은 스스로의 초상화에 붙이는 화찬(畫贊)으로, 늘그막의 모습을 관조하면서 올바른 삶을 살았는지에 대한 성찰을 담고 있다.

권8의 〈《삼탄집》 서(三灘集序)〉는 이승소(李承召)의 문집에 대한 서문인데, 옛사람들의 시문에 대한 논의를 빌려 와서 자연스럽고도 진솔한 글이 훌륭하다는 것을 밝히고 있다. 〈응제로 지은, 열 개의 서문을 쓴 병풍에 대한 서〔應製十條書屛序〕〉는 임금이 성찰의 바탕으로 삼고 경계와 모범으로 삼기 위해서, 경연의 시종신에게 명하여 옛사람들의 아름다운 말과 훌륭한 행실을 모아 병풍에 써서 바치라고 하여 여기에 서문을 쓴 글이다. 병풍에 쓴 글은 모두 열 가지 조항인데, '도학을 밝힌다〔明道學〕', '마음을 바르게 한다〔正心術〕', '경외하는 마음을 높인다〔崇敬畏〕', '편안히 즐기려는 마음을 막는다〔防逸欲〕', '언행을 조심한다〔謹言行〕', '기량을 넓힌다〔弘器量〕', '밝게 살핌을 경계한다〔戒聰察〕', '간쟁을 받아들인다〔納諫諍〕', '가득 찬 것을 두려워한다〔懼盈成〕', '힘써 행함을 귀하게 여긴다〔貴力行〕'는 것이다. 〈《의문정요》 발(醫門精要跋)〉은 의서(醫書)인 《의방유취(醫方類聚)》가 너무 양이 많아 이를 줄인 요약본 《의문정요》에 대한 발문이다. 그 밖에 응제한 여러 편의 발문이 있다. 〈이명중 《관동행록》의 말미에 쓰다〔書李明仲關東行錄跋〕〉는 이우(李堣)가 1510년(중종5)부터 1511년까지 강원도 관찰사로 나가 있으면서 관동 지방을 유람하며 지은 시 100여 수를 수록한 시집인 《관동행록》에 붙인 발문이다. 《관동행록》은 이우의 문집인 《송재집(松齋集)》에 실려 전한다. 고금의 시를 짓는 사람들이 대부분 표현을 잘하려고만 하고 실제를 추구하지 않아 겉꾸밈만 하고 내실을 도외시하는 폐단을 비판하면서, 이 행록은 화려하면서도 실제를 갖추고 있고 규범에 맞으면서도 전아하다는 점을 칭찬하였다.

권9의 〈오자서와 범려의 우열에 관한 논〔伍子胥范蠡優劣論〕〉은 오자서와 범려 두 사람의 장단점을 반복되는 억양법으로 상호 비교하면서 우열을 논하였는데, 서로 간의 장단점에도 불구하고 범려가 더 낫다는 결론을 도출하였다. 〈"나는 강아지가 제 어미를 무는 개를 물어 어미를 구원하려는 것을 보았는데 …… 이 짐승의 뜻과 같지 않은 것은 어째서인가?"라고 한 것에 관한 논〔予見犬雛救咬母咬之犬……不如此物之意若何論〕〉은 제목 아래 소주(小註)에서 밝히고 있듯이 연산군의 물음에 대한 응제의 글이다. 제목의 전체 내용은 "나는 강아지가 제 어미 개를 무는 개를 물며 어미 개를 구원하려는 것을 보았는데, 아무런 생각 없이 그러한 것이겠는가, 정이 있어 그러한 것이겠는가? 지금 일을 논하는 자들이 이 짐승의 뜻과 같지 않은 것은 어째서인가?"라고 한 것이다. 이는 당시에 자신의 생모인 폐비 윤씨(尹氏)를 다시 왕비로 복권하여 성종의 사당에 모시려고 하는 연산군의 의도가 담긴 질문이다. 그러나 신용개는 연산군의 그러한 시도에 반대한 사림(士林)들을 옹호하며, 그들을 충성스러운 신하라고 표현하였다. 이는 연산군의 의도를 거스르는 것으로서, 후에 갑자사화가 일어났을 때 연루되어 화를 당하게 되는 빌미가 되었을 것이다. 〈왜노를 송환하는 것이 좋을지 남겨 두는 것이 좋을지에 대한 의론〔倭奴送留便否議〕〉은 1510년 4월 4일에 제포(薺浦)의 항거 왜추(恒居倭酋)인 대조마도(大趙馬道)와 노고수장(奴古守長) 등이 대마도주(對馬島主)의 지원을 받아 왜인 4, 5천 명을 거느리고서 폭동을 일으켜 제포 등이 함락되고 이후 조정에서

관에 머물게 했던 왜인들과 갇혀 있던 왜인들의 처리 문제를 논의할 때 지은 글이다. 이 글은 대마도에서 사신으로 파견 나왔다가 돌아간 평시라(平時羅) 등이 그해 8월 다시 돌아와 투항하면서 고변(告變)하였으나 우리의 사정을 염탐하러 온 것으로 파악되어 의금부에 내려졌을 때 그의 송환 여부를 논의한 것인데, 신용개는 처음에 돌려보내서는 안 된다는 강경론을 폈으나 여러 사람들의 의견을 소개하고 자신의 생각보다 낫다고 여겨 중론을 따르도록 권유하였다. 〈병조 판서를 사직하고 대제학의 후임에 남곤을 천거하는 장〔辭兵曹判書擧南袞代大提學狀〕〉은 병주 판서를 사직하면서 자신의 대제학 후임으로 남곤을 추천하는 글이다. 남곤은 후에 사화를 일으키며 간흉으로 지탄을 받았으나 젊어서는 학문에 뛰어나고 촉망받는 인재로 명망이 높았다. 신용개도 이때만 해도 그를 매우 높이 평가했음을 알 수 있다. 이어 좌의정을 사직하는 장(狀)이 6편 연속으로 실려 있다.

권10의 〈고양부원군 신공 행장(高陽府院君申公行狀)〉은 부친의 친동생으로 신용개 자신의 숙부인 신준(申浚)의 행장이다. 영의정 유순정(柳順汀)에 대한 제문과 사도시 정(司䆃寺正)을 지낸 박담손(朴聃孫)에 대한 제문은 모두 짧은 서문과 함께 4언 고체시 형식으로 되어 있다. 〈밀원부원군 박공 묘지명(密原府院君朴公墓誌銘)〉은 자신의 장인인 박건(朴楗)의 묘지명이고, 〈정경부인 최씨 묘지명(貞敬夫人崔氏墓誌銘)〉은 박건의 부인, 즉 장모의 묘지명이다.

권11에는 결성 현감(結城縣監)을 지낸 권료(權燎)를 비롯하여 최인수(崔麟壽)의 모친 심씨(沈氏)에 이르기까지 모두 9명에 대한 묘지명이 실렸다. 그중 〈고양부원군 신공 묘지명(高陽府院君申公墓誌銘)〉은 권10에 행장을 실은 숙부 신준의 묘지명이다.

권12에는 영의정 성준(成俊)의 신도비명을 비롯하여 모두 5편의 신도비명이, 권13에는 지중추부사 김우신(金友臣)의 신도비명을 비롯하여 모두 4편의 신도비명이, 권14에는 창산부원군(昌山府院君) 성희안(成希顔)의 신도비명을 비롯하여 모두 7편의 신도비명과 묘갈명이, 권15에는 증 승정원 도승지 이평(李泙)과 그 부인 허씨(許氏)의 합장 묘갈명을 비롯하여 모두 9편의 묘갈명이 실렸다.

부록으로는 종제(從弟)인 신광한이 지은 행장, 김전이 지은 묘지(墓誌), 이행이 지은 비명(碑銘), 제문(祭文)이 실렸다. 제문은 중종이 예조 좌랑 이귀령(李龜齡)을 보내 제사 지내게 하면서 내린 것이다.

습유에는 신용개의 시 2편과 신흠이 지은 〈화상기〉 및 여러 문헌에서 유관 기록을 발췌한 유사(遺事)가 수록되어 있다. 시 중에 〈거문고와 학을 벗 삼을 중륜에게〔仲倫琴右〕〉는 일종의 잡체시(雜體詩)인데, 연아체(演雅體)는 구마다 동물 이름을 넣어서 시를 짓는 작법의 용어이다. 〈화상기〉는 가묘(家廟)에 소장되어 있던 저자의 초상화를 후손인 양주 목사(楊州牧使) 신응구가 복구하면서 신흠에게 기록하게 한 것이다. 유사는 《추강사우록(秋江師友錄)》, 《추강냉화(秋江冷話)》, 야사(野史), 《기묘록(己卯錄)》, 《해동야언별집(海東野言別集)》 및 사관(史官)의 기주(記注)에서 신용개와 관련이 있는 기사를 발췌하여 실은 것이다. 마지막에는 6대손 신익상이 1682년(숙종8)에 지은 발문과 종제 신광한이 1528년(중종23)에 지은 발문이 실려 있다.

5. 신용개의 문학 세계

기존의 연구에서는 신용개의 문학을 전대의 훈구 집단이 이룩한 사장(詞章) 문학에서 크게 벗어나지 않은 것으로 평가하면서, 서거정(徐居正)과 성현(成俔) 등의 문학론을 계승하면서 정치적으로 안정된 관각 문인(館閣文人)으로서 저술 활동을 하였다고 보는 시각이 있다. 또 초기에는 신진 사류들과 교류하며 그들의 문학적 취향을 따랐는데 여러 차례의 사화를 겪으며 신진 사류의 그룹으로부터 떨어져서 새로이 형성된 훈구 세력으로 편입되었다고 보기도 한다. 이런 생각에 입각해서 초기의 시는 신진 사류들과 영향을 주고받은 것이고 후기의 시는 전형적인 관각 문학이라고 보았다.

이와 연관 지어서, 신진 사류와 교유하였던 초기에는 당풍(唐風)의 시를 썼고 점차 그 위치가 훈구화하자 송풍(宋風)의 한시를 짓게 되었다는 평가를 내리기도 한다. 이러한 평가는 조선 전기의 문학을 훈구파와 사장파의 이분법으로 나누어 보는 기존의 견해에 입각한 것으로, 실제로 개인들의 문학 활동을 살펴보면 적용되기 어려운 측면이 많다. 신진 사류들은 이른바 도학파(道學派)라고 하여 성리학적 태도가 더 뚜렷한 인물들로 인식되고 있는데, 이분법적인 시각에서 그러한 인식이 맞다면 이들의 시풍은 당풍보다는 오히려 송풍이어야 한다. 그러나 이 당시 문인들의 경향을 보면 사림파냐 훈구파냐에 따라 유파별로 시풍이 별반 다르지 않다.

위의 평가에서 신용개의 문학을 전기와 후기로 나누는 기준 시점을 중종반정으로 보고 있는데, 실제 작품을 분석해 보면 전기와 후기의 성향이 그처럼 갈리는 점을 보기 어렵다. 전기에 지은 작품인 〈독서당록〉에 실린 시들과 후기에 지은 작품들 간에 뚜렷한 변별점은 보이지 않으며, 오히려 같은 경향이 이어진다고 보는 것이 더 타당하다.

문집에 실린 작품을 통람(通覽)해 보면 몇 가지 일정한 경향성이 나타난다. 그중 외형적으로 보았을 때 양적으로 가장 두드러진 특징이 차운시(次韻詩), 제화시(題畫詩), 만시(挽詩)이다. 차운시는 기존의 작품이 있어야 하고 그 작품의 운을 그대로 따라야 한다는 제약이 있으며, 제화시는 대상이 되는 그림이 있어야 하고 그 그림의 주제를 따라야 하며, 만시는 대상자의 죽음이라는 사건이 있어야 하고 그 인물의 생전 업적에 대한 찬양과 죽음에 대한 애도가 드러나야 한다. 차운시는 선행하는 작품의 운을 따라야 한다는 제약 외에도 거의 대부분 앞 작품의 주제를 이어받아야 한다. 제화시는 이미 주어진 그림에 맞추어 그림 속의 풍경을 문자로 묘사하거나 화의(畫意)를 주제로 표출해 내야 한다. 만시는 주인공의 죽음을 애도하거나 생애를 찬양하는 내용을 담아야 하므로 거의 상투적이고 의례적인 내용이 되기 쉽다. 이러한 작품들은 작가의 개성을 드러내는 데 원천적으로 제약의 요건이 된다.

또 하나의 성향으로는 노장(老莊) 경향의 작품들이 보인다. 조선조 유학자들이 사상적으로는 노장을 배척하였지만, 실제 삶이나 문학 활동에서는 상당히 가깝게 대했던 것이 사실이다. 각박한 현실에 염증을 느끼고 자연으로 돌아가고 싶은 귀거래(歸去來)의 심정을 표현할 때 노장적인 사고방식이 원용되곤 한다.

과거 역사에서 술을 좋아한 문인들은 수도 없이 많은데, 신용개도 충분히 그 반열에 들 수 있을 정도로 술을 좋아하였을 뿐 아니라 그러한 성향을 작품에서도 도처에 드러내어 하나의 특질을 형성하고 있다.

이상의 분석을 구체적인 작품을 통해서 검증해 보기로 한다.

1) 차운시(次韻詩)

흰 모래밭 푸른 대숲에 파도는 만 길인데	白沙翠竹波萬尋
아침 안개 저녁놀은 맑고 흐림 경계짓네	朝煙暮靄閑晴陰
새 날아가고 구름 흘러가니 세월은 아득한데	鳥去雲移歲月遠
산은 멀고 물은 넓으니 술잔이 깊어지네	山長水闊杯觴深
가을바람 만 리에 몇 가닥 귀밑털 희어지고	秋風萬里數莖鬢
달 떠 있는 한밤에 천고의 마음 품었다네	蟾桂一宵千古心
취해 졸며 실컷 놀아 하고 싶은 대로 하니	醉睡飽嬉從意好
누가 책상 위 금이 다 없어지는 것을 근심하리오[1]	誰能愁盡牀頭金

두보(杜甫)의 〈제성중원벽(題省中院壁)〉[2]이라는 시에 차운한 작품이다. 두보의 원시는 좌습유(左拾遺)가 되었을 때 문하성(門下省)에 있으면서 사신의 벼슬살이를 성찰하는 내용이다. 신용개는 이 시에서 가을 달밤에 느끼는 흥취를 읊고 있다. 젊은 시절 독서당에 있을 때 지은 작품인데, 마지막 연에서 독서당에 선발될 정도로 장래가 촉망되는 자신의 자족한 모습을 그리고 있다. 원래 당(唐)나라 장적(張籍)이 〈행로난(行路難)〉이라는 시를 읊으면서 "그대는 보지 못하였나, 침상 맡의 황금을 다 소진하면 장사도 무안해 한다는 것을.〔君不見牀頭黃金盡, 壯士無顏色.〕"이라고 하여, 인생살이의 어려움을 표현한 것인데, 신용개는 이것을 뒤집어서 표현하여 근심할 것이 없다고 하였다. 젊은

1 《二樂亭集》 卷6 〈次老杜韻〉.

2 《全唐詩》 卷225, "掖垣竹埤梧十尋, 洞門對霤常陰陰. 落花遊絲白日靜, 鳴鳩乳鷰青春深. 腐儒衰晚謬通籍, 退食遲迴違寸心. 衮職曾無一字補, 許身愧比雙南金."

시절에 쓴 시에서 이미 풍류적인 요소가 다분하게 드러나고 있다.

강 안개는 아른아른 털끝처럼 일어나고	江煙冉冉惹毫端
강물은 맑고 맑아 야윈 얼굴 비치는데	江水澄澄照瘦顔
작은 노가 우는 곁에 저녁 새만 날고 있고	細艣鳴邊唯夕鳥
푸른 숲 저 밖에는 또 푸른 산이 있네	翠林橫外亦靑山
창에 비친 좋은 경치 두 눈 안에 들어오고	八牕勝景雙眸內
한차례 찬 빗소리 무수한 낙수 사이에서 들리네	一雨寒聲萬霤間
명예 찾는 길에 오래 애쓴 것을 스스로 웃으면서	自笑名途長蹩躠
어부 노인이 청한함을 차지하도록 내맡겨 두네[3]	任他漁叟管淸閑

이 시는 경기도 여주(驪州)의 신륵사(神勒寺) 인근 강 언덕에 있는 청심루에 편액된 제영시(題詠詩)에 차운한 것인데, 청심루의 아름다운 경관을 읊은 다음에 끝에 가서 자신의 감정을 읊는 선경후정(先景後情)의 표현법을 사용하고 있다. 여기에 쓰인 운자 단(端), 안(顔), 산(山), 간(間), 한(閑)은 고려 시대부터 조선 시대에 이르기까지 수많은 시인들에 의해 차운된 유명한 운자이며, 신용개의 스승인 김종직도 같은 운으로 차운한 시가 있다.[4] 그런데 김종직의 시 제목에 의하면 가정(稼亭)의 시를 차운하였다고 했으니 원운(原韻)은 가정 이곡(李穀)인 셈

3 《二樂亭集》 卷4 〈次淸心樓韻〉.

4 《佔畢齋集》卷12 〈病後赴善山……悤悤次稼亭韻〉, "維舟茅舍蕀籬端, 魚鳥何曾識我顔? 病後猶能撰杖屨, 謫來纔得賞江山. 十年世事孤吟裏, 八月秋容亂樹間. 一霎倚闌仍北望, 篙師催載不敎閑."

이 된다. 그러나 이곡이 이 운으로 지은 시는 〈여흥객사차운(驪興客舍次韻)〉[5]이라고 되어 있어 그 역시 이전의 다른 사람 시에 차운한 것이다. 원운은 현재로서는 알 길이 없다.

이 차운시에 대해서는 운을 그대로 따르지 않고 약간 바꾼 작품이 있어 주목된다. 목은(牧隱) 이색(李穡)의 〈여흥청심루제차운(驪興淸心樓題次韻)〉[6]이 그것인데 모두 네 수의 연작이다. 네 수의 시에서 첫째와 둘째 수만 원래의 운을 따르고 셋째와 넷째 수는 첫 구의 운자로 쓰인 단(端)을 환(還)으로 바꾸었다. 이렇게 나중 두 수의 운자를 바꾼 이유를 스스로 발문에서 설명하고 있다. 즉 단 자는 압운에서 벗어났기 때문에 환 자로 바꾸었다는 것이다. 그러면서 "제멋대로 참람한 정도가 심하니 보는 사람들은 용서하기 바란다."라고 하였다.[7] 압운에서 벗어났다는 것은 단 자가 평성 한운(寒韻)인데 운자로 쓰인 다른 네 글자는 평성 산운(刪韻)이기 때문이다. 고시(古詩)의 경우는 '한운'과 '산운'이 협운(叶韻)으로 통운(通韻)이 허용되지만 근체시에서는 원칙적으로 허용이 되지 않는다. 그러나 7언 근체시에서 첫 구의 운자를 인접 운에서 통운하는 예가 없지 않은데, 이색은 굳이 정확한 운을 따르고 싶었던 것이다. 그래서 참람한 정도가 심하다는 단서를 붙인 것으로 보인다.

다시 이 시의 표현적 측면으로 돌아가서, 이처럼 특정 누정시의 운에 차운한 작품은 거의 대부분 원운의 주제를 충실히 따르게 마련이어서

5 《稼亭集》 卷17. "如將此景入毫端, 文要蘇黃字要顏. 政爲居民愁賦役, 寧容過客賞江山? 白波青嶂閭閻裏, 赤岸銀河伯仲間. 一宿樓中猶未足, 扁舟他日辦長閑."

6 《牧隱藁》 卷34.

7 上同, 〈驪興淸心樓題次韻〉 跋文, "端字落韻代以還字, 狂僭之甚, 覽者幸恕之."

작자의 개성이 드러나기 어렵다. 다만 어떻게 수사적 기교를 잘 부려서 묘사를 생동감 있게 잘하느냐가 작품의 질을 말해 주는 관건이 된다. 신용개 이후로도 수많은 사람들이 같은 차운을 했는데, 주제는 천편일률적으로 청심루 주변의 아름다운 경관을 묘사한 것이고 위의 작품처럼 가끔씩 거기서 느끼는 자신의 회포를 곁들이고 있다. 이색의 경우는 연작시를 지으면서 이러한 주제를 나누어서 분배하였는데, 네 수 중 앞의 두 수는 누각의 모습을 읊었고 뒤의 두 수는 스스로의 회포를 읊었다고 자신이 직접 밝히고 있다.[8]

역시 청심루에서 차운한 시가 있는데, 앞의 시와는 운도 다르고 형식도 절구로서 다르다.

먼 산 반쯤 구름 끼고 강엔 반쯤 안개 끼어	雲半遙山煙半江
잠 깨우는 물기운이 창문으로 스며드네	醒人水氣透軒窓
그림 속의 온갖 군상 아침저녁으로 제공되니	畫中萬象供朝暮
수고로이 바라보던 시선을 거둬들이네[9]	收拾長勞望眼雙

이 시는 포은(圃隱) 정몽주(鄭夢周)의 〈제여흥루(題驪興樓)〉[10]에 차운한 것으로 강(江), 창(窓), 쌍(雙)이 운자로 쓰였다. 정몽주의 시는 원래 두 수 연작인데 그중 제2수가 유명하여 《동문선(東文選)》을 비롯

8 上同, "前二首詠樓, 後二首自詠云."

9 《二樂亭集》 卷1 〈次淸心樓韻〉.

10 《圃隱集》 卷2, "煙雨空濛渺一江, 樓中宿客夜開窓. 明朝上馬衝泥去, 回首滄波白鳥雙."

하여 여러 시선집에 거의 빠짐없이 실려 있고, 후인들의 차운도 주로 두 번째 시에 집중되어 있다.

첫 구는 먼 산에 구름이 끼어 산을 절반이나 가리고 강에도 안개가 자욱하게 끼어 절반쯤 가득한 모습을 그리고 있다. 구름이며 안개며 모두 습기를 머금고 있어서 방 안에까지 스며들면서 그 차가운 기운은 사람의 정신을 말똥말똥하게 만든다. 세 번째 구는 청심루 주변의 아름다운 경치를 산수화 속의 모습으로 인식하였다. 그림 속의 온갖 사물들이 아침저녁으로 제공된다고 하였는데, 이처럼 현실의 경물을 그림 속의 모습으로 보는 수법은 한시에서 흔하다. 예를 들어 정도전(鄭道傳)의 〈방김거사야거(訪金居士野居)〉에서 "立馬溪橋問歸路, 不知身在畫圖中."[11]이라고 하였는데, 서거정도 〈촌서신소종연화개유작(村墅新沼種蓮花開有作)〉에서 "獨立晩風香滿袖, 不知身在畫圖中."이라고 하여 뒤 구질을 정도전의 표현과 똑같이 하였다. 서거정은 이 구절의 표현을 아주 좋아하였는지 다른 작품에서도 똑같이 몇 차례 더 구사한 것이 보인다. 그 밖에도 김구용(金九容)의 〈감회(感懷)〉에서 "十幅雲帆一信風, 江山都是畫圖中."[12], 김종직의 〈숙낙원촌가효오체(宿洛院村家效吳體)〉에서 "矮屋打頭蚊殷空, 柴扉倚杖畫圖中."[13], 김시습(金時習)의 〈견회(遣懷)〉에서 "人世幾回雲雨變, 江山依舊畫圖中."[14]이라고 하는 등 이

11 《三峯集》 卷2. 이 시는 여러 시선집에 많이 인용되어 있는데, '溪橋'가 '溪邊'으로 된 곳도 있다.

12 《惕若齋先生學吟集》 卷下.

13 《佔畢齋集》 卷12.

14 《梅月堂集》 卷1.

러한 예는 헤아릴 수 없이 많다.

이 밖에도 전체 작품 중에 차운시는 많은 비중을 차지한다. 앞에서 얘기한 대로 이러한 차운시들은 원운의 표현에 제약을 받아 자유롭게 개성 있는 작품을 쓰기에는 유리하지 않은 방법이다. 다만 전인(前人)의 유명한 작품에 차운해 보았다는 일종의 시적 유희로서의 효용에 가깝고, 한편으로는 교유하는 인사들과 시를 주고받으며 차운한 경우에는 친교의 수단으로 활용되는 측면이 있다. 이는 공자(孔子)가 《시경》의 효용을 말하면서 언급한 "사람들과 어울릴 수 있게 한다.〔可以群〕"에 해당한다.[15]

2) 제화시(題畫詩)

기러기는 무심히 막 갠 하늘 감상하니	賓鴻無意賞新晴
시 소재가 사람을 그지없이 맑게 하네	詩料挑人徹底清
푸른 대와 누른 갈대 봄은 아직 이르건만	竹碧蘆黃春尙早
빗속에 울긋불긋 살구꽃이 밝게 폈네[16]	雨中紅白杏花明

벽에 그려진 갈대, 기러기, 대나무, 살구꽃을 보고서 지은 시이다. 짧은 시편에 여러 가지 사물을 한꺼번에 담기가 쉽지 않은데 그것을 솜씨 좋게 표현하였다. 첫 구는 기러기가 하늘을 날아가는 모습을 마치 하늘을 감상한다는 듯이 표현하였다. 맑게 갠 하늘이며 그것을 감상하듯이

15 《論語》〈陽貨〉, "子曰: '小子何莫學夫詩? 詩可以興, 可以觀, 可以群, 可以怨, 邇之事父, 遠之事君, 多識於鳥獸草木之名.'"

16 《二樂亭集》 卷1 〈題壁畫蘆雁竹杏〉.

날아가는 기러기들은 모두 시를 짓는 데 동원되는 재료들인데, 그것들이 모두 맑은 모습을 하고 있다. 원시에서 '시 소재가 사람을 부추긴다〔詩料挑人〕'는 것은, 시에 사용된 소재들이 시인과 시의 풍격을 바닥까지 맑게 만든다는 뜻이다. 화폭의 한편에는 푸른 대나무와 누런 갈대가 그려져 있는데 아직 봄은 멀어 보인다. 그러나 또 한쪽에는 살구꽃이 밝게 피어 있는 모습이 그려져 있다. 그런데 이런 재료들은 현실적으로는 한 장소에 모여 있기 어려운 것들이다. 그러나 동양화에서는 동시에 존재할 수 없는 소재들도 한 화폭에 모아서 그리는 일이 흔하다. 〈기명절지도(器皿折枝圖)〉 같은 그림에서 계절이 서로 다른 꽃들을 함께 배치하는 것도 그런 수법의 하나이다.

원래 갈대와 기러기를 조합한 그림이 동양화에서 정형화된 소재로 등장한다. 그것은 갈대〔蘆〕와 기러기〔雁〕의 한자를 유사한 음인 노(老)와 안(安)으로 대체하여 '노년이 평안하라'는 기원을 담기 때문이며 이를 '노안도(蘆雁圖)'라고 한다. 여기서는 대나무와 살구꽃이 추가되었지만 전체적으로는 노안도의 틀에서 벗어나지 않는다. 그러나 여기서는 시의 주제를 풍경으로 국한하여 이른 봄의 흥취를 노래하였다.

신용개의 제화시로는 〈평성의 그림 병풍에 제하다〔題平城畫屛〕〉, 〈눈 그림에 제하다〔題雪圖〕〉, 〈그림 병풍에 제하다〔題畫屛〕〉(이상 권1), 〈진사 홍등의 집에 있는 그림 병풍 여덟 폭에 제하다〔題洪進士滕家畫屛八幅〕〉(권2), 〈향산구로도(香山九老圖)〉(권3) 등 연작시도 많다. 이 시들은 주로 산수화에 제시(題詩)한 것이기 때문에 서정적인 자연시 계열의 작품으로서 당풍(唐風)에 가까운 경향을 보인다. 그러나 〈진사 홍등의 집에 있는 그림 병풍 여덟 폭에 제하다〉는 그림의 소재가 모두 역사적 인물이나 사건에서 취해 왔다. 따라서 시도 자연히 사평(史評)의 성격이 짙다. 이 시는 각각의 작품마다 소제목이 붙어 있다. 대표적으로 다음 한 수를 보기로 한다.

잔악함을 제거하니 모두들 귀의하였고	除殘衆歸心
도끼를 잡으니 하늘이 권한을 빌려주었는데	秉鉞天假柄
이때에 군주의 기강을 바로 세우려	於時扶君綱
큰 의로움으로 말고삐 당기며 간하였다네	義大扣馬諍
권도와 경도가 모두 바름을 얻었으니	權經各得正
본성을 지켜 그들은 서로 성인이 되었지만	守性渠更聖
끝내 주나라 곡식을 먹지 않고서	終然不食周
고사리 캐 먹다 목숨을 마치고 말았네[17]	采薇以畢命

이 시의 대상이 된 그림은 백이(伯夷)와 숙제(叔齊)가 무왕(武王)이 태공망(太公望)과 함께 폭군 주(紂)를 정벌하러 가는 것을 가로막고 말고삐를 당기며 간하던 장면이다. 오언 율시처럼 보이지만 근체시의 작법을 따르지 않아 고시에 속한다. 첫 연은, 주(周)나라가 잔인한 정치를 없애니 모든 사람의 마음이 주나라로 돌아가게 되었고, 이에 무왕이 정벌의 도끼를 잡고 의거를 일으키니 하늘도 그 권한을 부여하였다는 말이다. 두 번째 연은, 백이·숙제가 군신간의 의리를 지켜야 한다는 명분을 내세워 무왕의 말고삐를 잡고 정벌을 중지하도록 간하는 내용이다. 세 번째 연에서 권도(權道)와 경도(經道)가 각각 그 바름을 얻었다는 것은, 무왕이 신하 입장에서 천자를 정벌한 것은 폭정에서

17 《二樂亭集》 卷2 〈題洪進士滕家畫屛八幅 扣馬諫〉.

백성들을 구제하려는 어쩔 수 없는 권도였고, 군신간의 대의를 지켜야 한다고 저지하고 나선 백이·숙제는 불변의 진리인 경도를 따른 것으로서 옳은 행동이었다는 것이다. 그래서 서로가 본성을 지킨 것이고 모두 성인으로 추앙된다고 하였다. 후대의 역사적 평가가 으레 그러한 것처럼 이들에 대한 양시론(兩是論)이다. 그러나 백이·숙제는 주나라의 곡식을 먹지 않겠다고 수양산에 들어가 고사리를 캐 먹다가 굶어 죽었다는 사실을 마지막 연에 배치하여서 그들의 절의를 추모하였다.

이러한 작품은 역시 그림의 내용에 따라갈 수밖에 없는 한계 때문에, 특별한 예외를 제외하고는 누구나 이 그림을 보면 유사한 주제를 읊을 수밖에 없는 것이다. 예를 들어 이 시에서 읊은 논리는 이미 한유(韓愈)의 〈백이송(伯夷頌)〉에도 그대로 드러나 있다. 〈백이송〉의 한시 버전인 셈이다. 덧붙여서 굳이 얘기하자면 이 시는 송풍(宋風)에 가깝다.

3) 만시(挽詩)

신용개의 만시는 주로 권3과 권4에 집중적으로 실려 있다. 전체 작품 중에서 주제별로 분류하면 만시가 가장 많은 비중을 차지할 정도로 여러 수가 실려 있다. 그 대상자를 보면 일반적인 사대부들도 섞여 있지만 왕족인 장경왕후(章敬王后)를 비롯하여 창산부원군(昌山府院君) 성희안(成希顔), 연창부원군(延昌府院君) 김감(金勘), 정승(政丞) 성준(成俊), 영돈녕(領敦寧) 윤여필(尹汝弼)의 모씨(母氏), 영가부원군(永嘉府院君) 김수동(金壽童), 교성군(交城君) 노공필(盧公弼)의 부인(夫人) 등 당대의 쟁쟁한 고관 귀족들에게 집중되어 있다. 이는 그가 훈구 문벌로서 문형을 지낸 이력과 무관하지 않은데, 이러한 대상들에 대한 만시는 자신의 위치상 으레 지을 수밖에 없기 때문에 의례적인 내용으로 흐르기가 쉽다. 그러나 다음 작품은 대상이 남다르기 때문에 자신의 절절한 슬픔이 그대로 진솔하게 드러난다.

지난 일을 생각하니 속만 상할 뿐인데	思量往事只心傷
십 년 만에 그대 지금 고향으로 이장하네	十載君今葬舊鄕
임금의 깊은 은혜 뼈에 사무치는데	聖主深恩知浹骨
친구의 슬픈 눈물 아직 눈에 가득하네	故人哀淚尙盈眶
그대 후사 없으니 어디에다 의탁할까	身無胤嗣嗟何托
안방에선 과부 부인 울며 아직 못 죽었네	室有孀嫠泣未亡
화복은 선악과는 관계되지 않은 듯해	禍福似非關善惡
훗날에 따지자면 말이 응당 길어지리[18]	後來評論說應長

계운(季雲) 김일손의 이장 때에 쓴 만시이다. 억울하게 사화를 당해 죽은 평생의 지기에 대해 마음 깊은 데서 우러나온 애도의 정이 잘 나타나 있다. 특히 마지막 연이 의미심장하다. 흔히들 사람의 길흉화복은 그 사람의 선악과 관계된다고 하여 복선화음(福善禍淫)을 강조하지만, 계운의 경우에는 훌륭한 사람이 참혹한 화를 당했으니 그런 이치가 맞지 않는다는 것이다. 그래서 그런 이치를 따진다면 계운의 예를 들어서 이의를 제기할 수 있기 때문에 쉽게 결론을 내지 못하고 말이 길어질 것이라고 하였다. 계운의 억울한 죽음에 대한 안타까움과 울분이 배어 있는 표현이다.

18 《二樂亭集》 卷5 〈移葬金季雲遺骨挽詞〉.

4) 노장(老莊) 성향의 시

주진촌에 집을 접하고 있으니 接甍朱陳里
초대를 기다리지 않고 기꺼이 방문하네 懽尋不費招
그윽한 오솔길은 밭 사이로 나 있고 幽徑出場圃
시내 흐르는 들판은 저녁 빛이 풍성한데 川原晩色饒
벼 향기 가득한 가을 술은 부드럽게 넘어가고 稻香秋醪滑
현란한 들판의 흥은 막 일어나네 眼纈野興撩
붕새나 메추리나 똑같음을 웃어 버리니 一笑齊鵬鷃
마음속엔 유유자적함만 남아 있도다[19] 心地有逍遙

《장자(莊子)》의 〈제물론(齊物論)〉과 〈소요유(逍遙遊)〉를 아울러서 인용하여 표현한 시이다. 9만 리 장천을 난다는 붕새나 보잘것없는 조그마한 메추리나 관점에 따라서는 결국 똑같다는 것이 〈제물론〉의 논리이며, 집착과 얽매임 없이 유유자적하면서 노니는 완전한 자유의 경지를 누리는 것이 〈소요유〉의 논리이다. 이 시에서는 그 두 논리를 잘 결합하여 속세를 벗어나 자유인이 되고 싶은 마음을 표현하였다.

장주가 나비가 된 꿈을 꾸었는가 莊周夢蝴蝶
나비가 장주가 된 꿈을 꾸었는가 蝴蝶夢莊周
장주나 나비나 일정함이 없으니 周蝶無定一
진짜와 환영을 장차 어찌 찾을까 眞幻將焉求
이로 인해 큰 변화를 살펴보자면 因之觀大化

19 《二樂亭集》 卷2 〈雜詩〉.

변하고 변하는 게 원래 같은 흐름이지 化化元同流
신기한 일이건 악취 나는 일이건 神奇與臭腐
실체와 그림자가 모두 덧없는 것이라네[20] 形影摠浮休

장자(莊子)가 꿈에 나비가 되었다는 내용을 그린 그림에 대해 지은 시이다. 율시처럼 보이지만 근체시의 작법을 따르지 않아 고시에 속한다. 형식상으로는 제화시인데 제목에서 드러나듯이 당연히 노장사상을 담고 있다. 장자가 꿈에 나비가 되어 훨훨 날아다니는 꿈을 꾸다가 깨고 나서 내가 꿈에 나비가 된 것인지, 꿈속에서 나비가 꿈을 꾸어 지금의 내가 되었는지 분간을 하기 어려웠다는, 이른바 '호접몽(蝴蝶夢)' 고사를 담았다.[21] 주제뿐만 아니라 시어(詩語)도 《장자》에서 많이 이끌어 왔다. '신기(神奇)'와 '취부(臭腐)'는 《장자》 〈지북유(知北遊)〉에서 따왔고[22] '부휴(浮休)'는 〈각의(刻意)〉에서 따왔는데,[23] 전체적으로는 〈제물론〉을 따르고 있다.

5) 애주(愛酒) 취향의 시

신용개는 누구 못지않게 술을 좋아하였다. 그가 술을 좋아하였다는 기록은 여러 군데에 보인다. 《중종실록》의 졸기(卒記)에도 "오직 술을

20 《二樂亭集》 卷2 〈莊周夢蝶圖〉.

21 《莊子》 〈齊物論〉, "昔者莊周夢爲胡蝶, 栩栩然胡蝶也, 自喩適志與! 不知周也. 俄然覺, 則蘧蘧然周也. 不知周之夢爲胡蝶, 胡蝶之夢爲周與?"

22 《莊子》 〈知北遊〉, "是其所美者爲神奇, 其所惡者爲臭腐, 臭腐復化爲神奇, 神奇復化爲臭腐."

23 《莊子》 〈刻意〉, "其生若浮, 其死若休."

좋아하고 방일(放逸)하였으며 재물에는 담박하였다."[24]라고 하였으며, 《기재잡기(寄齋雜記)》에서는 "신 문경공(申文景公)은 천품이 호탕하고 뛰어나 탁월한 큰 절개가 있었으며, 성격이 술을 좋아하여 때로는 늙은 계집종을 불러 서로 큰 잔을 기울여 취하고서 쓰러져야 그만두기도 하였다."[25]라고 하였다. 이러한 애주 취향이 작품 중에서도 곳곳에서 드러나고 있다. 문집에 맨 먼저 실린 시도 취흥을 노래한 것이다.[26] 몇 수만 살펴보기로 한다.

한밤중 낙숫물 지고 빗소리도 길게 나니	夜分簷霤雨聲長
바람결에 나무 부대끼는지 취중에 유독 의심하였네	醉後偏疑風木狂
일어나 아이 불러 함께 조촐하게 술 마시니	起喚小兒供小酌
하늘이 이 노인에게 술판을 벌이게 하였네[27]	天教此老酒爲場

앞의 《기재잡기》 기록이나 이 시를 보면 그의 술 상대는 귀천, 남녀, 노소를 가리지 않았던 것으로 보인다. 이 시에서도 한밤중인데도 이미 취해서 자다가 일어나 아이를 불러 함께 대작을 하고 있다. 마지막 구에서 하늘이 나에게 술판을 벌이게 해 주었다고 하여 자신의 애주를 정당화하고 있다.

24 《中宗實錄》 14年 10月 3日, "惟喜酒放逸, 於財泊如也."

25 《寄齋雜記》〈歷朝舊聞二〉, "申文景公, 天資豪邁, 卓犖有大節. 性嗜酒, 有時呼老婢, 相與引滿大爵, 醉倒而止."

26 《二樂亭集》 卷1 〈驪江船上醉作〉, "酒與江深淺, 風隨意短長, 紅塵凝滿鬢, 天地此滄浪."

27 《二樂亭集》 卷1 〈夜分〉.

꽃은 이미 떨어지고 술도 이미 바닥났는데 花已謝酒已闌
그대와 나의 마음은 함께 한가하도다 君與我意俱閑
바라보매 안개 구름 넓게 펼쳐졌으니 前望煙雲闊
애오라지 취한 얼굴 누그러지네[28] 聊憑酒面寬

앞의 두 구는 6언으로 시작하고, 뒤의 두 구는 5언으로 이어받아서 변격(變格)으로 지은 시이다. 취흥이 도도하여 형식에 구애받지 않고 마음 가는 대로 시상을 풀어낸 것으로 보인다. 꽃은 지고 술도 떨어졌지만 아쉬움 없이 한가로운 마음으로 주변 풍광을 바라보면서 흐뭇해하는 모습을 묘사하였다.

술을 지나치게 마시면 몸을 망치고 남에게 피해를 주지만, 적당히 마시면 생활의 활력소가 되고 대인 관계를 원활하게 하며 창작의 촉매제가 되기도 한다. 중국의 이백(李白), 도연명(陶淵明)을 비롯해서 우리나라의 이규보(李奎報), 정철(鄭澈), 권필(權韠) 등 옛날의 유명한 시인 중에 애주가가 많았음은 주지의 사실이다. 신용개도 실록의 졸기를 비롯해서 수많은 야사와 야담에 언급되고 있듯이 술을 좋아하였는데, 술에 취하여도 흐트러지지는 않고 도도한 취흥을 한껏 즐긴 것으로 보인다. 여기서 살펴본 작품들에서도 여유로운 풍류 속에 자연에 동화된 장자(長者)의 풍모가 엿보인다.

28 《二樂亭集》 卷2 〈醉中贈客〉.

6. 맺음말

조선 전기의 문학을 도학파니 사장파니, 혹은 사림파니 훈구파니 하는 식으로 이분법적 잣대로 평가해서는 본질을 제대로 파악하기 어려우며, 개별 작가들의 다양한 개성을 찾아내는 것이 중요하다. 특히 신용개는 훈구 문벌 출신으로서 사림 정신에 입각한 삶을 산 관료 문인으로서 그러한 이분법적 잣대로 평가하기 어려운 문인이다. 신용개가 행한 일 중 특기할 만한 것이 소릉 복위를 완성한 것인데, 소릉 복위는 우리나라 사림의 역사에서 중요한 함의를 가지는 사건이다. 신용개가 훈구 집안 출신이면서 소릉 복위를 마무리하는 데 중요한 기여를 했다는 것은 그를 사림으로 분류하는 큰 기준이 된다. 조광조에게 힘을 실어 주고 남곤의 발호를 억제한 것도 역시 사림들에게 높은 평가를 받는 요소이다. 한편으로 신용개의 시에 차운시, 제화시, 만시가 많다는 것은 그가 문형으로서 관각 문학에 충실한 문학 활동을 하였으며 관례적인 시 쓰기에 능했다는 것을 보여 준다.

이제 그의 문집이 완역됨으로써 조선 전기의 학문과 문학에 대해 보다 사실에 가까운 인식이 이루어지는 계기가 될 것을 기대한다. 아울러 신용개에 대한 연구도 더욱 활성화되어 학계의 연구 편향성도 극복되기를 바란다.

《이요정집》 서 二樂亭集序

이른바 문장이라는 것은 시문의 아름다움과 기교만을 말하는 것이 아니다. 반드시 도리와 덕행에 근본하여 안에 가득 차서 밖에 빛나[1] 그 정화(精華)가 나라를 화려하게 하고 다스림과 교화를 아름답게 꾸미는 데에 쓰여야 하니, 그런 뒤에야 귀하다고 할 수 있다. 기운의 성쇠, 세도의 승강, 다스림과 교화의 높낮이를 관찰하는 것도 반드시 여기에서 살필 수 있다.

우리나라는 삼국 시대부터 문장 잘하는 선비가 대대로 적지 않았다. 기운이 성한 때를 만나면 무성히 배출되어 세상을 울려 넉넉하고 화려한 글들이 또한 참으로 많았지만, 그 모든 것이 다 도리를 드러내거나 덕에 의거하여 근본과 근원을 지닌 작품들은 아니었으니, 이는 대개 그 시대가 숭상한 것이 그러했기 때문이다. 성조(聖朝)에 이르러서는 다스림이 도의 구현을 통해 크게 펼쳐지고 기운이 밝고도 창성하였기에 천지의 기운이 성대하여 아름다운 기운을 모으고 빼어남을 길렀다. 훌륭하고 걸출한 인재가 나와 세상에 쓰이면서 조정의 관각(館閣)에 포진하여 교화의 다스림을 도와 빛내고 태평성대를 아름답게 꾸미는

1 안에……빛나 : 한(漢)나라 양웅(揚雄)의 《법언(法言)》 〈군자(君子)〉에 "혹자가 묻기를 '군자가 말하면 문(文)을 이루고 행하면 덕(德)을 이루는 것은 어째서입니까?' 라고 하니 '안에 가득 차서 밖에 빛나기 때문입니다.'라고 하였다." 하였다.

일이 앞뒤로 서로 이어졌는데, 모두 도덕을 근저로 삼아 정화의 문장을 펼칠 수 있었다. 인재를 잘 배양하는 것이 세종(世宗)과 문종(文宗) 두 조정에 이르러 극성하였고 광릉(光陵 세조)은 문을 숭상하였으며 성묘(成廟)가 이어서 즐거이 인재를 길러 문장이 또다시 흥성하였으니, 예전 신라와 고려에 돌이켜 비교해 볼 때 어찌 큰 차이가 아니겠는가.

고령(高靈) 신 문충공(申文忠公)[2]은 세 조정의 성대한 시대를 맞아 관각의 직임을 역임하고 상국(相國)의 지위에 올라, 그의 훈덕(勳德)과 문장이 한 시대에 태산과 북두처럼 숭앙되었다. 그리고 그의 손자인 이요(二樂) 선생이 성묘의 전성기에 뒤이어 났는데, 영특한 자질과 희대의 기품에 집안 대대로 전해 오는 가학을 덧보태 일찍 대과에 급제하여 훌륭한 명성이 세상에 자자하였다. 한원(翰苑)의 직임을 지내고 경연의 자리에서 강론하였으며, 당시의 현재(賢才)들과 더불어 사가독서(賜暇讀書)하는 데에 뽑히었다. 문학에 크게 힘을 쏟아 축적된 것이 깊고도 많아져, 묘당(廟堂)의 직임을 맡고 문형(文衡)을 맡게 되어서는 사업과 문장이 세상에 밝게 빛나면서도 모두 덕의(德義)의 순정함과 학문의 바름에 근본하였으니, 자구를 다듬으며 꾸미기에만 능한 자들은 그의 경지를 엿볼 수 있는 바가 아니다. 공의 시와 문을 살펴보건대 순수하고도 엄정하고 전아하고도 단정하여 화려함을 추구하지 않았으며, 규범에 따라 다듬었지만 형식에 얽매이는 군색함은 없고 굳건한 기상을 드러냈지만 거칠고 사나운 기운은 끊어냈으니,

2 신 문충공(申文忠公) : 신숙주(申叔舟, 1417~1475)로, 문충은 그의 시호이다. 본관은 고령, 자는 범옹(泛翁), 호는 보한재(保閑齋)이다. 영의정을 지냈으며, 문집으로 《보한재집(保閑齋集)》이 전한다. 신용개의 조부이다.

이를 통해 보면 그가 너그럽고 공정한 덕인(德人)의 마음을 지닌 사람임을 알 수 있다. 그의 글이 후세에 전해진다면 우리나라 문운(文運)의 흥성, 세도의 흥기, 다스림과 교화의 융성이 전대와는 만에 하나도 비교할 바가 아님을 잘 알 수 있을 것이다.

선생은 평소에 현자를 사랑하고 선비들을 좋아하여 그들을 북돋아 가르쳐 주기를 게을리하지 않았다. 나는 선생의 요속(僚屬)이 되어 누차 가르침을 받으며 모셨는데, 지나치게 인정을 받았으며 문장에 접근하는 길에 대해 대강 들었다. 그러나 선생의 저작에 대해서는 감히 주제넘게 평가하지 못하고 항상 문신들과 명사들이 추론한 내용을 가져다가 즐거이 말할 뿐이었다. 현재 진주 목사(晉州牧使)로 있는 선생의 윤자(胤子) 신중용 한(申仲容瀚)[3]이 나와 친하게 지내는데, 선생의 유집(遺集)을 편차하고 장차 간행하려 하면서 내가 일찍이 선생에게 인정을 받았기에 선생의 의취(意趣)를 조금이나마 드러낼 수 있으리라 여겨 나에게 서문을 요청하여 후세에 증거가 되도록 하였다. 나는 학문과 식견이 일천하고 또 말을 제대로 아는 자가 아니어서 문장을 범범하게 논하는 것조차도 감히 할 수 없는데, 하물며 어찌 선생의 저술에 대해 말을 할 수 있겠는가. 그저 평소 외우고 말하던 바를 적어 답하는 바이다.

가정(嘉靖) 기원(紀元) 20년(1541, 중종36) 신축 3월 상한(上澣)에[4]

3 신중용 한(申仲容瀚) 씨 : 신용개의 차남 신한(申瀚, 1482~1543)으로, 중용은 그의 자이다. 중종반정에 참여하여 원종공신(原從功臣)이 되었으며, 광주 목사(光州牧使), 진주 목사 등을 역임하였다. 《陽谷集 卷11 判決事申公墓碣銘》 신용개의 장남은 신종(申淙)인데 일찍 죽었기 때문에 그를 윤자라고 한 것이다.

4 가정(嘉靖)……상한(上澣)에 : 《모재집(慕齋集)》 권11 〈이요정집서(二樂亭集序)〉

숭정대부(崇政大夫) 의정부좌찬성 겸 지경연춘추관사 홍문관대제학 예문관대제학 지성균관사 오위도총부도총관 세자이사(議政府左贊成兼知經筵春秋館事弘文館大提學藝文館大提學知成均館事五衛都摠府都摠管世子貳師) 김안국(金安國)[5]이 삼가 서문을 쓰다.

에는 "가정 기원 14년 을미(1535) 7월 하한〔嘉靖紀元十四年之乙未七月下澣〕"으로 되어 있다.

5 김안국(金安國) : 1478~1543. 본관은 의성(義城), 자는 국경(國卿), 호는 모재(慕齋)이다. 1503년(연산군9) 문과에 급제하여 대사간, 대사헌, 예조 판서 등을 역임하였다. 김굉필(金宏弼)의 문인이며 기묘사화에 연루되어 파직되기도 하였다. 문집으로 《모재집(慕齋集)》이 전한다.

《이요정집》 서 二樂亭集序

사람이 형체가 있기에 기(氣)가 있고, 기가 있기에 소리가 있다. 문(文)이란 소리가 글〔章〕을 이룬 것이니, 기가 창대하면 그 문은 웅혼하고도 통창해진다. 말하고자 하는 바에 막히는 바가 없어야 하니, 조금이라도 마음에 부족하게 느끼는 점이 있다면 힘없이 유약하기만 하여 스스로 떨쳐 일어나지 못한다. 다듬고 수식하기를 마치 부족한 듯이 부지런히 하는 것은 그 마음 씀이 오히려 수고로워 기의 손상이 더욱 심할 것이다. 따라서 예전에 시문을 논했던 사람들은 한결같이 그 기를 살폈을 뿐이다.

이요공(二樂公) 평생의 저작은 기를 위주로 하였기에, 부귀하였지만 빈한한 사람의 말과 같고 조정에 있었지만 산림에 있는 듯한 의취가 있다. 시가를 읊조릴 적에는 왕왕 입에서 나오는 대로 또는 붓 가는 대로 따라 마치 생각을 거치지 않은 것 같지만 의미가 심장하고 인증이 해박하여 그 기는 완연히 손상되는 바가 없었으며 찬란하고 아름다워 성대하게 나라의 보배로운 문장이 되었다. 문병(文柄)이 그의 손에 쥐어지고 유림이 그를 종장이라 일컬었으니, 비록 한 세대의 위작(偉作)이라는 명성을 사양하여 후세에 드러내지 않으려 하였지만 그럴 수가 없었다.

공의 조부인 고령(高靈) 신 상국 숙주(申相國叔舟)는 문병을 잡아 명성이 있었는데, 그의 아름다운 풍류와 문아함은 지금까지 사람들의 이목에 남아 있다. 공은 어려서부터 문장을 잘하여 집안의 풍도를 이어 받았다. 빼어나고 맑은 기운은 비록 하늘에서 받았지만 집안에서 얻은 것 또한 어찌 무시할 수 있겠는가.

문장을 짓는 것과 사업은 대체로 모두 기의 행위이다. 기가 주재하는 바가 있으면, 발하여 말이 되고 말이 다시 문장이 되는 것이 모두 충만하여 남음이 있고, 움직여 행동이 되고 행동이 다시 사업이 되는 것이 모두 굳세어 빼앗기 어렵다. 다만 기는 나에게 있지만 쓰이고 쓰이지 않는 것은 시대에 달려 있다. 이 때문에 한창려(韓昌黎)와 소미산(蘇眉山)[6]의 기는 문장에 발현되고 한 충헌(韓忠獻)과 부 문충(富文忠)[7]의 기는 사업에 발현되었다. 비록 이들의 성취는 다르지만 이에 천하에서 모두 사라지지 않았다. 공의 기는 문장에 발현되기도 하고 사업에 발현되기도 하여 옛사람들이 겸하기 어려운 것을 겸하였다. 그러나 사업에 힘을 쏟기를 오로지하였기 때문에 문장에 발현된 것은 그가 오로지한 바가 아니었다. 포부와 시대 양쪽 모두 성대함을 얻어, 풀면서도 잘 당기고[8] 근심하면서도 능히 즐겨, 장편과 큰 문장에서는 정취가 크게

6 한창려(韓昌黎)와 소미산(蘇眉山) : 당나라의 문인 한유(韓愈)와 송나라의 문인 소식(蘇軾)을 가리킨다. 창려는 한유의 호이고, 미산은 현재 사천성(四川省)의 지명으로 소식이 태어난 곳이다.

7 한 충헌(韓忠獻)과 부 문충(富文忠) : 송나라의 명재상 한기(韓琦)와 부필(富弼)을 가리킨다. 충헌과 문충은 각각 한기와 부필의 시호이다.

8 풀면서도 잘 당기고 : 긴장과 이완을 잘 조절함을 말한다. 《예기》〈잡기(雜記)〉에 "활을 당기기만 하고 풀어 주지 않듯이 백성을 부리기만 하면 문왕과 무왕도 다스리지 못하고, 활을 풀어 놓기만 하고 당기지 않듯이 백성을 풀어 주기만 하는 것은 문왕과 무왕이 하지 않는 것이니, 한 번 당기고 한 번 풀어 주는 것이 문왕과 무왕의 도이다."라고 하였다.

세상을 뛰어넘어 마치 자라가 산을 짊어지고[9] 붕새가 바다 위를 나는 것[10]과 같았으니, 기세의 광대함이 그와 맞설 자가 없었다. 그러나 이 모든 것은 여력으로 도달한 바이니, 날로달로 연마하고 글과 글자를 다듬는 자들과 비교하는 것은 참으로 그럴 필요도 없으며 또한 그러고 싶지도 않다.

공이 지은 시문은 거의 산실되었는데 공의 아들인 목사(牧使) 신한(申瀚)이 널리 찾아 모아 그럭저럭 약간 편을 얻어 편집하여 책을 엮었다. 장차 판각하여 후세에 전하려고 하지만 이는 또한 공의 글 가운데 극히 일부분일 뿐이다. 그러나 한 귀퉁이를 보고 방 전체를 알 수 있는 법이며 고기 한 점을 맛보고도 국 전체의 맛을 알 수 있는 법이니, 공을 알고자 하는 자는 이 문집이면 충분할 것이다. 신한이 나와는 같은 해에 사마시에 합격한 관계이기에 나에게 서문을 요청한 것이다.

내가 젊었을 때에 한원(翰苑)에서 역사 기술의 일을 맡았는데, 그때 문하에서 공을 뵈었다. 공은 후생(後生)을 항상 크게 인정하고 지나치게 칭찬해 주었다. 근래에 공의 시문을 얻어 살펴보니, 비록 식견이 좁은 내가 그 경지를 헤아릴 수는 없지만, 글 짓는 것이 어렵다는 것을 느끼면서 전배(前輩)가 다시 살아날 수 없음을 탄식하지 않은 적이

9 자라가 산을 짊어지고 : 《열자(列子)》 〈탕문(湯問)〉에, 발해(渤海)의 동쪽에 신선이 산다는 대여(岱輿), 원교(員嶠), 방호(方壺), 영주(瀛洲), 봉래(蓬萊)라는 다섯 개의 산이 있는데, 서로 연결되지 않아 조수에 따라 서로 떠다니자 상제가 열다섯 마리의 자라에게 이들을 짊어져 움직이지 않도록 하였다고 한다.

10 붕새가……것 : 《장자(莊子)》 〈소요유(逍遙遊)〉에, 북쪽 바다의 거대한 물고기인 곤(鯤)이 변하여 거대한 붕(鵬)이라는 새가 되는데, 이 새가 날개를 펼치면 하늘에 드리운 구름과 같고 한번 날아서 남쪽 끝의 바다까지 간다고 하였다.

없었다. 감히 나의 보잘것없는 글을 공의 주옥같은 글 앞에 붙이는 바이다.

공의 휘(諱)는 용개(用漑), 자는 개지(漑之)이며, 관직은 의정부 좌의정에 이르렀고, 시호는 문경공(文景公)이다. 이요(二樂)는 공의 정자(亭子) 이름인데, 인(仁)과 지(智)의 뜻을 취한 것이다.[11]

가정(嘉靖) 을미년(1535, 중종30) 겨울 자헌대부(資憲大夫) 공조판서 겸 동지경연춘추관사 예문관제학 오위도총부도총관(工曹判書兼同知經筵春秋館事藝文館提學五衛都摠府都摠管) 심언광(沈彦光)[12]이 삼가 서문을 쓰다.

11 이요(二樂)는……것이다 : 이요는《논어》〈옹야(雍也)〉의 "지혜로운 사람은 물을 좋아하고 어진 사람은 산을 좋아한다.〔知者樂水, 仁者樂山.〕"라는 구절에서 두 '요(樂)' 자를 취한 것이다.

12 심언광(沈彦光) : 1487~1540. 본관은 삼척(三陟), 자는 사형(士炯), 호는 어촌(漁村)이다. 1513년 문과에 급제하여 대사성, 이조 판서 등을 역임하였다. 문집으로《어촌집(漁村集)》이 전한다.

이요정집

제1권

詩시

여강의 배 위에서 취중에 짓다

驪江船上醉作

술의 흥취 강물 더불어 깊고	酒與江深淺
바람은 뜻에 맞게 불어오네	風隨意短長
귀밑털엔 홍진 가득 엉겼는데	紅塵凝滿鬢
천지간이 푸른 물결이어라	天地此滄浪

금강 누선의 시[1]에 차운하다

次錦江樓船韻

육진으로 일천의 무리 이루고[2]	肉陣團千隊
시의 예봉 만군을 고동케 하네	詩鋒鼓萬軍
오색의 꽃이 붓에서 생겨나고[3]	五花生兎穎
눈썹과 검은 머리 서로 비추네[4]	八字映烏雲

1 금강(錦江) 누선(樓船)의 시 : 고려 말의 장수로 왜적 소탕에 많은 공을 세웠으며 이성계(李成桂)의 위화도 회군(威化島回軍)에도 참여했던 정지(鄭地)의 시이다. 《동문선(東文選)》 권19에는 〈제금강선정(題錦江船亭)〉이라는 제목으로 수록되어 있다.

2 육진(肉陣)으로……이루고 : 수많은 여인을 대동하였음을 표현한 것인 듯하다. 당(唐)나라 양 귀비(楊貴妃)의 오빠 양국충(楊國忠)이 겨울이면 살집이 있는 비첩(婢妾)을 자신의 둘레에 세워 바람을 막았는데, 이를 육진이라 한다. 《古今事文類聚 別集 卷18 肉陣遮風》

3 오색의……생겨나고 : 훌륭한 문장을 짓는 것을 말한다. 당(唐)나라 문인 이백(李白)이 젊었을 때 붓에서 꽃이 피는 꿈을 꾼 뒤로 재주가 빛나 이름이 천하에 알려졌다고 한다. 《開元天寶遺事 卷2 夢筆頭生花》

4 눈썹과……비추네 : 여인의 모습을 표현한 것인 듯하다.

차운하다

次韻

반가운 손님 술 아니 마시는데	佳客不飮酒
주인 혼자 먼저 취하누나	主人先自蕩
귓가의 소리는 듣지 않고	不聞耳邊聲
구름 너머 산봉우리만 바라보네	只見雲外嶺

〈요하 가는 길에〉 절구 네 수[5]에 차운하다

次遼河道中四絶

긴 담장 같은 이지러진 한 구비　　長垣缺一曲
물결 일렁이는 삼차하로다[6]　　蕩漾三汊河
변새 가엔 나루터 열려 있고　　傍塞開津口
태평 시절이라 거마도 많네　　時平車馬多

쌍쌍이 세워진 물가의 사당　　雙雙水上廟
동서 물가로 그림자 떨구네　　影落東西湄
행인은 향불 살라 참배하고　　香火行人禮
신령 보살핌에 이끼 푸른 비석　　神庥碧蘚碑

하늘 닿은 사방은 들판이라　　天盡四面野

5 요하(遼河)……수 : 명(明)나라의 문신으로 한림원 시강(翰林院侍講)을 역임한 예겸(倪謙)이 지은 시이다. 그는 1450년(세종32)에 경제(景帝)의 등극 조서(登極詔書)를 가지고 우리나라에 사신으로 와서 여러 문인과 많은 시를 주고받았다. 예겸이 사신으로 왔을 때 신용개의 할아버지인 신숙주(申叔舟)가 사신을 접대하였는데, 예겸은 신숙주의 시를 극찬하며 형제의 의를 맺기도 하였다.《慵齋叢話 卷1》이 시는 위의 사행길에서 지은 시문을 모아 엮은《요해편(遼海編)》권1에 실려 있다.《김한규, 사조선록 역주 2, 遼海編, 소명출판, 2012》

6 긴……삼차하(三汊河)로다 : 삼차하는 봉성(鳳城)에서 5, 6리 지점의 요하 물줄기로 혼하(渾河), 태자하(太子河)와 합수하는 곳이다. 인근에 옛 요양성(遼陽城)의 유지(遺址)가 있었다고 한다.《薊山紀程 卷5 山川》《宣祖實錄 32年 閏4月 13日》

별들은 십 리 펼쳐 늘어섰네　星排十里鋪
도두[7]의 경계 소리 들리지 않고　不聞刀斗警
때로 문 두드리는 호인만 보이네　時見扣關胡

길은 멀어 가는 걸음 지쳤는데　路永倦行邁
태양 아래 두 고삐로 내달리네　羲輪跳兩轡
고개 들매 하늘이 위에 있으니　擧頭天在上
발 딛는 곳 위험한 땅 없어라　展足無危地

7 도두(刀斗) : 동(銅)으로 만든 솥 같은 그릇으로, 군중(軍中)에서 낮에는 밥을 짓는 데에 사용하고 밤에는 경계를 표할 때에 두드렸다.

평성[8] 박원종 의 그림 병풍에 제하다 절구 8수

題平城 朴元宗 畫屛 八絶

꽃길에 거문고 끼고 걷자니　芳逕步携琴
홍취 이는 곳 잘도 알겠어라　剩知乘興處
뉘 집에서 따로 봄 찾겠는가　誰家別討春
버들 등지고서 꽃길 뚫고 가네　背柳穿花去

바둑 두기는 무념의 경지와 같아　坐隱如坐忘
자연스러운 마음에 욕심이 없네　天遊空六鑿
승부야 이미 맘에 두지 않으니　輸贏已絶機
상산에 명약 있음을 알겠네[9]　知有商山藥

구름 걷힌 하늘 은하수 비끼고　雲開河漢斜
이슬에 씻긴 밝은 달의 그림자　露洗寒蟾影
술잔 들어 그에게 권하려 하니　擧酒欲酬渠
가을밤 길어도 내 싫지 않아라　不妨秋夜永

8 평성(平城) : 박원종(朴元宗, 1467~1510)의 봉호이다. 본관은 순천(順天), 자는 백윤(伯胤)이다. 무과에 급제하였으며, 중종반정에 주도적인 역할을 하여 정국 공신(靖國功臣) 평성부원군에 봉해졌고 이후 좌의정, 영의정 등을 역임하였다.

9 상산(商山)에……알겠네 : 상산은 중국 섬서성(陝西省)에 있는 산으로, 진말 한초(秦末漢初)에 동원공(東園公), 기리계(綺里季), 하황공(夏黃公), 녹리선생(甪里先生) 네 명이 이곳에 은거하면서 영지(靈芝)를 캐 먹고 살았다고 한다.

매화나무 가지 꺾어 쥐고서　　折得梅花枝
산길에 눈을 밟으며 지나네　　山蹊踏雪過
파수 다리에서 시구 찾는 것[10]　　尋詩灞水橋
누워 있던 원안[11]과 어떠하리오　　何似袁安臥

살진 검은 소 의기도 양양한데　　烏犍肥欲驕
게다가 평지의 즐거움 얻었네　　更得平坡樂
사물의 본성은 자유롭고자 하니　　物性要自由
수고롭히며 견주지는 말아야지　　勞渠且勿角

늙은 암소는 송아지 핥아 대고　　老牸舐犢兒
다박머리 아이 잠을 막 깨었네　　髫童睡初起
맑은 가을 들판 목상 한가하니　　秋淸野牧閑
젓대 소리 들리는 석양 녘이네　　弄笛斜陽裏

10 파수(灞水)……것 : 파수는 장안(長安) 동쪽을 흐르는 물이다. 당나라의 시인 맹호연(孟浩然)이 눈 내리는 파수 다리에서 시를 읊었다는 고사가 있는데, 송나라 소식(蘇軾)의 시에 "또 보지 못했는가, 눈 속에 나귀 탄 맹호연을, 눈썹 찌푸리고 시 읊느라 어깨가 산처럼 솟았네.〔又不見雪中騎驢孟浩然, 皺眉吟詩肩聳山.〕"라고 하였다.《東坡全集 卷6 贈寫眞何充秀才》

11 누워 있던 원안(袁安) : 한(漢)나라의 원안이 미천했을 때 낙양(洛陽)에 큰 눈이 내리자 수령이 민가를 순행하였다. 다른 집들은 모두 눈이 치워졌는데 원안의 집에는 길이 나 있지 않자 그가 죽은 줄 알고 사람들을 시켜 눈을 치우고 방에 들어가 보게 하니, 원안이 가만히 방에 누워 있었다. 그에게 어찌하여 나오지 않았는지를 묻자, 큰 눈에 사람들이 모두 굶주리고 있는데 남에게 도움을 청하는 것은 옳지 않다고 대답하였다.《古今事文類聚 卷4 袁安臥雪》

노옹은 소 타고 아이가 이끄는데 翁騎兒自牽
노옹의 등엔 집채같이 쌓인 눈 翁背雪如屋
길 거칠어 소는 나아가지 못하고 路澁牛不前
추운 날씨에 잔뜩 털이 곤추섰네 天寒毛蝟縮

누운 소 정히 한가롭기도 하거니 牛臥政閑閑
채찍 휘둘러 일으키지나 말아야지 莫敎鞭打起
등 위의 아이 놀라 깰까 걱정이니 恐驚背上兒
꿈속의 화서씨[12] 사라질까 모르겠네 夢失華胥氏

12 꿈속의 화서씨(華胥氏) : 이상향을 말한다. 황제(黃帝)가 꿈에 화서씨의 나라에 가게 되었는데, 그곳은 다스리는 사람도 없고 백성들은 아무런 욕심도 없이 모든 것이 자연적으로 흘러가고 있었다. 《列子 黃帝》

시냇가에서

溪邊

태곳적 바위 위에 걸터앉으니	人坐太古石
이 저녁 여울엔 물소리 울리네	水鳴今夕灘
봄바람은 흰 머리털에 불어오니	春風吹白鬢
종일토록 이 한쪽은 한가로워라	長日半邊閑

산의 정자에서 우연히 써서 치규[13]에게 보이다

山亭偶書示稚圭

붉은색 작은 꽃은 물들인 듯하고	小花紅似染
비취색 빽빽한 잎 그늘을 이루었네	密葉翠成陰
저물녘에 남은 술잔 비우노라니	日夕殘杯飮
오랜 벗을 그리는 한 줌의 마음이어라	平生一掬心

13 치규(稚圭) : 한경기(韓景琦, 1472~1529)의 자이다. 본관은 청주(淸州), 호는 향설당(香雪堂)이다. 한명회(韓明澮)의 손자이다. 18세에 사마시에 합격하였으나 관직에 뜻을 두지는 않았는데, 조정에서 원훈(元勳)의 적손이라 하여 돈녕부 봉사(敦寧府奉事)의 직임을 제수하였고, 이후 장악원 주부(掌樂院主簿), 돈녕부 부정(敦寧府副正) 등을 역임하였다. 《慕齋集 卷13 通訓大夫行敦寧府副正韓君墓表》

앞의 시에 차운하다
次前韻

처마의 소나무 구름 걸려 가느다랗고	簷松雲共細
지는 해에 성글게 그림자 지네	斜日轉疏陰
잠 깨어 내가 나 자신을 잊고서	睡起吾忘我
불어오는 바람에 마음을 씻누나	風來爲洗心
산빛을 마주하여 바라보자니	山光堪對挹
푸른 하늘은 절로 갰다 흐렸다	空翠自晴陰
빽빽한 숲 그림자 깊이 감추고	樹密深藏影
관사 한가함에 이 마음 기르네	官閑此養心
동산 둥근 해에 가을 기운 스치고	園日團秋氣
시냇가 구름은 석양 그늘에 이는데	溪雲生暮陰
그대 함께 산수에서 정담 나누면서	與君泉石話
반가운 눈빛으로 함께 마음 열었네	青眼共開心
작은 정원은 한 골짝을 차지하고	小園專一壑
만송 그늘 아래에 편안히 누웠네	高臥萬松陰
한가한 이에게 말하기 부끄럽나니	愧向閑人說
벼슬살이 아직도 맘을 얽어맨다오	簪纓尙累心

옛사람이 부르던 양춘곡과 백설곡[14]은	故人春雪曲
고상한 가락 어느 그늘 스미나	高調入何陰
모두 다 연하의 말[15]을 띠고서	摠帶煙霞語
한가로이 원학의 마음[16] 나누네	閑酬猿鶴心

14 양춘곡(陽春曲)과 백설곡(白雪曲) : 초(楚)나라의 가곡으로, 매우 고아하여 창화(唱和)하는 이가 드물었다. 《文選 對楚王問》

15 연하(煙霞)의 말 : 탈속의 기운을 느낄 수 있는 말을 말한다. 소식(蘇軾)의 〈증시승도통(贈詩僧道通)〉에 "말이 연하를 띠는 것 예부터 적었으니, 나물 채소 머금은 기운 공에게는 없어라.〔語帶煙霞從古少, 氣含蔬筍到公無.〕"라고 하였다. 《東坡全集 卷25》

16 원학(猿鶴)의 마음 : 은거의 마음을 말한다. 남조(南朝) 시대의 문인 공치규(孔稚圭)가 지은 〈북산이문(北山移文)〉에, 은거를 그만두고 벼슬하러 떠났던 주옹(周顒)을 나무라며 "혜초 장막 텅 비어 밤의 학이 원망하고, 산인이 떠나가니 새벽 원숭이가 놀라더라.〔蕙帳空兮夜鶴怨, 山人去兮曉猿驚.〕"라고 하였다. 《古文眞寶 後集 卷2》

취중에 희순[17]에게 부치고서 화운을 요구하다 2수

醉寄希醇索和 二首

그저 꽃을 재촉하는 봄비에 只是催花雨
전부터 흠뻑 술에 취했노라 從前盡醉人
하늘의 마음 내게 빌려준 듯 天心如貸我
생기 어린 인을 함께 얻었네 同得發生仁

이름에 얽매여 있는 늙은이 拘束名中老
미친 듯 세상을 벗어났다네 顚狂物外人
작은 집에 봄비 가늘게 내리는데 小堂春雨細
꽃의 뜻 나시 봄의 인이어라 花意更東仁

17 희순(希醇) : 이계맹(李繼孟, 1458～1523)의 자이다. 본관은 전의(全義), 호는 묵곡(墨谷)이다. 1489년(성종20) 문과에 급제하여 집의, 좌승지 등을 거쳤다. 무오사화(戊午士禍) 때 김종직(金宗直)의 제자로 지목되어 유배되었다가 중종반정 이후 대사헌, 병조 판서 등을 역임하였다.《淸陰集 卷28 左贊成文平李公神道碑銘》

단지 볼 뿐

只見

단지 어둑한 앞산만 볼 뿐	只見前山暗
누가 창밖의 꽃을 보겠는가	誰看窓外花
때맞추어 꽃이 지려 하니	花將以時盡
하늘의 뜻을 내 어찌하리오	天意若吾何

누런 대

竹黃

누런 대에 남은 초록 잎새 竹黃餘綠葉
푸른 산엔 찬비만 부슬부슬 山翠只寒霏
취해 깊은 술잔을 잡노라니 醉把深杯酒
삼생을 내 절로 알겠어라 三生我自知

눈 그림에 제하다

題雪圖

대지는 온통 맑고 희어	大地渾虛白
오두막도 흰 구슬에 덮였네	瓊瑤是窟窠
고상한 이 시상을 떠올리며	高人有詩料
나막신 신고 앞 언덕 지나네	步屧過前坡
파수의 물결 그 어디에 있는가	灞水在何處
읊조리는 어깨 산처럼 솟았네[18]	吟肩高聳山
빈 하늘엔 흰 기러기 지나는데	天空橫白雁
아득한 날개에 어찌 매달려 보리	冥翼詎能攀
〈백설가〉[19]는 원래 고아한 곡조라	白雪元高調
천년 이래 함께할 이 더욱 드무네	千年和更稀
갑 속의 거문고 무슨 물건이런가	匣琴何似者
소리 외에 맑은 지조를 지니었네	音外有淸徽

18 파수(灞水)의……솟았네 : 파수는 장안(長安) 동쪽을 흐르는 물이다. 맹호연(孟浩然)의 고사와 관련한 소식(蘇軾)의 시는 69쪽 주10 참조.

19 백설가(白雪歌) : 초(楚)나라의 금곡(琴曲) 중 격조가 높은 곡의 하나이다. 어떤 이가 노래를 부르자 많은 사람들이 따라 불렀는데, 이 곡을 부를 때에는 따라 부르는 사가 수십 명에 불과했다고 한다. 《文選 對楚王問》

쌓인 눈에 깊은 길 묻혔으니 積雪沒深逕
소를 끌고 혹한에 어찌할꼬 牽牛奈苦寒
원안은 누워 일어나지 않은 것이건만 袁安臥不起
낙양의 수령 공연히 길게 탄식하네[20] 洛令空長嘆

20 원안(袁安)은……탄식하네 : 69쪽 주11 참조.

그림 병풍에 제하다 절구 8수

題畫屏 八絶

푸른 벼랑 한 줄기 오솔길에 통하고	蒼崖通一逕
정자의 기세는 우뚝하고도 외로워라	亭勢斗而孤
어찌 실제 존재하는 곳이겠는가마는	安能眞實地
내 그곳에서 잔잔한 호수 바라보노라	著我望平湖
고운 물가 그 어느 곳이런가	滄洲是底處
내려앉은 기러기 찬 모래밭을 헤매네	落雁迷寒沙
물어보려 뱃사공을 불러 보지만	欲問叫舟子
돌아보지 않으니 어이할거나	不顧當如何
바위에 앉은 것이 며칠이나 되었던고	坐石知幾日
낚싯줄 드리우니 되레 그 처음 같네	垂綸猶似初
번거로운 생각 이제 사라질 만하니	煩機今可息
물고기 잊은 마음 흔들지 말아야지	莫攪相忘魚
거센 바람 소나기 몰아오니	顚風驅急雨
먹을 뿌린 듯 앞산 어두워라	潑墨前山昏
어딘지 우산 움켜쥔 사람이	何處擁傘子
나귀 재촉하며 정신이 없네	嗾驢正斷魂

아득하여라, 만고의 자태는　　冥冥萬古姿
울창하여라, 안개 숲 좋아라　　鬱鬱煙林好
손가락 가리키는 언덕 위의 사람　　指點岡頭人
어찌 나에게 말할 수 있으리오　　寧能向我道

청산엔 상쾌한 기운 찾아들고　　青山來爽氣
바다는 물결 일렁이지 않네　　滄海不生波
덮어쓴 검은 먼지 깨끗이 닦고　　拭淨緇塵羃
작은 배는 바로 곁을 지나가네　　扁舟咫尺過

성긴 솔밭에 가는 대나무 어울리고　　疏松兼細竹
흐린 달빛은 난간 굽이를 감도네　　淡月曲欄曲
고상한 행석 내 따르고는 싶지만　　我欲追高蹤
그윽한 오솔길 발길 두지 못하네　　幽蹊不可足

괴로운 눈 사방 산에 가득하고　　苦雪四山滿
매서운 바람 방 안에 차가워라　　尖飆一室寒
찬 기운을 되레 허물하지 않고　　冷魂還不辜
마음으로 알아 담담히 바라보네　　神會淡相看

때늦은 붉은 도화 절구 2수

晩紅桃 二絶

정원의 꽃 다 떨어져 봄은 이미 갔으니	落盡園花春已去
유인은 품은 마음 누구에게 열어 보이나	幽人情抱向誰開
하늘의 조화 일부러 정태를 깊게 하려고	天工故作深情態
나무 가득 붉은 도화 흐드러지게 하였네	滿樹桃紅漫浪哉

봄 이미 떠난 곳에 사람 취하려 하는데	春已去處人欲醉
어두운 구름 서려 있고 해는 서쪽 기우네	陰雲不散日西斜
창 앞엔 다만 붉은 도화나무 서 있는데	窓前只有紅桃樹
하늘이 보낸 바람의 신 꽃을 범치 않네	天遣風神不犯花

갈대, 기러기, 대나무, 살구나무를 그린 벽화에 제하다
題壁畫蘆雁竹杏

기러기 무심하게 새로 갠 하늘 즐기니	賓鴻無意賞新晴
시의 재료 마음 돋우어 그지없이 맑네	詩料挑人徹底淸
푸른 대 누런 갈대 속 봄은 아직 이른데	竹碧蘆黃春尙早
빗속에 붉고도 흰 살구꽃이 선명하여라	雨中紅白杏花明

청심루 시[21]에 차운하다

次淸心樓韻

구름 걸린 아득한 산과 안개 자욱한 강	雲半遙山煙半江
사람 깨우는 물기운은 창문을 파고드네	醒人水氣透軒窓
그림 속의 온갖 모습 조석으로 내보이니	畫中萬象供朝暮
오랜 수고 거두고서 두 눈으로 바라보네	收拾長勞望眼雙

21 청심루(淸心樓) 시 : 청심루는 경기도 여주(驪州) 객관 북쪽에 있던 누각으로, 많은 문인이 이에 대한 시를 남겼다. 원운시(原韻詩)는 정몽주(鄭夢周)의 시로, 《포은집(圃隱集)》 권2에 〈제여흥루(題驪興樓)〉라는 제목으로 수록되어 있다. 여흥(驪興)은 여주의 옛 지명으로, 여흥루는 청심루를 가리킨다.

덕산의 벽 위에 걸린 시에 차운하다[22]

次德山壁上韻

해는 높으나 차가운 운기 산을 떠나지 않는데	日高寒靄未離山
들을 덮고 마을 감추어 채색 그림처럼 보이네	幂野藏村罨畫看
어느 곳 좋은 숲에서 머무를 수 있으려나	何處好林堪住着
고향으로 돌아가고픈 마음 홀연 끝이 없어라	故園歸思忽無端
뾰족함 드러내 푸르름 전하는 몇 고을의 산들	露尖呈翠數州山
드넓은 들판 머나먼 하늘이 한눈에 보이는데	大野長天一望看
저무는 계절 북녘 바람 짧은 머리에 불어오니	歲晏朔風吹短鬢
맑은 시름 나도 모르게 미간으로 들어오누나	清愁不覺入眉端

22 덕산(德山)의……차운하다 : 덕산의 동헌(東軒)에 걸린 시에 차운한 것이다.

서산 누대의 제영시에 차운하다

次瑞山樓題韻

깊은 봄의 방초가 남쪽 마을에 가득하고	春深芳草遍南州
말 향하는 산천엔 붉고 푸른 빛 떠 있네	馬首川原紫翠浮
세상만사 애환 속에 이내 몸은 늙어 가고	萬事悲懽身欲老
나그네 신세인지라 머리만 긁적이네[23]	客中風日入搔頭
고을 성은 자그마한데 예부터 이름난 고장이라	郡城如斗古名州
서녘으로 바다를 베고 땅은 둥둥 뜨려 하네	西枕滄溟地欲浮
거울 같은 차가운 못엔 봄 물결이 푸르르고	一鏡寒塘春漾碧
가는 바람 기우는 해에 누대 끝에 기대었네	細風斜日依樓頭
호서 지역 쉰 마을을 두루 다니며 둘러보니	歷盡湖西五十州
벼슬길에 경황없어 이내 몸 떠 있는 듯	名途草草此身浮
뱃속 가득 충성스러운 단심만을 알았거니	只知滿腹丹心耿
황정[24]으로 검은 머리 유지할 줄 몰랐다오	不解黃精駐黑頭

23 머리만 긁적이네 : 시름하는 것을 뜻한다. 《시경》 〈패풍(邶風) 정녀(靜女)〉에 "사랑하지만 만나지 못하니, 머리 긁적이며 머뭇거리네.〔愛而不見, 搔首踟躕.〕"라고 하였다.

24 황정(黃精) : 약초의 하나로, 이것을 먹으면 장수한다고 한다.

시든 국화
殘菊

담장 굽이 작은 국화 새로운 추위에 겁나서 墻隈小菊怯新寒
꽃은 어둡고 가지 기울고 잎새 이미 시들었네 花黯枝傾葉已殘
시샘 많은 청녀[25]의 사신이 탄식스러우니 可嘆多猜靑女使
서풍 부는 어느 곳에 환한 얼굴 있을까 西風何處有韶顔

25 청녀(靑女) : 서리와 눈을 주관한다는 전설상의 여신(女神)이다.

가는 대

細竹

산기슭에 사노라니 뜻은 오로지 산이라	居依山麓意專山
상수리 단풍 남목과 함께 무리 지었네	橡栗楓枏共作團
하룻밤에 맑은 서리 갑작스레 지나더니	一夜淸霜剗地過
조그만 집에 마주하는 대나무 세 그루	小軒相對竹三竿

길에서 천마산과 성거산을 바라보니 빗기운에 어두웠는데, 이로 인하여 옛 유람이 떠오르다

路上望天磨聖居兩山雨氣冥濛因憶舊遊

빗줄기 너머 어둑어둑 천만 개의 봉우리	雨外昏昏千萬岑
창공에 닿아 기댄 채로 반쯤은 잠기었네	連空倚碧半成沈
소싯적에 두루 지났던 산중의 길에는	少年踏遍山中路
붉은 잎 맑은 샘에 가을 정히 깊었었지	赤葉淸泉秋正深

〈우장역으로 가며〉[26]에 차운하다

次赴牛莊驛

단심은 경경하고 백발은 성성한데　丹心耿耿鬢星星
우장역에 삼 일이라 먼 길 지체하네　三日牛莊滯遠行
시월의 요하는 얼음 아니 얼었는데　十月遼河氷不合
배가 걸려 다리를 이룰 방도가 없네　閣舟無計得橋成

26 우장역으로 가며 : 명나라 예겸(倪謙)이 지은 시이다. 66쪽 주5 참조.

〈해주위에 이르러〉[27]에 차운하다

次至海州衛

야윈 말에 채찍질하며 몰아서 가는데	鞭着羸驂叱叱行
서녘 연경 바라보니 모든 산이 평지 같네	神京西望萬山平
밤 깊은 여관 쓸쓸함에 잠 못 드는데	夜深旅館凄無夢
야경꾼 소리 높고 달빛은 성에 가득하네	擊拆聲高月滿城

27 해주위에 이르러 : 명나라 예겸(倪謙)이 지은 시이다. 66쪽 주5 참조.

봄 길을 걸으며

春日路中

꽃 피어난 광릉은 한껏 봄을 드러냈으니	花近廣陵偏逞春
타는 들과 뒤덮은 산엔 생기가 가득하네	燒原被嶺摠精神
길 가는 이 정히 동군에게 괴롭힘당하여[28]	行人正得東君惱
말에 몸 맡기고 낮게 읊조리니 뜻 새롭네	信馬沈吟意更新
아침 해 막 떠오르자 밤이슬 곱게 빛나고	朝日初昇宿露姸
산닭은 톡톡 쪼아 대며 평지밭에 내려오네	山鷄啄啄下平田
숲속의 꽉꽉 울음소리에 서로 호응하다가	林間角角鳴相應
말 머리에 놀라 날아 다시 안개 속에 드네	馬首驚飛還入煙
한낮인데 묵은 안개 아직 산을 뒤덮으니	宿煙亭午尙埋山
양쪽 언덕 붉은 꽃엔 이슬 아니 말랐어라	夾岸紅花露未乾
말 위에서 졸다가 꿩 울음에 놀라 깨니	馬上睡餘驚雉雊
눈에 훤한 붉은 모가지 숲으로 달려가네	眼明丹頸走林間
바람이 봄과 어우러져 땅의 기운 돌아오는데	風與春融土脈回
사방 산의 꽃과 나무는 누굴 위해 심었는가	四山花木爲誰栽

28 길……괴롭힘당하여 : 봄이 시인의 마음을 자극함을 말한다. 동군(東君)은 봄을 관장하는 신을 가리킨다.

무성한 꽃 맑은 꽃술 되레 깊은 뜻 있어서 繁英淡蕊還深意
멀리 가는 사람 위해 속속 피는 것 같아라 似爲征人續續開

이희순에게 부치다

寄李希醇

이름은 계맹(繼孟)이다.

젊어 큰 잔 겁내더니 만년엔 미친 듯이	少怯觥船晩作狂
누가 환백[29]에게 노년을 내맡겼던가	誰教懽伯老專場
백인은 마주하면 단속을 잊어버렸고[30]	伯仁得對忘拘檢
도리어 관요에겐 장광설 있게 하였네[31]	却被寬饒擧舌長
천하의 풍류에는 국생[32]이 있으니	天下風流有麴生
인간 세상엔 오욕도 영예도 없어라	人間無辱亦無榮

29 환백(懽伯) : 술의 별칭이다.

30 백인(伯仁)은……잊어버렸고 : 백인은 진(晉)나라 주의(周顗)의 자이다. 그는 술을 무척 좋아하여 실수가 많아 천자의 노여움을 사기도 하였다. 어느 날 우연히 옛 지인을 만나 두 섬의 술을 나눠 마시고 취했는데, 술에서 깨어 사람을 보내 함께 마시던 사람을 찾아보니 그 사람은 이미 속이 상하여 죽었다고 한다.《晉書 周顗列傳》

31 관요(寬饒)에겐……하였네 : 관요는 한(漢)나라 개관요(蓋寬饒)이다. 어느 날 평은후(平恩侯) 허백(許伯)의 초청으로 그의 집에 갔을 때에 "나에게 술을 많이 따르지 마십시오. 나는 술을 마시면 미치광이가 됩니다."라고 하였고, 술자리가 무르익었을 때에 다들 춤을 추며 즐겼는데, 그는 집을 올려다보며 "아름답습니다. 그러나 부귀는 무상하여 금세 주인이 바뀌니 이는 여관과 같은 것입니다. 내가 이러한 경우를 많이 보았습니다. 오직 삼가는 것만이 오래갈 수 있는 길이니, 군후(君侯)께서는 경계하지 않을 수 있겠습니까."라고 말하고는 자리에서 일어났다.《漢書 蓋寬饒傳》

32 국생(麴生) : 국(麴)은 술을 빚는 재료인 누룩으로, 국생은 술을 의인화한 말이다.

지금부턴 원량처럼 교제 끊어야지[33]	自今元亮交應絶
계율 지킨대도 채도명에게 부끄럽네[34]	持律猶慙蔡道明

또 又

호두의 지극한 어리석음 차공의 광기[35]	虎頭癡絶次公狂
기원하는 부인이 어찌 예법의 세계를 알랴[36]	祝婦何知禮法場
두 호걸 소매 떨치며 옴이 늙어 두려우랴	老怕二豪來奮袂
그대로 양쪽 귀밑 흰머리 늘어뜨리리[37]	放教雙鬢雪絲長

33 원량(元亮)처럼 교제 끊어야지 : 원량은 진(晉)나라 도잠(陶潛)의 자이다. 그가 벼슬을 버리고 전원으로 돌아가면서 〈귀거래사(歸去來辭)〉를 지었는데, 그 내용에 "돌아갈지어다. 교제를 그만두고 교류를 끊어야 하겠다.〔歸去來兮, 請息交以絶遊.〕"라는 말이 있다.

34 계율……부끄럽네 : 채도명(蔡道明)은 진나라 채모(蔡謨)로, 도명은 그의 자이다. 그는 지나칠 정도로 엄밀하게 자신을 단속하여 주색(酒色)과 향락(享樂)이 만연하던 풍조에서 홀로 예를 지켰다고 한다. 《晉書 蔡謨列傳》

35 호두(虎頭)의……광기 : 호두는 진(晉)나라 고개지(顧愷之)의 자이다. 재주가 뛰어나고 그림도 잘 그려 세속에서 그를 재절(才絶), 화절(畫絶), 치절(癡絶)을 갖춘 삼절(三絶)이라 불렀다. 그가 환온(桓溫)의 막부에 있을 때에, 환온이 늘 말하기를 "고개지의 몸속에는 어리석음과 영리함이 반반이니, 합쳐서 논하면 바로 평균을 얻을 것이다."라고 하였다. 《晉書 顧愷之列傳》 차공(次公)은 한(漢)나라 개관요(蓋寬饒)의 자이다. 그에 대한 고사는 94쪽 주31 참조.

36 기원하는……알랴 : 진(晉)나라의 유령(劉伶)이 술을 지나치게 마시자 그의 아내가 술을 그만 마시기를 간청하였다. 유령이 알았다고 하면서 스스로는 끊을 수 없으니 귀신에게 맹세하겠다고 술과 고기를 준비하라 하였다. 아내가 그 말을 믿고 술과 고기를 마련해 주자 무릎을 꿇고 기도하기를 "하늘이 저를 내어 제가 술로 이름을 얻었습니다. 한 번에 한 섬을 마시고 다섯 말로 해장을 하니, 부인의 말을 듣지 못하겠습니다."라고 하고는 마련된 음식으로 또 술을 실컷 마셨다고 한다. 《晉書 劉伶列傳》

깨고 취하는 사이에 이 생애를 붙여 두고	醒醉中間付此生
그즈음 어디서도 영욕 따짐이 없네	乘際無處問枯榮
일생의 심사를 그대 나와 함께하니	百年心事君兼我
푸른 눈동자[38] 언제나 다시 밝으려가	靑眼何時得再明

또 又

서막은 종래 죽을 때까지 술에 미쳤고[39]	徐邈從來抵死狂
필랑은 일생 동안 술의 세상에 살았다네[40]	畢郎身世酒爲場

37 두……늘어뜨리리 : 술 마시는 것에 대한 비판에 태연자약함을 말한다. 유령의 〈주덕송(酒德頌)〉에 "존귀한 공자(公子)와 진신 처사(搢紳處士)가 대인 선생에 대한 소식을 듣고는 그 행동을 비난하여 소매를 떨치고 옷깃을 풀어 헤치고는 눈을 치켜뜨고 이를 갈면서 예법을 말하여 시비가 벌 떼처럼 일어났는데, 선생은 이때 막 술단지를 잡고서 한창 술을 마시고는 수염을 털어 내며 다리를 뻗고서 누룩을 베고 술지게미를 깔고 앉아, 아무런 생각도 없이 도도히 즐거워하였다."라고 하였다. 《古文眞寶 後集 卷1》

38 푸른 눈동자 : 반가운 사람을 맞이할 때의 눈동자를 말한다. 진나라 완적(阮籍)이 예교(禮敎)에 얽매인 속된 선비가 찾아오면 흰 눈동자로 대하고, 반가운 사람을 대할 때는 푸른 눈동자로 대하였다고 한다. 《晉書 阮籍列傳》

39 서막(徐邈)은……미쳤고 : 서막은 삼국 시대 위(魏)나라 사람으로, 사예교위(司隷校尉) 등을 역임하였다. 당시 기근이 심해 조정에서 금주령을 내렸는데, 서막이 술을 몹시 좋아하여 금주령을 어기고 술을 마시다가 적발되어 곤란을 겪은 적이 있었다. 훗날 문제(文帝)가 서막에게 아직도 술을 마시냐고 물은 적이 있는데, 그는 스스로 징계하지 못하고서 때때로 술을 마신다고 답하였다. 《三國志 魏書 徐邈傳》

40 필랑(畢郎)은……살았다네 : 필랑은 진(晉)나라 때 이부랑(吏部郎)을 지낸 필탁(畢卓)을 가리킨다. 그는 술을 무척 좋아하여 언제나 술에 취해 제대로 업무를 돌보지 못하였다. 어느 날은 이웃집에 술이 익자 밤에 몰래 들어가 술을 실컷 훔쳐 마시고 그 자리에 취하여 쓰러진 일도 있었다. 일찍이 사람들에게 말하기를 "커다란 배에 술을

형체 잊고서 함께 취한 지경에 들어가니[41] 忘形共入陶陶境
오리와 학의 다리 길고 짧음 누가 알리오[42] 鳧鶴誰知有短長

외물을 누가 수심 불러일으킨다 하였던가[43] 誰將外物喚愁生
고관대작이야 꿈속 괴안국의 영광이러라[44] 簪紱槐安夢裏榮
득실은 이미 조물주에게 판결을 맡겼으니 得喪已輸眞宰判
우두커니 나를 잊고 밝은 창에 기대 본다 嗒然忘我倚窓明

가득 싣고서 사시로 맛있는 음식들을 양쪽 뱃머리에 두고서, 오른손으론 술잔을 붙잡고 왼손으론 게의 집게발을 들고서 술 실은 배에 둥둥 떠서 노닐면 일생이 넉넉할 것이나." 라고 하였다. 《晉書 畢卓列傳》

41 형체……들어가니 : 서로 간에 허물없이 지내며 함께 취함을 말한다. 두보(杜甫)의 〈취시가(醉時歌)〉에 "형체 잊고서 너라 서로 말을 하니, 실컷 술 마심이야 진정 나의 스승일세.〔忘形到爾汝, 痛飮眞吾師.〕"라고 하였다. 《全唐詩 卷216》

42 오리와……알리오 : 모두 자신이 처한 상황에 맞게 사는 것이니, 서로의 장단과 우열은 굳이 비교할 필요 없음을 말한다. 《장자(莊子)》〈변무(騈拇)〉에 "긴 것은 남는 것이 아니며 짧은 것은 부족한 것이 아니다. 이 때문에 오리의 다리가 비록 짧지만 이어 주면 근심하고, 학의 다리가 비록 길지만 잘라 주면 슬퍼하게 된다."라고 하였다.

43 외물을……하였던가 : 두보의 〈수(愁)〉에 "강가의 풀 날마다 수심 불러일으키니, 무협의 물은 깨끗하여 세상의 정이 아니로다.〔江草日日喚愁生, 巫峽泠泠非世情.〕"라고 하였다. 《全唐詩 卷231》

44 고관대작이야……영광이러라 : 당(唐)나라 순우분(淳于棼)이 술에 취하여 집 남쪽에 있는 괴수(槐樹) 아래서 잠들었다가 대괴안국(大槐安國)의 초빙을 받아 공주와 결혼하고 남가 태수(南柯太守)를 지내는 등 부귀영화를 누리는 꿈을 꾸었다는 고사가 있다. 《山堂肆考 卷139 南柯夢》

절구 2수
絶句 二首

이별하던 곳 봄빛 짙어 움켜쥘 만하고	別地韶華濃可掬
맑은 바람 비를 싣고 꽃과 풀에 부는데	光風挾雨吹紅綠
가는 버들 그늘 속에 살구꽃은 환하고	細柳陰中明杏花
띳집엔 하루 종일 은자 홀로 있어라	茅軒永日幽人獨

긴 허리 굽히기 싫어 마음은 속세 멀리하니[45]	厭折長腰心遠俗
꿈에 고향 돌아가 물가 볕 드는 골에 깃드네	歸田夢落潯陽曲
붓을 가져오라 하여 귀거래사 읊으려고	喚取尖奴賦去來
아이를 시켜서 먹을 갈게 하노라	放教童子碾烏玉

45 긴……멀리하니 : 허리를 굽힌다는 것은 벼슬을 하여 윗사람에게 굽신대며 섬긴다는 뜻이다. 진(晉)나라 도잠(陶潛)이 팽택 영(彭澤令)으로 있을 때 군(郡)에서 독우(督郵)가 파견되어 고을을 순시하였다. 아전이 도잠에게 의관을 갖추고서 독우에게 예를 표해야 한다고 하자 그는 "내가 쌀 다섯 말의 하찮은 녹봉 때문에 허리를 굽혀서 향리의 소인에게 복종하며 섬길 수는 없다."라고 말하고서 현령의 인끈을 풀어 버리고 고향으로 돌아갔다. 《晉書 隱逸列傳 陶潛》

옛 여인을 생각하는 황해도 관찰사 남사화[46]를 희롱하며 지은 최자진[47]의 시에 화운하다

和崔子眞戲南士華關西憶舊香奩之作

고운 단장 예쁜 얼굴 아직도 그대로라	明粧艶質尙依然
옥정의 향기는 토끼의 절구 가에 떠도네[48]	玉井香浮兎杵邊
뜨락의 못은 문득 바다처럼 거울이 되어	庭沼却成瀛海鏡
마음속을 환히 비추니 생각 끊이지 않네	照開心膽思綿綿

가벼운 발길 그윽한 눈빛 낙수의 선녀[49]	凌波脈脈洛濱仙
달빛 아래 꽃다운 자태 다시 완연하여라	月下芳姿更宛然

46 남사화(南士華) : 남곤(南袞, 1471~1527)으로, 본관은 의령(宜寧), 자는 사화, 호는 지정(止亭)·지족당(知足堂)이다. 1494년(성종25) 문과에 급제하여 좌의정, 영의정 등을 역임하였다. 신용개와는 사가독서를 함께 하였으며, 또 함께 《속동문선(續東文選)》 편찬에 참여하였다. 《頤庵集 卷7 外祖考領議政贈諡文敬南公墓誌》

47 최자진(崔子眞) : 최숙생(崔淑生, 1457~1520)으로, 본관은 경주(慶州), 자는 자진, 호는 충재(忠齋)이다. 1492년 문과에 급제하여 대사간, 대사헌 등을 역임하였다. 신용개와 함께 현량과(賢良科) 시행을 적극 주장하였으며, 또 함께 《속동문선》 편찬에 참여하였다. 《重菴集 卷50 行崇政大夫……》

48 옥정(玉井)의……떠도네 : 옥정은 태화산(太華山) 꼭대기에 있는 연못으로, 신비로운 연꽃이 핀다는 전설이 있다. '토끼의 절구 가'는 달 속에서 토끼가 방아를 찧고 있다는 전설에 따라 달을 가리키는 말로 쓰였다.

49 가벼운……선녀 : 삼국 시대 위(魏)나라의 조식(曹植)이 낙수(洛水)의 신녀(神女)인 복비(宓妃)를 두고 지은 〈낙신부(洛神賦)〉에 "물결 위를 가볍게 걸으니, 비단 버선엔 먼지가 이네.〔凌波微步, 羅襪生塵.〕"라고 하였다. 《曹子建集 卷3》

오리 때리면 원앙 꿈 놀랜다[50] 혐의 말라　　莫嫌打鴨驚鴛夢
아리따운 여인을 불러 애련한 마음을 두네　　喚起潘娘作意憐

50 오리……놀랜다 : 송(宋)나라의 여사룽(呂士隆)이 선주(宣州)를 맡아 다스릴 때 번번히 관기(官妓)들을 때려 관기들이 모두 도망가려 하였다. 마침 항주(杭州)에서 기녀가 한 명 왔는데 여사룽이 좋아하여 머무르게 하였다. 어느 날 고을의 관기가 사소한 잘못을 저지르자 그를 때리려 하였는데, 그가 말하기를 "제가 감히 죄를 피할 수는 없지만 항주의 기생이 편안히 여기지 못할까 걱정입니다."라고 하자 여사룽이 그를 용서해 주었다. 이를 두고 매요신(梅堯臣)이 〈타압(打鴨)〉이라는 시를 지어 "오리를 때리지 말라, 오리를 때리면 원앙이 놀란다. 원앙이 막 못 속에 내려앉으니, 외딴 모래톱의 늙은 재두루미에 비할 수 없네.〔莫打鴨, 打鴨驚鴛鴦. 鴛鴦新向池中落, 不比孤洲老鴰鶬.〕"라고 하였다. 《佩文韻府 卷106 莫打鴨》

계유년(1513, 중종8) 초여름에 안산의 객관에서 쓰다
癸酉初夏安山客館書

가랑비 흩날리어 나그네 가는 길 막더니만　　小雨霏霏滯客行
반쯤은 시상을 따라 낙수 소리에 드네　　半隨詩思入簷聲
만물 적시는 신의 큰 공효를 바라보니　　坐看潤物神功大
보리밭은 생기 돌고 일렁임 잦아드네　　壟麥生情浪欲平

한가한 꽃은 비를 맞아 고운 자태 뽐내다　　閑花得雨逞芳姿
그윽한 방에 펼쳐져 옥 같은 살결을 씻네　　展盡幽房洗玉肌
객 깃든 방 낮은 길고 봄에 벗 없더니만　　客軒晝永春無伴
화병의 꽃 한두 가지에 마음 의지해 보네　　賴有甁頭一兩枝

서헌(西軒)에 꽃이 없어 동쪽 정원의 무성한 꽃가지를 꺾어 병에 꽂아 보았다.

밤에 앉아 장난삼아 써서 희순에게 드리다
夜坐戲書呈奉希醇

젊은 날 마음은 불타고 기운은 연기 같더니	少日心炎氣似煙
굳건함 물러 버리고 나이 먹어 병들었네	剛强易脆病隨年
깊은 밤 잠 못 들고 등불 밝히고 앉아서	夜深無寐明燈坐
이리저리 고서 끌어다 잠이 들고자 하네	錯引塵編欲助眠

약관엔 굳게 절제하여 금주하였건만	弱冠剛制守空甁
중년엔 혼몽하여 주성에 의탁하였네	中歲昏冥託酒星
노인의 젖이 이제 되레 병이 된다면	老乳如今還作祟
어찌해야 바꾸어 주인을 깨우치겠는가	何方換得主人惺

세속에서 술을 노인의 젖이라고 한다.

마음은 절로 청년이라 쇠함을 못 깨닫고	心自靑年不覺衰
꽃을 보며 술 맞으니 흥은 실을 뽑는 듯	看花逢酒興抽絲
그대 나를 다잡아 황무지 일구게 하라	煩君律我鋤荒穢
돌아가 마음 초연하게 먼 기약을 하리라	歸與希夷作遠期

벼슬길에선 기쁘고 슬픈 온갖 일이 있었고	宦路悲懽事百般
지팡이 짚은 이제 육경의 틈에 끼였구나	杖餘今廁六卿間
고개 숙여 괴로이 공명에 얽매였으니	低頭苦被名韁絆
푸른 산은 분명 나를 어리석다 비웃으리	應有靑山笑我頑

내 집은 북산에 있어 소나무와 벗하여 家在北山松作朋
찬 바람에 읊조리는데 눈 매섭게 얼었구나 寒風吟嘯雪嚴凝
찾아와 명함 내미는 관직 부탁 지겨우니 敲門厭見求官刺
뉘라서 섬계 향해 흥에 겨워 배를 탈까[51] 誰向剡溪興一乘

내가 이조의 장관이라 명함을 내밀며 찾아오는 사람들로 인하여 괴로워서 한 말이다.

51 뉘라서……탈까 : 왕휘지(王徽之)가 눈 내리는 밤에 갑자기 섬계(剡溪)에 사는 친구인 대규(戴逵)가 보고 싶어 배를 타고 밤새 친구의 집을 찾아갔는데, 정작 그의 집 앞에 이르러서는 들어가지 않고 돌아왔다. 사람들이 그 이유를 물으니, 흥이 일어 찾아갔는데 집 앞에 이르러 흥이 다하였기 때문이라고 말하였다. 《世說新語 任誕》

희순의 시에 차운하다

次希醇韻

마음을 쉬는 것만이 원기를 보호하나니	休心只可保眞元
근심 푸는 데는 술잔 드는 것만 한 게 없네	遣悶無過對酒尊
젊어서부터 취해 미쳐서 고칠 수가 없으니	少得醉狂醫不得
도잠은 술 끊으려 하나 다시 맘 흐려지네[52]	陶潛欲止更成昏
초의 보존과 범의 멸망 누가 다르다 말하랴[53]	楚存誰謂異凡亡
청광을 가지고서 취광과 바꾸지 말아야지[54]	莫把淸狂換醉狂
생전 마음에 병을 얻을까 홀로 두려워하여	獨怕生前心受病
근년 이래 두루 방비하고자 계획해 보네	年來作計擬周防
신선이니 호걸이니 뭇사람들 떠드는데	臞老豪英衆口騰

52 도잠(陶潛)은……흐려지네 : 진(晉)나라의 도잠이 술을 끊겠다며 〈지주(止酒)〉라는 시를 지은 적이 있는데, 자신을 도잠에 비유하여 말한 것이다.

53 초(楚)의……말하랴 : 눈에 보이는 것만으로 근원의 도를 판단할 수는 없다는 말이다. 《장자》 〈전자방(田子方)〉에, 범(凡)나라의 군주가 초나라의 왕과 말하면서 "범나라가 망한다고 해서 나의 존재를 잃게 할 수 없다면 초나라가 보존된다고 해서 도가 보존되는 것은 아닙니다. 이로 살펴보건대 범나라는 애초부터 망한 것이 아니며 초나라는 애초부터 보존된 것이 아닙니다."라고 하였다.

54 청광(淸狂)을……말아야지 : 청광은 실제 미치지 않았지만 미친 듯 보인다는 말로 매이지 않은 맑은 마음으로 거리낌 없이 행동함을 말하며, 취광(醉狂)은 술에 취해 제정신을 잃음을 말한다.

엉성해서 나만 홀로 아무 일도 못 하네	狂疏獨我坐無能
온통 산수를 생각하나 되레 명예에 매이니	滿懷林壑名還絆
가소롭다, 재물 헤아리는 왕융이여[55]	可笑王戎算斗升

55 가소롭다……왕융이여 : 왕융(王戎)은 진(晉)나라 죽림칠현(竹林七賢)의 한 사람인데, 재물에 관심이 많아 직접 주판으로 재산을 계산하면서 늘 부족하게 여겼다. 《晉書 王戎列傳》 적은 녹봉에 매여 관직을 떠나지 못하는 자신을 왕융에 비유한 것이다.

희순이 종이로 만든 삼색 복숭아꽃 화분 하나를 보내고 아울러 절구 한 수를 보내왔기에, 화운하여 올리다

希醇以紙造三色桃花一盆送寄兼有詩一絶遂和奉

억지로 가평을 두고 소춘이라 하더니만[56]	强把嘉平作小春
화분의 꽃 돋아난 인을 훔쳐 희롱하네	盆花偸弄發生仁
고고한 노인은 본래 한가한 흥 가득하여	臞翁自是饒閑興
송계[57]로 나눠 보내며 옛 친구를 위로하네	分與松溪慰故人

56 억지로……하더니만 : 겨울의 별칭에 봄이라는 표현이 들어 있음을 말한 것이다. 가평(嘉平)은 동지(冬至) 뒤의 세 번째 미일(未日)로 납일(臘日)을 말하고, 소춘(小春)은 음기(陰氣)가 가득한 가운데에 양기(陽氣)가 하나 생겨 봄의 기운을 일으키기 시작한다는 의미로 음력 10월 또는 동지를 가리킨다.

57 송계(松溪) : 신용개의 별호이다.

희순의 시에 화운하다

和希醇韻

흥망의 세상일에 우연히 기이함을 얻어	乘除世事偶兼奇
늙어서 도연명의 〈지주〉 시[58]에 화운하네	老和淵明止酒詩
향기로운 포도 덕에 병든 폐 소생하니	賴得香萄蘇病肺
옛 친구 다정하게도 멀리서 보낸 것이네	故人情貺遠來垂

58 도연명(陶淵明)의 지주(止酒) 시 : 도연명은 진(晉)나라의 문인 도잠(陶潛)이다. 〈지주〉는 도잠이 술을 끊겠다며 지은 시이다.

수나라 양제[59]

隋煬帝

응제(應製)로 임금의 병풍에 쓰다.

꽃잎 날리는 장춘궁[60]엔 비단의 향기	花葉長春錦繡香
주렴 곳곳마다 숨바꼭질 장난이라[61]	珠簾無處不迷藏
거울 속 목을 보며 보존 어려움 알면서도[62]	鏡中頭頸知難保
끝내 향락 즐기다 스스로 패망에 이르렀네	終逞淫奢自抵亡

59 수(隋)나라 양제(煬帝) : 수나라의 제2대 황제로, 운하 건설과 고구려 원정 실패 등으로 국력을 소모하여 반란군에게 정권을 넘겨주고 말았다.

60 장춘궁(長春宮) : 수 양제 때의 별궁이다.

61 주렴……장난이라 : 당(唐)나라 시인 두목(杜牧)의 〈양주(揚州)〉에 "양제 머물던 뇌당의 땅엔, 숨바꼭질하던 옛 누대 있네.〔煬帝雷塘土, 迷藏有舊樓.〕"라고 하였다.

62 거울……알면서도 : 양제가 반란군에 밀려 양주에 머물렀는데, 어느 날 거울을 가져다가 들여다보며 "좋은 목이로다. 누가 벨 것인가."라고 말하니, 옆에 있던 황후가 깜짝 놀라며 이유를 묻자, "귀천과 고락은 서로 뒤바뀌는 법이니, 상심할 것이 있겠는가."라고 말하였다. 《資治通鑑 卷185 唐紀1》

〈사령을 지나며〉[63]에 차운하다

次過沙嶺

해 저무는 낮은 비탈엔 마소를 풀어놓고	日暮平坡散馬牛
변경이지만 경계할 것 없으니 중원과 같네	邊居無警似中州
백 년의 교화 입었으나 여전히 위무가 있어[64]	百年干羽猶威武
만나는 사람 모두 활을 메고 뾰족한 머리라네	逢著弓腰摠銳頭

63 사령(沙嶺)을 지나며 : 명나라 예겸(倪謙)이 지은 시이다. 66쪽 주5 참조.

64 백……있어 : 명(明)나라가 건국된 지 100여 년이 되어 태평성대를 이루었지만 아직도 무(武)를 숭상하는 기질이 남아 있음을 말한다.

〈평양교를 지나며〉[65]에 차운하다

次過平洋橋

국서 품고 가는 길 달은 다시 둥근데	丹陛銜書月再圓
먼 길 가는 흉금이야 정히 잊히질 않네	遠遊襟抱正懸懸
평양교 지나는 밤에 은하수 찬란하여	平洋夜過星河爛
임금 계신 북두 가로 고개를 돌려 보네	回首宸居北斗邊

65 평양교(平洋橋)를 지나며 : 명나라 예겸(倪謙)이 지은 시이다. 66쪽 주5 참조.

〈소릉하에서 장 조사를 만나다〉[66]에 차운하다

次小淩河逢張詔使韻

차가운 모래 막막하다 마침내 긴 언덕	寒沙漠漠竟長坡
밤낮으로 바람 부르는 버드나무 많아라	日夕號風柳樹多
눈 감고 지나다가 놀라 선잠 깨어 보니	合眼過來驚小夢
말발굽 울리는 곳에 강물이 얼었구나	馬蹄鳴處得氷河

66 소릉하(小淩河)에서……만나다 : 명나라 예겸(倪謙)이 지은 시이다. 66쪽 주5 참조.

〈조장역으로 가며〉[67]에 차운하다

次赴曹莊驛

가벼운 먼지 바람에 날려 언덕이 어둡고　輕塵風簸暗橫坡
연이어 날아와 눈에 들어가는 것도 많네　陣陣飛來入眼多
금비[68]를 가지고도 다 긁어낼 수가 없으니　試把金篦揩不得
바다에 솟은 산 어디서 바라볼 수 있을까　海山何處望浮螺

67 조장역(曹莊驛)으로 가며 : 명나라 예겸(倪謙)이 지은 시이다. 66쪽 주5 참조.

68 금비(金篦) : 고대에 눈병을 치료하는 도구로, 눈의 막을 벗겨 내어 눈을 밝게 하는 데에 사용하였다고 한다.

한밤

夜分

한밤중 처마에 빗소리 길게 이어지니	夜分簷霤雨聲長
취한 뒤 생각자니 나무에 바람 거센가	醉後偏疑風木狂
일어나 아이 불러 한잔 술을 마시노니	起喚小兒供小酌
하늘이 이 노인에게 술을 들게 하누나	天教此老酒爲場

함양으로 부임하는 조호연을 전송하며

送曺浩然赴咸陽

이름은 호(浩)이다.

동남쪽 천령은 외져 좋은 벼슬자리이니[69] 天嶺東南好僻官
편안히 백성 편안케 할 방도 자득해야지 身安要自得民安
젊어 발탁된 뜻을 그대 저버리지 말고 少年擬望君毋負
그저 마음 전하니 술로 얼굴 펴시게나 只有傳心酒面寬

가만히 보니 인간 세상 어진 인재 많은데 靜觀人世足材賢
득실과 성쇠 서로 복잡하게 얽혀 있다네 得失升沈互糾纏
오늘 그대 보내면서 마음은 그지없으니 今日送君情不盡
부끄럽네, 노씨와 짝하며 그대 앞에 있음이[70] 愧將盧伴在君前

술자리 관대함 바다와 같고 酒面寬如海
교분의 친밀함 아교와 같네 交心密似膠

69 동남쪽……벼슬자리이니 : 천령(天嶺)은 함양(咸陽)의 옛 지명이다. 외진 곳은 공무가 한가롭기 때문에 편안히 자신을 수양하기 좋다고 여겨졌다.

70 부끄럽네……있음이 : 노씨는 당(唐)나라 때의 문인 노조린(盧照鄰)을 가리킨다. 문장으로 뛰어난 왕발(王勃), 양형(楊炯), 노조린, 낙빈왕(駱賓王)을 두고 사람들이 왕양노락(王楊盧駱)으로 병칭하며 사걸(四傑)이라 불렀는데, 양형이 이를 듣고는 "내가 노조린의 앞에 있는 것은 부끄럽고 왕발의 뒤에 있는 것은 수치스럽다."라고 하였다. 《舊唐書 文苑列傳 楊炯》

늙어서 도리어 병통 있으니 老來還有祟
동교요 같음이 아니겠는가[71] 無乃董嬌嬈

71 동교요(董嬌嬈) 같음이 아니겠는가 : 동교요는 한(漢)나라 송자후(宋子侯)가 지은 시의 제목이자 어느 여인의 이름으로, 남조(南朝) 양(梁)나라의 서릉(徐陵)이 편찬한 《옥대신영(玉臺新詠)》에 실려 전하는데, 꽃과 여인의 가상 대화를 통해 나이 든 여인의 처지가 가을에 졌다가 봄에 다시 피는 꽃보다 못함을 노래하였다. 이 시에서도 늙어 가는 자신의 처지를 동교요에 비유한 듯하다.

대자사[72]에서 우연히 읊다

大慈寺偶吟

괴이하게도 승려들 외려 한가롭지 못하여	怪他甁錫尙無閑
아침에 계곡으로 내려갔다 저녁에 산으로 돌아오네	朝下雲溪夕返山
방을 빌려 잠시 머무는 객만 남아서	唯有借軒三日客
옛 비석 사이 떨어진 마른 잎을 밟네	踏殘枯葉古碑間

72 대자사(大慈寺) : 경기 고양(高陽)에 있던 사찰로, 태종이 요절한 막내아들 성녕대군(誠寧大君)의 명복을 빌기 위해 지었다.

독자계축에 제하다

題獨子契軸

흔들흔들 외로이 서니 형제가 없어서라	孑立搖搖鮮弟兄
나란히 함께 갈 이 없어 혼자 외롭도다	雁行無序獨惸惸
평생에 함께 강굉의 이불[73] 부러웠더니	生平共羨姜肱被
다시 존망 절실하여 사모의 마음 커지네	更切存亡養慕誠

앞서 곧았다 뒤에 더러워짐[74] 세인의 마음이나	先貞後黷世人情
끝까지 마음 성실하면 부끄러움 생기지 않으리	終始心誠恥不生
솔과 잣나무는 세한에도 지조를 바꾸지 않으니[75]	松柏歲寒無異操
바야흐로 충과 효가 이름 온전히 함을 알겠어라	方知忠孝保全名

73 강굉(姜肱)의 이불 : 형제간의 우애를 뜻한다. 강굉은 후한(後漢) 사람으로, 아우인 중해(仲海), 계강(季江)과 우애가 깊어 항상 한 이불을 덮고 잤다고 한다.《後漢書 姜肱列傳》

74 앞서……더러워짐 : 남조(南朝) 시대의 문인 공치규(孔稚圭)가 지은 〈북산이문(北山移文)〉에, 은거를 그만두고 벼슬하러 떠났던 주옹(周顒)을 나무라며 "앞서는 곧았다가 뒤에는 더러워지니, 어쩜 그리도 잘못되었는가."라고 하였다.《古文眞寶 後集 卷2》

75 솔과……않으니 :《논어》〈자한(子罕)〉에 "날씨가 추워진 뒤에야 소나무와 잣나무가 뒤늦게 시듦을 알 수 있다."라고 하였다.

양주 덕해원[76]의 벽 위에 제하다

題楊州德海院壁上

풀 아스라한 평원엔 안개가 자욱하고	草遠平原煙漠漠
실바람 처마 끝엔 제비 날아다닌다	風微簷角燕飛飛
그 옛날 노닐던 영국사[77] 산 앞길에서	舊遊靈國山前路
여전히 숲 안개가 나의 옷을 적시네	猶帶林霏濕我衣

76 덕해원(德海院) : 도봉산 밑 해촌(海村)이라는 언덕에 있었다고 한다.《新增東國輿地勝覽 卷11 楊州牧》

77 영국사(靈國寺) : 도봉산에 있었던 사찰이다.

이소가 퇴직하고서 잔치를 베푼[78] 그림에 쓰다

書二疏退休設筵圖

벼슬 높은데 퇴직하여 나의 천성을 즐기고	宦成身退樂吾天
보양하란 임금 은혜에 날로 잔치 베풀었네	頤養君恩日肆筵
소부는 말년에 옥에 갇힘을 수치로 여겼으니[79]	蕭傅暮年羞就吏
지금까지 사람들은 이소의 훌륭함을 말하네	只今人說二疏賢

78 이소(二疏)가……베푼 : 이소는 한나라 선제(宣帝) 때의 태자태부(太子太傅) 소광(疏廣)과 그의 조카인 태자소부(太子少傅) 소수(疏受)를 가리킨다. 두 사람은 벼슬이 너무 높아지면 나중에 후회가 생긴다고 여겨 사직을 청하고 고향으로 내려갔다. 천자와 태자가 금 70근을 하사하였는데, 전답을 사서 자식에게 물려주면 자식이 나태해질 것이고 또한 하사한 금은 자신의 늙음을 보살피라고 내린 것이라며 매일 친지들을 초대하여 잔치를 베풀었다. 《漢書 疏廣傳》

79 소부(蕭傅)는……여겼으니 : 소부는 한나라 원제(元帝)의 태자 시절 사부였던 소망지(蕭望之)를 가리킨다. 원제가 등극한 이후 크게 신임을 받아 많은 국사를 담당하였는데, 환관인 홍공(弘恭)과 석현(石顯)의 모함으로 붙잡히게 되자 옥에 갇혀 구차하게 살기를 바랄 수 없다며 독주를 마시고 자살하였다. 《漢書 蕭望之傳》

이요정집

제2권

詩시

〈능하역으로 가며〉 12운[1]에 차운하다

次赴凌河驛十二韻

먼 길 나그네 짧은 볕을 애석해하다	遠客惜短景
궁음 속에서 양기 얻음[2]이 기쁜데	窮陰喜得陽
현명[3]이 아직도 순행하고 있는 듯	玄冥猶按節
북풍은 술잔을 뚫고 들어오는구나	朔風透杯觴
햇빛 비치자 얼음은 연기 불어 대니	日照氷噓煙
땅에서 향내가 생겨나는 듯도 하네	如看土生香
나랏일에 소홀해선 안 됨 생각하니	王事心靡盬
몸이 타향에 있음 깨닫지 못하겠네	不覺身他鄉
신신 여정 속 머리는 쉬 희어지고	倏途鬢易雪
거울 마주하니 귀향의 맘 간절하네	對鏡歸意長
날리는 먼지 눈에 티 되어 어둡고	飛塵眯眼黑
차가운 띠풀 하늘에 닿아 누렇더라	寒茆際天黃

1 능하역(凌河驛)으로 가며 12운(韻) : 명(明)나라의 문신으로 한림원 시강(翰林院侍講)을 역임한 예겸(倪謙)이 지은 시이다. 그는 1450년(세종32)에 경제(景帝)의 등극조서(登極詔書)를 가지고 우리나라에 사신으로 왔는데, 우리나라의 여러 문인과 많은 시를 주고받았다. 이 시는 위의 사행길에서 지은 시문을 모아 엮은《요해편(遼海編)》권1에 실려 있다.《김한규, 사조선록 역주2, 遼海編, 소명출판, 2012》

2 궁음(窮陰)……얻음 : 궁음은 음기가 꽉 들어차 절정에 이른 10월을 말하는데, 동지(冬至)에 양기가 하나 생기면서 음기는 차츰 사라지고 양기는 점차 늘어 간다.

3 현명(玄冥) : 북방(北方)의 신으로, 겨울을 관장한다고 한다.

사행길에 역할 못 할까 부끄러우니	觀周愧專對
시를 말하며 한나라 광형 생각하네[4]	說詩思漢匡
허공 속에 만 리 길의 채찍 휘두르며	空揚萬里鞭
해는 기우는데 길가를 달려 나간다	日暮趨路傍
기나긴 담장 한쪽 면을 가로질러서	長垣橫一面
이리 승냥이 같은 무리들과 구분했으니	限彼群豺狼
시절 태평이라 변방의 근심 없지만	時平絶邊虞
풍광은 삼엄하게 눈앞에 펼쳐졌네	景物森開張
큰 바다 광활하게 하늘에 떠오르고	溟渤闊浮天
음산[5]의 푸르름이 눈길에 들어오니	陰山靑入望
먼 여행길 내가 취할 것은 없지만	遠遊無所采
그저 이를 돌아가는 행장에 더하리	聊此添歸裝

4 시(詩)를……생각하네 : 광형(匡衡)은 한(漢)나라 경학자(經學者)로, 특히 시에 조예가 깊어 당시의 학자들이 말하기를 "광형이 시를 설명하면 사람들의 입이 벌어졌다."라고 하였다. 《漢書 匡衡傳》

5 음산(陰山) : 중국 북쪽 변방의 산맥이다.

잡시 3수
雜詩 三首

세상사의 응대에는 계책이 있으니　　酬世有機關
슬픔과 기쁨 모두 마음의 병이라네　　悲懽摠心病
우두커니 새벽 난간에 기대어 보니　　嗒焉倚晨軒
낙엽은 집 앞 오솔길 덮어 버렸네　　落葉沒前徑
깃든 새는 가지에서 내려오려 하니　　棲禽欲下枝
해가 뜨자 사물의 천성 드러남이지　　日出見物性
그 누가 백 년의 바쁨을 가지고서　　誰將百年忙
이 하루의 고요함과 바꾸겠는가　　博此一日靜

발밑으론 위험한 길 있지만　　脚底有危途
가슴에는 호연지기 가득하네　　胸中塞浩氣
번영과 쇠락 원래 한 뿌리인데　　榮枯元一根
단맛과 쓴맛 각자의 맛이라네　　甘苦各自味
살면서 따뜻하고 배부른 것이　　生涯是溫飽
자취 벗어나선 소용이 없어라　　跡外無用地
못하게 할지니, 텅 빈 마음에　　莫使虛靈臺
어지러이 외물 이르는 것을　　紛然外物至

지붕 맞닿은 주진촌이라　　接甍朱陳里
즐거움은 찾아 부를 것도 없네[6]　　懽尋不費招

오솔길 따라서 채마밭에 나가니 幽徑出場圃
들판의 저물녘 경치 넉넉하여라 川原晩色饒
벼 향기에 가을 술이 부드러우니 稻香秋醪滑
눈에 아른 들녘 홍취 돋우는구나 眼纈野興撩
우스워라, 붕새나 메추리나 마찬가지로 一笑齊鵬鷃
마음속엔 소요를 간직하고 있다네[7] 心地有逍遙

6 지붕……없네 : 늘 즐겁기 때문에 따로 즐거움을 찾을 필요가 없다는 말이다. 주진촌(朱陳村)은 중국 서주(徐州) 고풍현(古豐縣)에 있는 마을로, 주씨(朱氏)와 진씨(陳氏)가 산다고 하여 주진촌이라 하는데, 주씨와 진씨가 대대로 혼인을 맺으며 화목하게 지냈다고 한다.《白樂天詩集 卷10 朱陳村》

7 우스워라……있다네 : 붕새는 거대한 새이고 메추리는 아주 작은 새로, 서로 현격한 차이가 나지만 자신의 처지에 안주하는 것은 마찬가지라는 말이다.《장자(莊子)》〈소요유(逍遙遊)〉에, 9만 리를 나는 붕새를 보고 메추리가 웃으며 말하기를 "저 새는 어디로 가려는 것인가, 나는 훌쩍 날아올랐다가도 몇 길을 넘지 못하고 내려와 쑥대밭 사이를 맴돌 뿐이지만, 이것도 참으로 훌륭한 비행이다. 저 새는 어디로 가려는 것인가."라고 하였다.

평안 절도사 이희강[8]에게 부치다 5수

寄平安李節度使希剛 五首

나의 눈은 실로 안목 변변찮고	我眼固多肉
나의 마음 맑은 수경이 아니네	我心非水鏡
비록 그렇지만 양쪽 귀가 있어	雖然有兩耳
그대의 성대한 영명 익히 들었지	久聞英名盛
약관에 이미 회포를 쏟아 냈고	弱冠已傾懷
중년엔 재행을 펼쳐 보였으니	中歲闡才行
문재는 육지와 바다처럼 넓고	文華陸海寬
무략은 용과 호랑이 아울렀네	武略龍虎併
이에 알겠으니, 범 문정과 같아[9]	從知范文正
재주가 커서 하늘이 명했음을	材大天所命

학문 지략 자고로 겸비 어려운데	儒智古難兼

8 이희강(李希剛) : 이장곤(李長坤, 1474~1519)으로, 본관은 벽진(碧珍), 자는 희강, 호는 금헌(琴軒)이다. 1502년(연산군8) 문과에 급제하여 사헌부 장령 등을 거쳐 1510년(중종5) 평안도 병마절도사에 제수되었고, 이조 판서, 병조 판서, 우찬성 등을 역임하였다. 《大山集 卷49 右贊成琴軒李先生行狀》《中宗實錄 5年 10月 4日》

9 범 문정(范文正)과 같아 : 문정은 송나라 문신 범중엄(范仲淹)의 시호이다. 그는 〈악양루기(岳陽樓記)〉를 짓는 등 문장이 뛰어났으며, 서하(西夏) 이원호(李元昊)의 침략 때는 섬서경략안무초토부사(陝西經略安撫招討副使)로 임명되어 군사 훈련을 잘 시키는 등 군사 전술에도 뛰어났다. 《宋史 范仲淹列傳》 이장곤이 문신으로 평안도 병마절도사에 제수되는 등 문무를 겸비하였기 때문에 이를 범중엄에 비유한 것이다.

그대는 지금 이에 남음이 있네　公今有餘地
금란에서 예전에는 시강하더니[10]　金鑾舊侍講
군영에서 군무 전담하게 되었네　建牙專閫寄
가슴엔 수만의 갑병을 감추었고[11]　胸藏萬甲兵
근본한 건 오경의 책 상자였네　本之五經笥
서북 지역 관문을 굳게 지키니　鎖鑰西北門
오랑캐들 감히 날뛰지 못하네　戎虜不敢肆
돌아보며 웃으리라, 군왕을 도와　回首笑贊皇
변방의 대비책 공연히 기록함을　籌邊空有記

변방 지역 매서운 추위에 괴로우니　塞上苦多寒
떨어질 듯 손가락 풍설에 얼어붙네　墮指風雪錮
강이 얼어 오랑캐 다시 기승하리니　江氷虜更驕
밤낮으로 삼엄하게 성을 지키겠지　日夜嚴城戍
위엄과 보살핌에 합당함 얻었으니　威撫今得宜
가벼운 갖옷에 누워서도 통솔하며[12]　輕裘臥而護

10 금란(金鑾)에서 예전에는 시강(侍講)하더니 : 금란은 금란전(金鑾殿)으로 당(唐)나라 한림학사(翰林學士)들이 머물던 곳인데, 우리나라에서는 주로 홍문관을 가리킨다. 이장곤이 평안도 절도사로 부임하기 전에는 홍문관 교리 등의 벼슬을 맡으며 경연에 참여하였다.

11 가슴엔……감추었고 : 무략(武略)을 갖추었음을 말한다. 범중엄이 연주(延州)를 지킬 때 서하가 감히 침범하지 못하면서 말하기를 "연주는 마음에 두지 말라. 지금 범중엄의 가슴에는 수만의 갑병이 있다."라고 하였다. 《山堂肆考 卷71 胸中兵甲》

12 누워서도 통솔하며 : 와병(臥病) 중에도 군무를 잘 살필 수 있음을 말한다. 진(晉)

사졸들은 쓰이고자 바라고 있으니	士卒志欲用
용맹을 평소 가지도록 한 것이지	勇銳教有素
모두들 말하노니 장군이 훌륭하여	共道主帥賢
전투복 입는 일 언제나 드물다고	常稀着戰袴

천년 전에는 한 위공이 있어	千載韓魏公
적의 간담 찢어지게 하였고[13]	能令賊膽破
마침내 재상의 반열에 오르니	終然入黃閣
모두가 왕의 보좌 칭송하였네	萬口稱王佐
크게 받아안을 수 있었기에	所以膺大受
일에 닥쳐 뜻 꺾이지 않았지	臨機志不挫
두루 시험컨대 모두 적용됨은	歷試俱適用
공이 아니넌 더 나은 이 없네	舍公無是過
내가 장차 이 말을 가지고서	吾將持此說
인재 얻었다 나라에 경하하리	得人爲國賀

나라 기첨(紀瞻)이 병으로 사직하려 하자 황제가 말하기를 "경이 비록 병이 들었지만 짐을 위해 누워서라도 육군을 통솔한다면 보탬이 많을 것이다."라고 하였다. 《晉書 紀瞻列傳》

13 천년……하였고 : 위공(魏公)은 송나라 한기(韓琦)의 봉호이다. 그는 범중엄과 함께 서하를 방어하였는데, 당시 변방에서는 그들을 칭송하며 "군중에 한 사람 범씨(范氏)가 있으니 서방 도적이 듣고는 간담이 서늘해지고, 군중에 한 사람 한씨(韓氏)가 있으니 서방 도적이 듣고는 놀라 간담이 찢어지네."라고 하였다. 《古今事文類聚 外集 卷7 驚賊破膽》

둔하고 게으름 해마다 괜히 깊어져	迂慵年空深
독서며 시 짓기며 모두 그만두었네	書史詩兼廢
그대에게 나의 졸렬함 토로하노니	向公訟吾拙
졸렬하단 이유로 물리치지 마시게	毋以拙故退
책을 펼치면 졸음 먼저 감미롭고	展卷睡先甛
술을 대하면 마음 쉽게 혼란하네	對酒心易憒
관직의 일은 어느 때나 마치려나	官事了何時
문장이야 거칠어서 볼품이 없네	筆花荒無態
어느덧 머리 가득 서리 내렸으니	居然霜滿鬢
이 늙은이 누가 기다려 주랴	此老誰能貸

진사 홍등[14]의 집에 있는 그림 병풍 여덟 폭에 제하다[15]

題洪進士滕家畫屛八幅

역산에서 밭을 갈다[16] 耕歷山

성스러운 효성에 애초 울면서 사모하니	聖孝初泣慕
지극한 정성을 하늘이 홀로 받았다네[17]	至誠天獨享
완악한 부모 마침내 기뻐함에 이르렀고[18]	頑嚚竟底豫
존귀해지매 천하로써 봉양을 하였다네[19]	貴以天下養
어찌하여 세상은 이 가르침을 잃었는가	如何世失敎
효경 같은 이 있단 말 이따금 들리누나	梟獍聞往往
보지 못했는가, 역산의 기슭에는	不見歷山麓
밭 갈고 김매는 데 새와 코끼리 있었음을[20]	耕耘有鳥象

14 홍등(洪滕) : 이정형(李廷馨)이 기묘사화와 관련된 인물의 행적을 기록한《황토기사(黃兎記事)》에 보이는데, 별과(別科)에 천거된 사람으로 되어 있다.

15 진사……제하다 : 대본에는 원주(原註) 형태로 되어 있는데 가독성을 높이기 위해 제목으로 바꾸었다.

16 역산(歷山)에서 밭을 갈다 : 순(舜)이 미천할 때에 역산에서 농사를 지었다고 한다.《書經 大禹謨》

17 성스러운……받았다네 : 순이 역산에서 밭을 갈던 시절에, 자신이 부모에게 사랑을 받지 못함을 원망하고 사모하며 하늘을 향해 부르짖으며 울었다고 한다.《孟子 萬章上》

18 완악한……이르렀고 : 순이 부모 섬기는 도리를 다하자 완악했던 그의 아버지 고수(瞽瞍)가 기뻐하게 되었다고 한다.《孟子 離婁上》

19 존귀해지매……하였다네 : 순이 천자가 되어서는 부모를 천하로써 봉양하여 봉양의 지극함을 이루었다고 한다.《孟子 萬章上》

뒤 수레에 싣다[21] 後車載

위수 북쪽 가 곰이 아닌 늙은이	渭陽匪熊叟
낚시질은 낚시를 위함 아니었네	有釣非爲釣
하늘이 서백의 직임을 내렸거늘	天錫西伯繇
현자를 얻음에 공손히 불렀다네	得賢焉屈召
그를 높여 뒤 수레에 싣고 왔으니	尊之載後車
한마디 말에 먼저 지향이 같네	一語先同調
주와 제 마침내 아름다움 짝하니[22]	周齊竟匹休
훈명은 하늘에 걸린 일월과 같네	勳名懸兩曜

20 보지……있었음을 : 전해 오는 말에 순이 역산에서 밭을 갈던 시절에 그의 성덕(聖德)에 감화를 받아 코끼리가 와서 밭을 갈고 새가 와서 김을 맸다고 한다. 《甫里集 卷19 象耕鳥耘辯》

21 뒤 수레에 싣다 : 문왕이 사냥을 나가면서 점을 치자 "얻을 것은 용도 아니고, 이무기도 아니고, 호랑이도 아니고, 곰도 아니다. 얻을 것은 패왕을 보필할 신하이다."라고 하였다. 문왕이 사냥을 나가 위수(渭水) 북쪽 가에서 낚시하던 여상을 만나 함께 대화한 뒤에 크게 기뻐하며 "나의 선군(先君)인 태공(太公)이 말하기를 '성인이 주(周)나라에 갈 것이니, 주는 그로 인해 흥기할 것이다.'라고 하였는데, 그대가 참으로 그 사람이다."라고 하고는, 그를 태공이 기다린 사람이라는 의미로 태공망(太公望)이라 부르며 수레에 태우고 돌아와 스승으로 삼았다. 《史記 齊太公世家》

22 주(周)와……짝하니 : 태공망이 주나라를 도와 왕업을 이룬 뒤에 제(齊)나라에 봉해졌다.

말고삐를 붙잡고 간언하다[23] 扣馬諫

잔악 제거하니 백성은 마음으로 따르고	除殘衆歸心
부월 붙잡으니 하늘이 권병 빌려주는데	秉鉞天假柄
이러한 때에 군신의 도리 굳게 지키어	於時扶君綱
크나큰 의리로 말고삐 붙잡고 간언했네	義大扣馬諍
권도와 상도로 각각 바름을 얻었으나[24]	權經各得正
본성을 지켰던 그가 더욱 성인이네	守性渠更聖
끝내 주나라의 곡식을 먹지 않고서	終然不食周
고사리 캐 먹다가 목숨을 마쳤어라	采薇以畢命

거문고를 연주하다[25] 彈琴

코에 바른 백토는 깎아 낼 순 있지만	鼻堊人能斲

23 말고삐를 붙잡고 간언하다 : 주(周)나라 무왕(武王)이 주(紂)를 정벌하려 할 때에, 고죽군(孤竹君)의 두 아들인 백이(伯夷)와 숙제(叔齊)가 신하로서 왕을 시해하는 것은 인(仁)하지 못한 일이라며 말고삐를 붙잡고 간언하였다. 간언이 받아들여지지 않자 의리상 주나라의 곡식을 먹을 수 없다고 하며 수양산(首陽山)에 들어가 고사리를 캐 먹고 살다 죽었다고 한다.《史記 伯夷列傳》

24 권도(權道)와……얻었으나 : 잔악한 임금을 벌한 무왕은 권도를 행한 것이고, 신하의 도리를 지킨 백이는 상도(常道)를 행한 것이다.

25 거문고를 연주하다 : 춘추 시대에 백아(伯牙)가 거문고를 잘 연주하였고 그의 친구 종자기(鍾子期)는 그 소리를 잘 알아들었다. 백아가 높은 산을 생각하며 연주하면 종자기는 "험준하구나, 태산과 같도다."라고 하였고, 백아가 흐르는 물을 생각하며 연주하면 종자기는 "넘실거리는구나, 강하와 같도다."라고 하였다. 이후 종자기가 먼저 죽어 자신의 거문고 소리를 알아주는 사람이 없게 되자, 백아는 거문고 줄을 끊어 버리고서 더 이상 연주하지 않았다고 한다.《列子 湯問》

벗이 죽었으니 도끼 휘두를 수 없네[26] 質亡斤不運
진정한 친구 만남은 고래로 드무니 知遇古來希
마음속 품은 뜻을 뉘라서 밝힐런고 誰明心所蘊
우뚝하고 넘실대니 물고기도 듣는데[27] 峨洋魚有耳
손가락 놀리자 거문고 소리 울리네 指轉琴生韻
음악 들어 줄 종자기 참으로 없으니 苟無子期聽
거문고 줄 끊은 것 내 어찌 서운하리 絶絃吾何慍

26 코에……없네 : 자신을 믿고 알아주는 진정한 친구가 죽었음을 말한다. 옛날에 영(郢) 땅의 사람이 자신의 코끝에 파리 날개만큼 얇게 백토를 바른 뒤에 장석(匠石)에게 그것을 깎게 하니, 장석은 바람 소리가 날 정도로 도끼를 휘둘러 그것을 깎아 냈고 영 땅의 사람은 미동도 없이 서 있었다. 소문을 들은 송(宋)나라 원군(元君)이 장석을 불러 자신에게 그 모습을 보여 달라고 하자, 장석이 답하기를 자신은 그렇게 할 수 있지만 가만히 서 있던 자신의 친구가 이미 죽었기에 그 모습을 보여 줄 수 없다고 하였다. 《莊子 徐无鬼》

27 우뚝하고……듣는데 : 우뚝함은 백아가 산을 연주한 것이고, 넘실댐은 물을 연주한 것이다. 위의 주25 참조. 《순자(荀子)》〈권학편(勸學篇)〉에 "호파(瓠巴)가 비파를 연주하면 헤엄치던 물고기가 나와서 들었고, 백아가 거문고를 연주하면 말들이 거문고 소리를 듣느라 고개를 쳐들고 꼴을 먹었다."라고 하였는데, 호파와 백아를 바꾸어 인용하기도 한다. 《古今事文類聚 續集 卷22 瓠巴鼓瑟》

양을 기르다[28] 牧羊

호지의 기러기 남으로 오지 않고	胡雁不南翔
북해에는 숫양의 젖이 없었더라	北海無羝乳
날은 차서 큰 움집에 눈 내리니	天寒大窖雪
부절을 쥐고 마음 홀로 괴로웠네	握節心獨苦
굶주림에 털을 모두 삼켰지마는	飢窮咽盡毛
의로운 기운 뱃속에 가득하였네	義氣撑腸肚
기린각에 남겨진 만고의 이름은	麒麟萬古名
차마 위율과 이릉에 견주겠는가[29]	忍與衛李伍

칠현[30]의 모임 七賢會

세상사 복잡하게 얽혀 있으니	世紛煩糾結
시로 다툼에 마음이 괴로워라	人心苦爭競
초연하도다, 칠현의 모임이여	超然七賢會

28 양을 기르다 : 한(漢)나라의 장수 소무(蘇武)의 고사를 말한다. 그는 흉노(匈奴)에 사신으로 갔다가 그곳에 억류되었다. 흉노가 소무를 사람이 없는 북해(北海) 지역으로 옮겨 놓고 숫양을 기르게 하였는데, 소무가 양을 기르면서는 항상 한나라의 부절(符節)을 쥐고서 놓지 않아 부절의 털이 모두 빠졌다고 한다. 이후 한나라의 사신이 왔을 때에 소무를 찾아내어, 억류된 지 19년 만에 고향으로 돌아가게 되었다. 《漢書 蘇建傳 蘇武》

29 차마……견주겠는가 : 위율(衛律)과 이릉(李陵)은 소무와 같은 시대의 장수로 모두 흉노에 항복한 사람들이다. 소무의 절의는 이들과 비교할 수 없음을 말한 것이다.

30 칠현(七賢) : 위진(魏晉) 시대 정치를 멀리하고 죽림(竹林)에서 청담을 즐겼던 7명의 문사인 죽림칠현을 말한다. 완적(阮籍), 혜강(嵇康), 산도(山濤), 유령(劉伶), 완함(阮咸), 상수(向秀), 왕융(王戎)이 이에 속한다.

죽림에서 맑게 서로 어울렸네　竹林淸相倂
현빈의 문은 노장이 열었는데　玄牝開老嚴
고풍은 술잔과 시에 들어오네[31]　高風入觴詠
어찌 알리오, 한바탕 읊조림이　焉知一嘯餘
결국 중원 근심하기 때문임을　竟爲神州病

거위를 완상하다[32] 賞鵝

배를 드러낸 성품 절로 참되고[33]　坦腹性自眞
꽃향기 맡으니 근심 멀어지네　齅花憂更遠
산음에서 거위를 바꾸어 와서　山陰換鵝來
바라보며 그저 근심 떨치누나　對賞聊遣悶
맑은 물결에 의기는 한가롭고　波晴意氣閑
햇살이 털옷을 비춰 어여쁘네[34]　日照毛衣嫩

31 현빈(玄牝)의……들어오네 : 현빈은 노장사상(老莊思想)에서 말하는 만물 생성의 근원으로, 《도덕경(道德經)》에 "곡신(谷神)은 죽지 않는데 이를 현빈이라 하고, 현빈의 문을 천지의 근본이라 한다."라고 하였다. 속세와 떨어져 술 마시고 시 짓는 죽림칠현의 고상한 행동들이 노장사상에 바탕을 두었음을 이르는 말이다.

32 거위를 완상하다 : 진(晉)나라의 저명한 서예가인 왕희지는 거위를 무척 좋아하였다. 산음(山陰)에 사는 어떤 도사(道士)가 좋은 거위를 기르고 있었는데, 왕희지가 이를 사려고 하자 도사가 《도덕경》 한 부를 베껴 써 주면 거위를 주겠다고 하였다. 이에 왕희지가 《도덕경》을 써 주고 거위를 얻어 와서 완상하였다. 《晉書 王羲之列傳》

33 배를……참되고 : 태위(太尉)를 지내던 치감(郗鑒)이 문생을 왕도(王導)의 집으로 보내 자제 중에서 사윗감을 고르려 하였다. 왕씨의 자제들이 모두 조신하게 있었는데, 왕희지만 혼자 배를 내놓고 음식을 먹으며 아무것도 모르는 듯 행동하였다. 이에 치감은 왕희지를 좋은 사윗감으로 여겨 사위로 삼았다. 《晉書 王羲之列傳》

붓으로 경을 쓸 때 상상하노니 因想筆臨經
종이 가득 은갈고리 굳세도다[35] 滿紙銀鉤健

서호에 노닐다[36] 遊西湖

쪽 찐 머리 닮은 맑은 고산은 孤山淡髻鬟
서호 물에 씻고서 단장하였네 洗粧西湖水
흰 학은 한 점 구름과 같은데 皓鶴如孤雲
날아와 객에게 기쁨 알려 주고 飛來報客喜
처사는 눈의 혼을 마주하는데 高人對雪魂
찬 봄날 진홍빛 꽃은 시드네 春寒褪絳蘤
매화는 그림자가 비낀 듯하니[37] 疑是橫斜影
그림 핍진하여 정수를 얻었네 傳神得骨髓

34 맑은……어여쁘네 : 강에서 유영하는 거위의 모습을 표현한 말이다.

35 붓으로……굳세도다 : 왕희지가 거위를 얻기 위해 도사에게 《도덕경》을 써 주는 모습을 상상한 것이다. 은갈고리란 초서(草書)의 필세를 형용한 말로, 진(晉)나라 삭정(索靖)이 초서에 대해 말하기를 "초서의 형상은 유려함이 은갈고리 같고, 굽이치는 것이 놀란 난새와도 같다."라고 하였다. 《晉書 索靖列傳》

36 서호(西湖)에 노닐다 : 송(宋)나라의 처사(處士) 임포(林逋)는 서호의 고산(孤山)에 오두막을 짓고 은거하면서 한 쌍의 학을 길렀다. 학들은 놓아주면 구름 가를 맴돌다 다시 우리로 들어왔다. 임포가 작은 배를 타고 서호를 노닐 적에 손님이 그의 집에 찾아오면 동자가 학을 풀어 주었는데, 그는 학이 나는 것을 보고 손님이 찾아온 줄을 알아 집으로 돌아왔다고 한다. 《宋史 隱逸列傳 林逋》《夢溪筆談 卷10 人事》

37 매화는……듯하니 : 임포는 매화를 좋아하였는데 그의 시 〈산원소매(山園小梅)〉에 "성긴 그림자 맑고 얕은 물 위에 비껴 있다.〔疏影橫斜水淸淺〕"라고 하였다. 《古今事文類聚 後集 卷28》

경사에 가는 김계운[38]을 전송하다 2수

送金季雲赴京 二首

후미진 곳 태어남을 스스로 한하노니	自恨吾生僻
참으로 구석에 매달린 뒤웅박[39] 같도다	眞同繫隅匏
뛰어난 그대 재주 박식하고 고아하여	多君才博雅
천자 사는 나라로 들어가게 되었구나	去入天王郊
길게 펼친 날개 누가 막을 수 있으랴	翼長誰得礙
붕새는 날아서 이미 하늘에 닿았도다	鵬飛已凌霄
그대 돌아와 여섯 달 만에 쉬게 되면[40]	歸來六月息
발전된 모습에 눈 비비며 맞이하리라	刮目以相邀

38 김계운(金季雲) : 김일손(金馹孫, 1464~1498)으로, 계운은 그의 자이다. 본관은 김해(金海), 호는 탁영(濯纓)이다. 1486년(성종17) 문과에 급제하여 홍문관 교리, 이조 정랑 등을 역임하였으며, 무오사화 때에 처형되었다. 신용개와는 1491년에 사가독서(賜暇讀書)를 함께 하였다.

39 구석에 매달린 뒤웅박 : 한곳에 매여 움직이지 못하는 신세를 말한다. 《논어》〈양화(陽貨)〉에, 필힐(佛肸)의 부름에 공자가 가려 하자 제자인 자로(子路)가 만류하였는데, 공자가 말하기를 "내가 어찌 뒤웅박과 같겠느냐. 어찌 한곳에 매여 먹지 못하겠느냐."라고 하였다.

40 길게……되면 : 사행을 떠나는 김일손을 붕새에 비유한 것이다. 《장자》〈소요유(逍遙遊)〉에, 검푸른 북쪽 바다에 곤(鯤)이라는 커다란 물고기가 사는데 변화하여 붕(鵬)이라는 새가 된다. 이 새는 등짝이 몇천 리인지 알 수도 없을 만큼 큰데, 남쪽 바다로 옮겨 갈 때에는 9만 리를 올라가 여섯 달 만에 쉰다고 하였다.

학야[41]에는 눈과 바람 매섭게 몰아치고　鶴野風戰雪
요해에는 태양이 황혼으로 접어드는데　遼海日向曛
걸음걸음 고향의 어머니 생각이 드니　行行念堂萱
동녘 하늘 흐르는 구름에 시름겨워라　愁殺東飛雲
훌륭한 백중의 형님 계심에 힘입어서[42]　賴有伯仲賢
조석 문안 못 하는 맘 위안 삼길 바라오　庶慰阻晨昏
이름을 드날리고 도가 더욱 커지니　名揚道更大
충신을 효도하는 집안에서 찾으리라[43]　求之忠孝門

41 학야(鶴野) : 요동(遼東) 들판을 말한다. 한(漢)나라의 정영위(丁令威)가 이곳 출신인데, 영허산(靈虛山)에서 도술을 배워 천년 만에 학이 되어 돌아왔다는 전설에서 지명이 유래되었다고 한다.

42 훌륭한……힘입어서 : 김일손에게는 백형(伯兄)인 김준손(金駿孫)과 중형(仲兄)인 김기손(金驥孫)이 있었다.

43 충신을……찾으리라 : 《후한서(後漢書)》 〈위표열전(韋彪列傳)〉에, 위표가 공자의 말이라고 인용하며 "어버이에게 효도하기 때문에 충성을 임금에게 옮길 수 있으니, 이 때문에 충신은 반드시 효자의 집안에서 찾아야 합니다."라고 하였다.

호남 관찰사로 부임하는 김국경[44]을 전송하다

送金國卿觀察湖南

이름은 안국(安國)이다.

함께 다스리는 이천석의 관직이고[45]	共理二千石
근심을 나누는 중요한 지방관이라[46]	分憂重循良
공수와 탁무[47]는 세상에 얻기 어려운 인물이니	龔卓世難人
다친 사람 보듯[48] 하는 마음을 누가 체득하리오	誰能體如傷
다스리는 권한을 안찰사에게 주었으니	治柄付按察
교화 잘 베풀어 주나라 감당나무 기약해야지[49]	善化期周棠

44 김국경(金國卿) : 김안국(金安國, 1478～1543)으로, 국경은 그의 자이다. 본관은 의성(義城), 호는 모재(慕齋)이다. 김굉필(金宏弼)의 문인으로, 기묘사화에 연루되어 파직되었다가 1537년(중종32)에 다시 기용되어 병조 판서, 예조 판서 등을 역임하였다.

45 함께……관직이고 : 왕명에 따라 지방을 다스리는 지방관이 되었음을 말한다. 한(漢)나라 때 태수(太守)의 녹봉이 2000석이었기에, 이후 '이천석'은 지방관을 지칭하는 말이 되었다.

46 근심을……지방관이라 : 근심을 나눈다는 것도 지방관을 뜻하는 말로, 백성들에 대한 임금의 근심을 함께 나눈다는 의미이다.

47 공수(龔遂)와 탁무(卓茂) : 한나라 때 선정(善政)을 베푼 지방관들이다. 공수는 선제(宣帝) 때 발해 태수(渤海太守)가 되어 오랜 기근과 계속된 도적의 봉기를 해결하였고, 탁무는 평제(平帝) 때 밀현 영(密縣令)이 되어 예의로 백성을 교화하여 잘 다스렸다. 《漢書 循吏傳 龔遂》《後漢書 卓茂列傳》

48 다친 사람 보듯 : 다친 사람을 대하듯이 백성을 가엾게 여긴다는 말로, 《맹자》 〈이루 하(離婁下)〉에서 문왕(文王)을 찬양하며 "백성을 보기를 다친 사람 대하듯이 하였다."라고 하였다. 지방관의 기본 덕목으로 꼽히었다.

호미로 김을 매서 잡초들을 제거하고	耘鋤去稂莠
약과 침으로 아픈 곳을 낫게 하나니	藥石醫膏肓
가르침 베풂이야 물산과 사람 많은 뒤고[50]	施敎待富庶
근본에 힘씀이야 뽕나무를 가꾸는 게지	務本惟耕桑
명을 잘 전달하여 백성 인도에 힘쓰고	宣流勤導率
권한 위임받았으니 기강을 잡아야 하네	受委攬治綱
은혜를 베풀 때엔 봄비가 적셔 주듯이	膏潤洽春雨
위엄을 보일 때엔 가을 서리처럼 매섭게	威克嚴秋霜
등용과 내침을 유명처럼 분명하게 하여	黜陟稱幽明
탐욕과 교활이 멀리 사라지게 할지니	貪猾遠退藏
민생이 안정되면 풍속은 선해질 것이며	民安俗向善
예법과 도리에 따라 규율을 알게 되리	禮義知大防
오로지 천도와 천명을 가지고서	提將一道命
돌봐 살게 함에 충량한 신하 의지하네	撫活倚忠良
이 때문에 선발을 신중하게 하는 것이니	所以重其選
정사를 시행함에 합당한 이를 얻어야 하네	敷政要得當

49 교화……기약해야지 : 선정에 대한 당부이다. 주(周)나라 소공(召公)이 남쪽 나라를 순행하면서 문왕의 정사를 펼 때에 감당나무 아래에서 머무른 적이 있는데, 그 후 백성들이 그의 덕을 생각하며 그 나무를 차마 손상하지 못하였다고 한다. 《詩經 召南 甘棠》

50 가르침……뒤고 : 《논어》 〈자로(子路)〉에, 공자가 위(衛)나라에 가서 백성들이 많은 것을 보고 감탄하자 염유(冉有)가 묻기를 "백성들이 많아진 뒤에는 또 무엇을 더하여야 합니까?" 하니 "부유하게 해야 한다."라고 답하였고, 또 묻기를 "부유해진 뒤에는 또 무엇을 더하여야 합니까?" 하니 "가르쳐야 한다."라고 답하였다.

정미하고도 굳건하며 화락함을 겸하고서	精剛兼愷悌
연후에는 대중의 신망에도 맞아야 하리	然後愜衆望
나의 친구인 국경은	吾友國卿父
영민하고 통달하여 무리 중에 뛰어났으니	英達傾班行
경술에 그 근본을 두면서	經術植其本
재주로는 문장을 전공하였네	才藝攻文章
논의에는 올바른 의론에 참여하여	論思與讜議
어지러움 다스리고 또한 황폐함 제거했고	理棼復鋤荒
어디에 국한되지 않는 군자라서	不器君子人
두루 통하여 뭇 장점을 지니었네	旁通該衆長
일찍이 영남의 부절을 잡았는데[51]	曾仗嶺嶠節
위엄과 은혜 백성들이 잊지 못하니	威惠民未忘
말세의 풍속 혼후하게 바꾸고	末俗要歸厚
남겨진 많은 인재 추천하여 드러냈네	遺才多薦揚
뛰어난 재능으로 분잡함 없게 하고	利器無盤錯
여유로운 솜씨로 칼날을 운용했으며	恢恢刃發鋩
풍속을 살피고 주나라 법도에 힘써	觀風勤周度
선의 모범으로 학교를 중시하였지	首善重虞庠
성상께서 그 공적을 돌보시어	天心眷勞績
관직을 높이니 이름 더욱 창성했네	陞擢名益昌
삼가고 부지런함을 밤낮 잊지 않고	恪勤靡夙夜

51 영남의 부절을 잡았는데 : 김안국이 1517년에 경상도 관찰사가 된 것을 말한다. 《慕齋集 卷15 行狀》

도를 인용하면서는 희황을 말하였네[52]	引道陳羲皇
이룬 업적은 다시 환히 빛났으니	事業更煥赫
재주 있단 명성 결코 사라지지 않았지	才譽殊未央
전라도는 나라의 창고와도 같아서	全羅國府庫
땅은 비옥하고 물산은 풍부하지만	地沃物蕃昌
억세고 사나운 풍속 교화하기 어려워	頑嚚俗難化
소송 문건 책상에 구름처럼 쌓여 있지	訟牒雲堆牀
굶주리고 궁한 백성 도적이 되었고	飢窮聚萑蒲
부호한 자들이 마을에서 위세 떨치네	豪富武莊鄉
고을 수령 혹여 어질지 못하여	邑宰或無良
무르지 않으면 거칠고 강하기만 하며	不軟類麤强
습관과 지향은 견훤의 백제에 견주어져	習尙況甄濟
선을 좇게 하는 것은 언덕 오르기와 같으니[53]	從善如登岡
경국제세의 재간 있는 사람 아니라면	人非經濟幹
변화의 기틀을 누가 열어 펼치겠는가	化機誰開張
그대 지금 무거운 임무를 맡아	公今荷重寄
의기가 먼저 끓어오르는데	意氣先激昂
생선을 삶듯 번거롭지 않도록 조심하고[54]	烹鮮戒勿擾

52 도를……말하였네 : 상고(上古)의 도를 논하였음을 말하는 듯하다. 희황(羲皇)은 역(易)의 괘를 그었다고 전해지는 복희(伏羲)를 말한다.

53 습관과……같으니 : 습속이 거칠어 선으로 인도하기 어려움을 말한다. 견훤(甄萱)의 백제는 전라도가 옛날 후백제가 있었던 곳이기 때문에 인용한 것이다.

54 생선을……조심하고 : 생선을 익힐 때에 마구 뒤집으면 살이 떨어지므로 조심히 다루어야 하듯이 나라를 다스릴 때에도 백성을 번거롭게 하지 않아야 한다는 의미이다.

사나운 짐승보다 학정을 먼저 없애야 하며[55]	去苛先猛狼
묵은 폐습은 점차 갈아 새롭게 하고	漸磨新舊染
길러 내며 삼양을 불어넣어야 하리라[56]	發育噓三陽
남쪽의 사람들 눈 비비며 기다리니	南人刮目待
너그러움과 용맹 서로 조화를 이루고	寬猛宜相將
작건 크건 모두 곡진함을 다하여	細大俱致曲
이로움과 해로움을 세밀히 분별하라	利病分毫芒
아전은 두려워하고 백성은 생업에 즐거우면	吏畏民樂業
권선징악 행해지고 농사는 풍년을 이루리라	懲勸仍年穰
사랑과 위엄은 옛 명성에 의지하고	仁威仗舊聲
교화의 시행에는 정해진 틀이 없어야지	化行應無方
조정에선 바야흐로 현자를 갈망하니	朝廷方渴賢
공손히 찾아가 인재를 뽑아야 하리	訪屈須采芳
정사가 이뤄지면 다시 중임을 맡아	政成還大受
크게 위임받아 조정으로 들어가리니	隆委入廟廊
경세제민 바로 그대가 능한 일이라	經濟乃能事

55 사나운……하며 : 공자가 태산(泰山)을 지나가다 묘 옆에서 울고 있는 어떤 부인을 발견하고 이유를 묻자, 예전에 시아버지가 호랑이에게 물려 죽고 남편도 호랑이에게 물려 죽었는데, 이번에는 아들이 또 호랑이에게 물려 죽었다고 하였다. 어찌하여 이곳을 떠나지 않느냐고 묻자 가혹한 정사가 없기 때문이라 하였다. 이에 공자가 제자들에게 "가혹한 정사가 호랑이보다 무서운 것이다."라고 말하였다. 《禮記 檀弓下》

56 길러……하리라 : 생기를 불어넣어 잘 길러냄을 말한다. 11월부터 양(陽)이 하나씩 생기다가 1월이 되면 양이 세 개가 되는데, 이때는 절기상 봄이며 만물이 소생하는 때이다.

큰 집에는 반드시 동량이 필요하다네 大廈須棟樑
맑은 물의 물고기 살피지 말고[57] 勿察淸水魚
다시 하해같이 도량을 넓혀 更恢河海量
맑게도 흐리게도 되지 않고서 澄淆不淸濁
천 이랑 드넓게 물결 일렁여야지[58] 千頃波汪汪
한 시대의 일을 잘 응대하여 酬酢一世事
모두 아름답게 광업을 이루시게 包括休有光

57 맑은……말고 : 사소하고 잗다란 일을 지나치게 따지지 말라는 말이다. 《대대례기(大戴禮記)》 〈자장문입관(子張問入官)〉에 "물이 지극히 맑으면 물고기가 없고, 사람이 지극히 살피면 함께 하는 사람이 없다."라고 하였다.

58 맑게도……일렁여야지 : 잗다란 것을 너무 세세하게 따지지 말고 도량을 크게 가지라는 말이다. 후한(後漢) 시대 황헌(黃憲)은 안자(顏子)와 같은 인물이라 일컬어졌는데, 곽태(郭泰)가 그를 평가하기를 "드넓은 것이 천 이랑의 물결과도 같아, 맑게 하려 해도 맑아지지 않고 흐리게 하려 해도 흐려지지 않으니, 참으로 헤아릴 수 없다."라고 하였다. 《後漢書 黃憲列傳》

총마계축[59]에 쓰다

書驄馬契軸

오부[60]의 직임은 특별히 선발된 것이니	烏府是高選
대관이 되어선 기강을 진작시켜야지	登臺要振綱
차라리 목 뻣뻣한 사람[61]이 될지언정	寧爲强項子
손가락에 감기는 강철[62] 되지 말아야지	莫化繞指剛

59 총마계축(驄馬契軸) : 사헌부의 계축을 말한다. 후한(後漢) 시대 환전(桓典)이 관리의 감찰을 담당하는 시어사(侍御史)가 되어 강직하게 일을 처리하자 간사한 이들이 그를 두려워하여 피하였는데, 그가 항상 총마를 타고 다녔기에 이후에는 총마가 어사(御史)를 지칭하는 말로 쓰이게 되었다.《後漢書 桓榮列傳 典》조선 시대에는 사헌부가 감찰의 직무를 수행하였기에 총마는 사헌부를 지칭하는 말로 쓰였다. 신용개는 1494년(성종25)에 사헌부 지평, 1500년(연산군6)에 장령, 1513년(중종8)에 대사헌을 역임하였다.

60 오부(烏府) : 사헌부의 별칭이다. 한(漢)나라의 어사부(御史府)는 조선의 사헌부처럼 감찰의 직무를 수행하였는데, 그 앞의 잣나무에 항상 수많은 까마귀가 날아와 앉았기에 어사부를 오부라 불렀다.《漢書 朱博傳》

61 목 뻣뻣한 사람 : 권세에 굴하지 않는 강직함을 말한다. 후한 시대 동선(董宣)이 낙양 영(洛陽令)으로 있을 때 호양공주(湖陽公主)의 종이 사람을 죽이고 공주의 집에 숨었는데, 동선이 그 종을 끌어내어 죽이자 공주가 임금에게 고하였다. 임금이 동선을 붙잡아 공주에게 고개 숙여 사죄하도록 하였는데, 그가 버티고 고개를 숙이지 않았다. 이에 임금은 그를 강직하다고 여겨 강항령(强項令)이라 부르며 풀어 주었다.《後漢書 酷吏列傳 董宣》

62 손가락에 감기는 강철 : 강직했던 사람이 유약하게 변함을 말한다. 진(晉)나라 유곤(劉琨)이 선비족(鮮卑族)인 단필제(段匹磾)에게 붙잡혔을 때 자신이 죽을 것이라 생각하고 지은 시에 "어찌 생각했으랴, 백번 단련한 강철이 손가락에 감길 만큼 부드러

어려움 속에서도 약속하고 맹세하여　風霜生約誓
청탁을 구분하여 억누르고 올려 보세　淸濁入激揚
시대가 태평하여 한가한 날 많아지니　時平多暇日
군자에게 풀어짐과 당김이 있게 되네　君子有弛張
화려한 자리에서 예식이 열리나니　花筵開禮會
엄숙하게 문란함이 없도록 경계하고　秩秩戒無荒
우리 함께 세한의 절개를 붙잡고서　共把歲寒操
서로 마주하여 속내를 나누세　相對輸心腸

위질 줄을.〔何意百煉剛, 化爲繞指柔!〕"라고 하였다. 《晉書 劉琨列傳》

당제인 해주 목사 신영홍[63]에게 부치다

寄堂弟海州申牧使永洪

오래전 이별하고 세월이 깊었으니　別久歲月深
그리운 마음 어찌 감당할 수 있으리　思想詎能任
전에 금옥과 같은 소식을 받았더니　前承金玉音
그 안에 변치 않은 마음이 담겼더라　中有不刊心
늙은 이 형은 몸에 병을 끌어안고서　老兄身抱病
지쳐 앉았자니 흰머리만 느는구나　坐困白髮侵
한가함 속에서 옛 친구를 얻는다면　閑中得舊友
이 모두는 쌍남금[64]이 되겠지만　俱是雙南金
사립문 오두막 자연 속에 살고 있어　柴荊住百川
쓸쓸하게 아무 찾아오는 이 없으니　蕭索無人尋
비록 조석으로 봉양은 넉넉하나　雖贍朝夕奉
그윽한 회포는 꺼낼 수가 없어라　無以開幽襟
그대는 지금 큰 고을을 맡았으니　君今典鉅州
선정은 백성이 흠모하는 바이네　善政人所欽
반드시 노숙의 곡식을 나눠야 하니[65]　須分魯肅粟

63 신영홍(申永洪) : 1469~? 본관은 고령(高靈), 자는 홍지(洪之)이다. 1507년(중종2)에 문과에 급제하여 해주 목사 등을 역임하였다. 신용개의 사촌 동생이다.

64 쌍남금(雙南金) : 남방에서 산출되는 금이 다른 금에 비해 품질이 우수하여 두 배의 값이 나간다 하여 붙여진 이름인데, 진귀한 물건 또는 훌륭한 인재를 뜻하는 말로 쓰인다.

백 곡의 곡식을 누가 금하겠는가	百斛誰能禁
그리고 다시 성현에게 걸려들어[66]	況復中賢聖
술로 서적을 대신하여 취하나니	以酒代書淫
한 말의 술을 마시며 백 편의 시를	一斗詩百篇
이백은 때때로 노래하며 읊조렸네	李白方時吟
주색은 원래 서로 떨어지지 않아서	酒色元不離
눈앞이 가물가물 꽃 숲에 쓰러지네	眼花落花林
두 호걸[67]을 좋이 기다렸다가	好待此兩豪
좋은 술 실컷 기울이리니	好醪無算斟
이는 바로 마치 나와 그대가	卽如吾與子
고금에 변함없이 만나는 것과 같으리	相對無古今
임신년(1512, 중종7) 오월 이십칠일에	壬五卄之七
그저 이것으로 소식을 대신하노라	聊以此代音

65 노숙(魯肅)의……하니 : 자신의 것을 백성들에게 나누어 주어야 함을 말한다. 노숙은 삼국 시대 오(吳)나라 사람으로 집이 부유하였는데, 주유(周瑜)가 군량을 요청하자 창고 중 하나를 가리키며 가져가라고 하였다. 《三國志 吳書 魯肅傳》

66 성현에게 걸려들어 : 술에 취하는 것을 말한다. 삼국 시대 위(魏)나라 상서랑(尙書郞) 서막(徐邈)이 몹시 술을 좋아하였다. 그는 금주령이 내렸음에도 사적으로 술을 마시다가 고주망태가 되어, 부서의 일을 물어보는 이에게 "성인에게 걸려들었다.〔中聖人〕"라고 대답하였다. 그러한 사실이 임금에게 전달되자 임금이 크게 노하였는데, 선우보(鮮于輔)가 진언(進言)하기를 "취객들이 청주를 성인이라 하고 탁주를 현인이라 하므로, 서막이 우연히 취해서 말한 것입니다."라고 하였다. 《三國志 魏書 徐邈傳》

67 두 호걸 : 술자리를 함께하는 사람을 말한다. 유령(劉伶)의 〈주덕송(酒德頌)〉에, 술에 취한 모습을 묘사하면서 "두 호걸이 옆에서 모시고 있는 것을 나나니벌과 나방처럼 여겼다."라고 하였다. 《古文眞寶 後集 卷1》

장주가 나비가 된 꿈을 꾸는[68] 그림

莊周夢蝶圖

장주가 나비가 된 꿈을 꾸는 것인가	莊周夢蝴蝶
나비가 장주가 된 꿈을 꾸는 것인가	蝴蝶夢莊周
장주와 나비는 하나로 정해짐 없으니	周蝶無定一
진상과 환상을 어찌 찾을 수 있으리	眞幻將焉求
이를 인하여 자연의 조화 살펴보면	因之觀大化
모든 조화가 원래 같은 것이 되리니	化化元同流
신기함과 썩은 냄새는 마찬가지며[69]	神奇與臭腐
형체와 그림자 모두 떠 있고 쉬는 것[70]	形影摠浮休

68 장주(莊周)가……꾸는 : 장주는 장자(莊子)의 이름이다. 그가 꿈에서 나비가 되어 자신이 장주인 것도 모르고 날아다녔는데, 꿈에서 깬 뒤엔 자신이 꿈에 나비가 되었는지 나비가 꿈에 장주가 된 것인지 알 수 없었다고 하였다. 《莊子 齊物論》

69 신기함과……마찬가지며 : 신기함은 좋은 감정을 의미하고 썩은 냄새는 나쁜 감정을 의미하는데, 좋아하고 싫어하는 것은 지속적으로 변하니 무엇이 좋고 무엇이 나쁘다고 구분할 수 없다는 말이다. 《장자》 〈지북유(知北遊)〉에 "아름답게 여기는 것은 신기하다 하고 싫어하는 것은 썩은 냄새가 난다고 하지만, 썩은 냄새가 다시 신기함으로 바뀌고 신기함이 다시 썩은 냄새로 바뀐다."라고 하였다.

70 형체와……것 : 삶과 죽음이 모두 덧없음을 말한 것이다. 《장자》 〈각의(刻意)〉에 "살아 있을 때에는 떠다니는 것처럼 자연스럽고, 죽을 때에는 쉬러 들어가는 것처럼 편안하다."라고 하였다.

기대어 졸고 있는 그림
倚睡圖

헌원은 화서씨의 나라를 꿈에 보고서	軒轅夢華胥
세도가 화락한 태평 시대에 올랐고[71]	世道登熙皡
노생은 여옹의 베개를 베고 잔 뒤에	盧生隱呂枕
득의했다 다시 곤궁함으로 돌아왔네[72]	得意還潦倒
해자의 사슴 꿈을 분별하려 하지만[73]	方將辨隍鹿

71 헌원(軒轅)은……올랐고 : 헌원은 고대 제왕인 황제(黃帝)의 이름이다. 그가 꿈에서 화서씨(華胥氏)의 나라에서 노닐었는데, 그곳은 다스리는 사람도 없고 백성들은 아무런 욕심도 없이 모든 것이 자연적으로 흘러가고 있었다. 황제가 꿈에서 깨어 문득 깨달음을 얻어 나라를 화서씨의 나라처럼 다스렸다고 한다. 《列子 黃帝》

72 노생(盧生)은……돌아왔네 : 노생이 한단(邯鄲)의 여관에서 여옹(呂翁)이란 도사를 만났는데 자신의 곤궁함을 한탄하자 여옹이 베개를 하나 주며 베고 자게 하였다. 노생이 꿈에 온갖 영화를 누리다 잠이 깼는데, 주인이 짓고 있던 메조밥이 채 익지도 않았다. 여옹이 인간사가 역시 이와 같다고 말해 주자, 노생이 "영욕의 도, 궁달의 운수, 득실의 이치, 사생의 실정을 다 잘 알았습니다. 이는 선생께서 저의 욕심을 막으려고 한 것이니 감히 가르침을 받지 않을 수 있겠습니까."라고 말하고, 머리를 조아려 두 번 절한 뒤에 떠났다. 《古今事文類聚 後集 卷21 枕中記》

73 해자(垓字)의……하지만 : 인생사가 꿈인지 생시인지 구별하기 어려운 것처럼 허망함을 말한다. 정(鄭)나라의 어떤 나무꾼이 우연히 사슴을 잡고서 남들이 보지 못하도록 물이 없는 해자에 숨겨 두었다가 감춰 둔 곳을 잊어버리자 마침내 꿈이라 여겼다. 돌아오는 길에 그 일을 흥얼거렸는데 옆에 있던 자가 그 소리를 듣고 그곳을 찾아가 사슴을 얻었다. 나무꾼이 그날 밤 사슴을 찾아간 사람에 대해 꿈을 꾸고서 다음 날 그 사람을 찾아내어 소송을 제기하였는데, 법관이 사슴을 둘로 나누라고 판결하였다. 이를 두고 재상이 말하기를 "꿈인지 아닌지는 오직 황제(黃帝)와 공자만이 알 수 있는

무산의 비[74]는 이미 사라져 버렸으니	已失巫山雨
문득 잠들고 엄연히 깨는 가운데에	不如成蘧裏
눈 감고 고금을 보내느니만 못하리	闔眼送今古

데, 지금은 황제와 공자가 죽었으니 누가 그것을 분별하겠는가. 우선 법관의 판결을 따르는 것이 옳다."라고 하였다. 《列子 周穆王》

74 무산(巫山)의 비 : 송옥(宋玉)이 지은 〈고당부(高唐賦)〉의 서(序)에 보이는 내용으로, 전국 시대 초(楚)나라 왕이 낮잠을 자며 꿈에서 무산의 여인을 만나 즐겁게 지냈는데 여인이 떠나면서 "저는 무산의 남쪽 높은 언덕에 사는데 아침에는 구름이 되고 저녁에는 비가 되어 아침과 저녁으로 양대(陽臺)의 아래로 내려옵니다."라고 하였다. 이후 무산의 비는 남녀 간의 정사(情事)를 비유하는 말로 쓰였다. 《文選 卷19 高唐賦》

여원[75] 송질 의 그림 병풍 시에 차운하다 절구 4수

次礪原 宋軼 畫屛韻 四絶

천기가 저절로 생동하나니 天機自活動

헤엄치며 본성을 갖추었네[76] 游泳俱性得

호해에서 서로 잊고 있으니[77] 相忘湖海中

무엇에 그 즐거움 매이겠나 何物嬰其樂

이치는 뛰어오르는 데서 알 수 있으니[78] 理可躍處會

75 여원(礪原) : 여원부원군(礪原府院君)에 봉해진 송질(宋軼, 1454~1520)을 가리킨나. 본관은 여산(礪山), 자는 가중(可中)이다. 1477년(성종8)에 문과에 급제하여 경기 관찰사, 영의정 등을 역임하였다.

76 천기(天機)가……갖추었네 : 《중용장구》에서 인용한 《시경》〈대아(大雅) 한록(旱麓)〉의 "솔개가 날아 하늘에 이르고 물고기는 연못에서 뛰어오른다.〔鳶飛戾天, 魚躍于淵.〕"라는 구절에 대해, 주희(朱熹)의 문인인 진순(陳淳)이 "솔개에게는 솔개의 본성이 있고 물고기에게는 물고기의 본성이 있어 솔개가 날고 물고기가 뛰어오르는 것은 천기가 저절로 완비된 것이니, 이는 바로 천리가 유행하여 발현되는 묘한 곳입니다."라고 하였는데, 주희가 옳다고 하였다. 《朱子語類 卷62 中庸1》

77 호해(湖海)에서……있으니 : 아무 근심 없이 자기 본성대로 지낸다는 뜻이다. 《장자(莊子)》〈대종사(大宗師)〉에 "샘이 마르면 물고기들이 함께 땅에 처하여서는 서로 습기를 불어 주고 서로 거품으로 적셔 주지만, 이는 강이나 호수에서 서로 잊고 지내는 것만 못하다."라고 하였다.

78 이치는……있으니 : 뛰어오른다는 것은 물고기가 뛰어오름을 말한다. "솔개가 날아 하늘에 이르고 물고기는 연못에서 뛰어오른다."라는 구절에 대한 주희의 주석에 "자사(子思)가 이 시를 인용하여, 화육(化育)이 유행하여 위아래로 밝게 드러나는 것은

즐거움을 어찌 호수 가에서 터득하리오[79] 樂豈濠上得
지극히 즐거운 것을 찾고자 한다면 欲尋至樂地
즐거움 없는 것이 참된 즐거움이지[80] 無樂是眞樂

이상은 네 마리의 물고기를 읊은 것이다.

지인은 본래 얽매임이 없고[81] 至人本無累
묘한 도는 심연 같은 침묵을 귀히 여기네[82] 妙道貴淵默
마음 편안케 하는 처방을 터득했다면 會得安心方

모두 이 이치의 작용임을 밝혔다."라고 하였다. 《中庸章句 第12章》

79 즐거움을……터득하리오 : 호수(濠水)는 장자(莊子)와 혜자(惠子)가 물고기의 즐거움에 대해 설왕설래한 곳이다. "그대는 물고기도 아닌데 물고기의 즐거움을 어떻게 알겠느냐?"라고 따지는 혜자의 말에 장자는 '어떻게 알겠느냐?〔安知〕'를 '어디서 알았느냐?〔安知〕'라고 물은 것처럼 슬쩍 곡해하여 "호수 가〔濠上〕에서 알았다."고 농담조로 답하였다. 《莊子 秋水》

80 즐거움……즐거움이지 : 《열자(列子)》 〈중니(仲尼)〉에 "즐거움과 앎이라는 것은 옛사람들이 말한 즐거움과 앎이 아니다. 즐거움이 없고 앎이 없는 것이 참된 즐거움이고 참된 앎이다. 그러므로 즐겁지 않은 것이 없고 알지 못하는 것이 없으며 근심하지 않는 것도 없고 하지 못하는 것도 없다."라고 하였다.

81 지인(至人)은……없고 : 생사를 초월하였음을 말한다. 《장자》 〈달생(達生)〉에 "형체에서 벗어나고자 한다면 세상을 버리는 것보다 나은 것이 없다. 세상을 버리면 얽매임이 없어지고, 얽매임이 없어지면 평온해지고, 평온해지면 형체와 더불어 다시 생겨나고, 다시 생겨나면 거의 통달할 것이다."라고 하였다.

82 묘한……여기네 : 행위를 하지 않아도 작용이 크게 됨을 말한다. 《장자》 〈재유(在宥)〉에 "군자가 참으로 자신의 오장을 풀어헤치지 않고 자신의 총명을 끄집어내지 않는다면, 가만히 있어도 용처럼 드러나고 심연같이 침묵하여도 우레처럼 울리고 정신이 움직여 하늘이 따라서, 조용히 하는 것이 없더라도 만물이 자라게 될 것이다."라고 하였다.

대환단[83] 같은 선약은 필요 없으리 不要大還藥

보기만 하여도 도가 있음을 아니 目擊道自存
정신이 통하여 말할 것이 없어라[84] 神通外語默
이에 고요함의 실마리를 안다면 從知靜境頭
또한 장수하는 약도 가지게 되리 還有長年藥

이상은 네 명의 신선을 읊은 것이다.

83 대환단(大還丹) : 도가에서 말하는 선약(仙藥)의 일종으로, 죽은 자를 살리고 모든 병을 낫게 하며 공력(功力)을 증가시키는 효험이 있다고 한다.

84 보기만……없어라 : 《장자》 〈전자방(田子方)〉에, 공자가 온백설자(溫伯雪子)를 만나고 나서 아무 말이 없자 자로(子路)가 의아하게 여겨 물으니, 공자가 말하기를 "그런 사람은 눈으로 보기만 하여도 도가 있는 줄을 알 수 있으니 또한 말을 할 것이 없다."라고 하였다.

소요당[85]에 제하다

題逍遙堂

3언, 5언, 7언으로 짓다.

가을 강물 불어나고	秋江漲
가는 비는 부슬부슬	細雨霏
북과 젓대 소린 돌아갈 홍 재촉하지만	鼓笛催歸興
피곤한 나그넨 이미 돌아가길 잊었네	倦客已忘歸
자리의 예쁜 여인 내게 아양 떠는 듯하니	座下蛾眉如媚我
나의 마음 젖은 솜과 같아 날기 어려워라	我心如絮濕難飛

85 소요당(逍遙堂) : 좌의정을 지낸 심정(沈貞)이 1516년(중종11)에 양천(陽川) 공암(孔巖) 서쪽 강변에 지은 별장으로, 심정이 당시의 명사들에게 시를 청하여 현판을 장식하였다. 《谿谷集 卷3 書逍遙堂序後》

취중에 객에게 주다

醉中贈客

꽃도 지고 술도 다하였는데	花已謝酒已闌
그대와 나 뜻이 함께 한가롭구나	君與我意俱閑
넓게 펼쳐진 연기와 구름 바라보며	前望煙雲闊
그저 술에 취해 얼굴이 펴졌도다	聊憑酒面寬

강 진원 귀손 의 부인[86]에 대한 만사

姜晉原 龜孫 夫人挽詞

아름다운 덕이 시대의 모범이었거늘　德美時爲範
하늘은 인색하게 해를 더해 주지 않았네　天慳不與年
높이 봉해져 정경부인이 되더니만　崇封貞敬字
꽃다운 이름 하늘나라 신선 되었네　芳籍上淸仙
깊은 어둠속 무덤에 빗장 걸었으니　厚夜玄扃閉
텅 빈 규방엔 새벽 달빛만 스미네　空閨曉月穿
칼은 중양에 합쳐질 것이며[87]　劍從重陽合
이름은 다른 사람들에게 전해지리　名許外人傳
훌륭한 자식 없다 한스러워 마오[88]　莫恨無蘭玉
집안에 전해져 현량을 잃지 않으리니　傳家不失賢

86 강 진원(姜晉原)의 부인 : 강 진원은 진원군(晉原君)에 봉해진 강귀손(姜龜孫, 1450~1505)으로, 본관은 진주(晉州), 자는 용휴(用休)이다. 1479년(성조10) 문과에 급제하여 이조 판서, 우의정 등을 역임하였다. 그의 부인은 정경부인(貞敬夫人)에 봉해진 은진 송씨(恩津宋氏)로 송요년(宋遙年)의 딸이다.

87 칼은……것이며 : 칼이 합쳐진다는 말은 부부가 죽어서 다시 만난다는 뜻이다. 진(晉)나라 뇌환(雷煥)이 용천(龍泉)과 태아(太阿)라는 보검을 얻어 그중 하나를 장화(張華)에게 주었는데 장화가 죽으면서 그 칼의 소재를 알 수 없게 되었다. 훗날 뇌환이 죽고 그의 아들이 칼을 가지고 연평진(延平津)을 지날 때에 갑자기 칼이 솟구쳐 물에 빠졌다. 물속을 찾아보니 칼은 보이지 않고 두 마리 용이 서로 엉켜 있었는데, 잠시 후 광채가 물에 비치고 물결이 쳤으며 칼은 사라졌다고 한다. 《晉書 張華列傳》

88 훌륭한……마오 : 강귀손은 아들이 없어 조카인 강태수(姜台壽)를 후사로 삼았다.

참의 이원지[89]에 대한 만사

李參議元之挽詞

이름은 세인(世仁)이다.

통달한 이는 시운 따라 오고 가니	達人任去來
편안히 살다가 순리를 따른다네	安得而處順
세상 만물은 모두 변화를 따르고	萬類摠隨化
아름다움 남김은 실로 현준이로세	流芳實賢俊
원지 그는 나의 벗인데	元之是吾友
도에 대해 일찍 독실히 믿었지	於道早篤信
성품은 원래 곧고 성실했으며	性稟元直諒
기개는 또한 굳세고 높았다네	氣岸更勁峻
경술에 근본하여 입신하였고	立身本經術
이름난 재주로 벼슬에 올라	才譽日登進
구름 닿는 하늘 길 멀리 펼쳐져	天衢雲路逈
붕새는 바람 타고 솟구쳐 오르네[90]	鵬翼搏風迅
사간원과 사헌부의 직임을 맡아서는	薇垣與柏府

89 이원지(李元之) : 이세인(李世仁, 1452~1516)으로, 본관은 성산(星山), 자는 원지이다. 1486년(성종17) 문과에 급제하여 대사간, 황해도 관찰사, 이조 참의 등을 역임하였다. 신용개가 그의 묘갈명을 지었다. 《二樂亭集 卷15 吏曹參議李公墓碣銘》

90 구름……오르네 : 이세인을 붕새에 비유한 것이다. 《장자(莊子)》〈소요유(逍遙遊)〉에, 북쪽 바다에 사는 붕이라는 거대한 새가 남쪽 바다로 옮겨 갈 때는 물을 차고 3000리를 달리다 회오리바람을 타고 9만 리를 날아올라 여섯 달 만에 쉰다고 하였다.

곧은 말로 조정의 기강 진작하였고 　讜論朝綱振
왕명을 전달하다 지방관이 되어서는[91] 　斗舌轉召棠
복잡한 일 여유롭게 칼을 놀렸으며 　盤錯恢游刃
들어와 인사의 논의에 참여하여서는[92] 　入參銓注議
방고[93]와 같은 안목으로 재능을 분별했네 　方皐辨駑駿
평생토록 절개를 굳게 지키어 　生平有執守
내면을 돌아봐도 회한이 없었지 　內顧無悔吝
어찌하여 칠십을 바라보는 때에 　如何望希年
두 녀석이 찾아와 병이 됐던고[94] 　二豎來作疢
마침내 하늘은 그를 남겨 두지 않아 　終然天不遺
정침에서 관이 떠나가게 되었어라 　前堂出素殯
선이 쌓여 그래도 보답 있으리니 　善積還食報
남은 경사가 자손에게 이어져서 　餘慶在祚胤

91 왕명을……되어서는 : 왕명의 전달은 이세인이 1509년(중종4) 승정원 좌승지가 된 것을 말하고, 지방관은 1512년 황해도 관찰사가 된 것을 말한다. 《二樂亭集 卷15 吏曹參議李公墓碣銘》

92 들어와……참여하여서는 : 1514년에 이세인이 이조 참의가 된 것을 말한다. 《二樂亭集 卷15 吏曹參議李公墓碣銘》

93 방고(方皐) : 말〔馬〕에 대한 감식력이 뛰어났던 구방고(九方皐)를 말한다.

94 어찌하여……됐던고 : 이세인은 61세인 1512년 황해도 관찰사가 된 이후 병을 얻어 증세가 점차 심해졌다. 《二樂亭集 卷15 吏曹參議李公墓碣銘》 '두 녀석〔二豎〕'은 고치기 힘든 질병을 가리킨다. 춘추 시대 진(晉)나라 경공(景公)이 꿈을 꾸었는데, 질병이 두 아이로 변하여 나타나, 의원이 오더라도 고황(膏肓)에 숨으면 된다고 말하였다. 다음 날 의원이 왔지만 병이 고황 사이에 있어 치료할 수 없다고 하였다. 《春秋左氏傳 成公10年》

문은 높아 사마고거[95] 지날 수 있고	門高容駟蓋
부친을 이어 나라에 충성 다하리	幹蠱儘忠藎
공은 갔으나 오히려 죽지 않았으니	公逝猶不亡
무덤 속 지하에 옥돌 감춘 것이네	夜臺藏瑜瑾
친구의 정리를 울면서 부르짖지만	哭挽朋舊情
못 잊는 이 마음 누구에게 말하랴	耿耿憑誰訊

95 사마고거(駟馬高車) : 네 마리의 말이 끄는 높은 수레로, 고관들이 타는 호화로운 수레를 말한다.

박 이상[96] 열 에 대한 만사

朴二相 說 挽詞

마음을 다잡아 요약됨을 지키려 했고	操心要守約
덕을 지니어 앞선 현인들에 비견됐네	秉德擬前賢
자연스러운 나의 천성을 얻었으니	自然性分得
어찌 외물에 마음이 이끌리리	寧爲外物遷
이른 나이에 학문에 독실하였고	早歲篤於學
선을 얻는 데에 항상 마음 썼지	得善常拳拳
재주를 드날려 거듭 계수 가지를 꺾어[97]	馳英再折桂
달리는 준마에 채찍을 더하듯 했으니	逸驥加策鞭
그의 명성은 조정에 가득하였고	聲譽滿朝著
문장은 빛나는 청동전 같았었지[98]	華藻耀青錢

96 박 이상(朴二相) : 박열(朴說, 1464~1517)을 가리킨다. 이상(二相)은 우찬성(右贊成)을 이르는 말로, 박열이 1516년(중종11)에 우찬성이 되었다. 본관은 밀양(密陽), 자는 열지(說之)이다. 1489년(성종20)에 문과에 급제하여 대사헌, 이조 판서, 우찬성 등을 역임하였다. 신용개가 그의 묘지명을 지었다. 《二樂亭集 卷11 議政府右贊成朴公墓誌銘》

97 재주를……꺾어 : 박열이 1489년 문과에 급제하고, 1497년(연산군3)에 다시 중시(重試)에 급제한 것을 말한다. 《二樂亭集 卷11 議政府右贊成朴公墓誌銘》

98 문장은……같았었지 : 문장이 매우 뛰어남을 말한다. 당나라 때 장작(張鷟)이 문장이 뛰어나 거듭 시험에 합격하였는데, 당시에 그의 문장을 화려한 청동전(青銅錢)에 비유하면서 만 번을 뽑아도 만 번 다 뽑힌다고 칭찬하며 청전학사(青錢學士)라 불렀다. 《新唐書 張薦列傳》

다스림을 도와 경상의 직임 맡아서는	佐理歷卿相
덕화를 널리 펴는 일 다시 온전히 하였네	弘化事更全
어찌하여 두 녀석의 침범[99]이	如何二豎侵
이순에 미치지 못한 나이였던가	不及耳順年
까마득히 죽음에 이르렀으니	冥然乘大化
그 모습 중천에 막혀 볼 수 없네	眉宇隔重泉
사람들은 의지할 곳 잃은 듯하고	衆心如失倚
친구의 마음이야 더욱 애가 타네	朋舊意益煎
생각건대 나와는 일찍 마음이 통해	念予心夙契
걸음걸이 서로 앞서거니 뒤서거니	步武相後先
청춘의 나이 흰머리가 되어서도	靑年到白首
뜻이 항상 굳건함 오래도록 공경했네	久敬志常堅
그대 지금 나보다 앞서 떠나가니	公今先我逝
강물을 매단 듯 눈물이 하염없네	有淚長河懸
저승과 이승 사이 뜻이 통한다면	幽明意可通
나의 이 만사를 그대는 들으시게	聽我薤露篇

99 두 녀석의 침범 : 병이 들었음을 말한다. 160쪽 주94 참조.

박 정[100] 담손 에 대한 만사

朴正 聃孫 挽詞

독실하게 성명에 뿌리를 두고서	篤實根於性
굳은 절개로 잘못된 길 따르지 않았고	堅貞不詭隨
가슴속에서 이미 종합하고 정리하니	胸中有綜理
일에서는 복잡하게 헝클어짐 없었네	事上無棼絲
이른 나이에 소과에 급제하고	早年登上舍
재주 있다 뽑혀 관직에 들어왔으며	才選入仕版
업무를 부지런히 힘써 처리하여	勤謹理官務
만년엔 시감의 일을 관장하였네[101]	晩躡寺監判
중년에는 횡액을 만났으니	中歲値横禍
맏아들이 직언하다 죽었다네[102]	胤子死於直
슬하의 어린 손자들 눈에 가득 들어오니	兒孫滿眼膝
가슴 미어져 차마 먹고 쉴 수 있었으랴	腸裂忍食息
말년에는 위옥이 가라앉음을 만나[103]	末遭衛玉沈

100 박 정(朴正) : 사도시 정(司䆃寺正)을 지낸 박담손(朴聃孫, ?~1517)을 가리킨다. 본관은 고령(高靈)이다. 그의 아들 박은(朴誾)이 신용개의 사위이다. 신용개가 그의 제문을 지었다. 《二樂亭集 卷9 祭朴正文》

101 만년엔……관장하였네 : 시감(寺監)은 시(寺)와 감(監) 급의 관사를 말하는 것으로, 박담손이 사도시 정(司䆃寺正)과 사재감 정(司宰監正)을 역임한 것을 말한다.

102 맏아들이 직언하다 죽었다네 : 맏아들은 박은을 가리키는데, 1504년(연산군10) 갑자사화에 연루되어 처형당했다.

애달픔에 마음이 또 상하였고　　怛怛心更傷
마음의 상처가 이내 빌미가 되어　　心傷仍作祟
병이 생겨 어떤 처방도 효험 없었네　　疾作效無方
갑자기 몸은 나무 관에 누웠으니　　奄然身就木
하늘은 어찌 연수를 더해 주지 않는가　　天何不與年
나와는 사돈의 관계를 맺었으니　　伊我托姻婭
뜻이 맞음은 묵은 인연 있었던 게지　　意結由宿緣
눈물을 머금고 아이들을 돌아볼 때　　含淚顧兒小
그리운 마음에 절로 슬퍼만 할 뿐　　耿耿徒自悲
이승과 저승 이에 영영 이별이지만　　幽明此永別
다만 마음만은 서로 알겠거니　　只有心相知

103 말년에는……만나 : 위옥(衛玉)은 진(晉)나라의 위개(衛玠)를 가리키는 말인데, 훌륭한 사위를 의미한다. 위개가 당시 명망이 높았던 악광(樂廣)의 사위가 되었는데, 사람들이 이 둘을 칭찬하며 "장인은 얼음처럼 맑고 사위는 옥처럼 윤택하네."라고 하였다.《晉書 衛瓘列傳 玠》 박담손의 사위인 안처성(安處誠)이 박담손이 죽은 1517년에 그보다 앞서 8월에 먼저 죽은 것을 가리키는 듯하다.《容齋集 卷10 奉正大夫守軍資監正安公墓碣銘》

벽한서[104]

辟寒犀

서리의 위력 솜을 꺾고 바람은 살갗을 찢으니[105]　霜威折綿風裂膚
호피 갖옷도 힘 못 쓰고 술도 아무런 소용 없네　狐裘無權酒無力
음기를 물리치며 무슨 수로 현명[106]에 대적하나　却陰何術敵玄冥
남방 교지국의 서각은 추위를 물리칠 수 있다네　南交有犀寒可辟
개원 연간에 하나의 서각을 바쳐 왔는데　開元年中獻一角
해가 비치면 황금빛을 서로 발하였네　日照黃金色相射
금란전[107]은 높아 어깨에 소름이 돋는데　金鑾殿高玉樓粟
한 줄기 온화한 기운 몸에 스며 쌓이니　襲人一團和氣積
화로에 타는 불길처럼 강한 열기 무수하고　烈熾不數爐火烘
봄볕에 발이 있어 양기가 다시 돌아온 듯　回陽似斡春有脚
천공은 교묘히도 사물마다 품성 다르게 주어　天公巧賦物性殊
더운 바다 오랜 세월 기운 서로 교대하는데　炎海多年氣交錯
이 물건은 어디에서 이런 기이함 받았는가　此物何處稟此奇

104 벽한서(辟寒犀) : 한기(寒氣)를 물리친다는 서각(犀角)의 이름이다. 당나라 개원(開元) 2년(714) 동지에 교지국(交趾國)에서 서각 하나를 바쳤는데 누런 황금빛이었다. 이를 방 안에 두면 온기가 퍼졌다고 한다. 《開元天寶遺事 卷1 辟寒犀》

105 서리의……찢으니 : 매서운 추위를 형용한 말이다. 솜을 꺾는다는 말은 극심한 추위에 솜도 얼어붙어 부서져 버린다는 뜻이다.

106 현명(玄冥) : 북방(北方)의 신으로, 겨울을 관장한다고 한다.

107 금란전(金鑾殿) : 당나라 궁전의 이름이다.

매서운 한기 빼앗아 따사로이 누그러뜨리네	奪換寒威暖相薄
내가 이것으로 조물주에게 묻고자 하노니	我欲持此問眞宰
티끌과 더위 물리치는 그것 또한 가능할지	辟塵却暑渠亦得
군왕께선 물건 하나의 공에 기대지 말고	君王莫倚一物功
두루 온화한 기운 펼쳐 사방을 감싸시길	遍舒陽和籠四極

착빙행[108]

鑿氷行

찬 구름은 자욱하고 산에는 눈이 깊으며	寒雲漠漠山雪深
천지간엔 기운이 막혀 음기가 가득한데[109]	天地閉塞成錮陰
층층이 쌓인 얼음들은 높이 허공에 기대 있고	層氷峨峨高倚薄
많은 사람 도끼 메고 강 복판을 깨고 있네	千夫荷斧鑿江心
강 복판의 얼음덩어리 깊은 구멍에서 나와	江心氷片出深穴
철벽처럼 포개져 우뚝한데 눈은 쌓여 가고	積鐵稜稜堆玉屑
얼음 깨는 소리 풍이의 궁전[110]까지 놀라게 하니	鑿聲驚透馮夷宮
몇 리 너머까지 우르르 우렛소리 멎지 않네	殷殷數里雷不絶
수레로 나르고 말에 실어 흙집에 저장하니	車輸馬馱藏土宇
강가에는 높은 창고 죽 늘어서 있다네	傍江羅列高倉庾
잠겨 있는 양기 점차로 땅속에 쌓여 가지만	下隨潛陽蘊地中
매서운 바람 한기를 도와 날 아니 따뜻하네	尖飆助寒日未煦
이듬해 사양에 칩거하던 모든 벌레 나오면	明年四陽萬蟄起
겨울 신에게 부추 올리고 얼음 처음 사용하지[111]	司寒獻韭氷用始

108 착빙행(鑿氷行) : 얼음을 깨는 것에 대해 읊은 시로, 착빙은 빙고(氷庫)에 얼음을 저장하기 위해 겨울에 강가의 얼음을 깨서 떠내는 일이다.

109 천지간엔……가득한데 : 《예기》 〈월령(月令)〉에 "천기는 위로 올라가고 지기는 아래로 내려가니, 천지의 기운이 서로 통하지 않아 막혀서 겨울이 된다."라고 하였다.

110 풍이(馮夷)의 궁전 : 수신(水神)이 사는 물속의 궁전을 말한다. 풍이는 황하(黃河)를 다스리는 신인 하백(河伯)인데, 일반적으로 물을 다스리는 신을 지칭한다.

개시와 저장은 원래부터 시령을 따르나니	開藏元爲順時令
음양이 열리고 닫히는 건 하늘의 이치라네	闔闢陰陽天與理
한여름의 타는 구름 하늘을 불살라 붉고	朱夏炎雲爇天紅
쇠와 돌 녹아 흐르는 깊은 시루 속 같으면	金流石鑠深甑中
이때에는 한 덩어리가 만금에 해당하니	此時一片敵萬金
그리하여 끝도 없이 널리 쓰이게 되리라	所以普用於無窮
찬 기운 나는 고기를 성상께 올릴 수 있고	生寒鑑肉御至尊
마노 유리 쟁반처럼 차갑게 아침 햇빛 밀치는데	瑪瑠盤冷排朝暾
성상의 효성 하늘에 닿이 먼지 사당에 올리고	聖孝格天先廟薦
성상의 은혜 아래로 퍼져 집집에 나누어 주네	皇恩下覃頒千門
익히 보았노니, 맑은 조정이 옥촉을 밝히어	慣看淸朝明玉燭
사시를 잘 관리하매 절기에 어그러짐 없었음을	燮調四時無愆伏
백성들은 평안하고 하늘의 재앙 없으리니	民不扎瘥天不災
〈빈풍〉 시 읽은 뒤에 위육을 노래하리라[112]	讀罷豳詩歌位育

111 이듬해……사용하지 : 사양(四陽)은 양기(陽氣)가 넷이 되는 때로, 2월을 가리킨다. 부추를 올린다는 것은 제사를 지냄을 말한다. 《시경》〈빈풍(豳風) 칠월(七月)〉에 "이양의 날에 얼음을 쿵쿵 깨어 삼양의 날에 빙고에 넣고, 사양의 날 이른 아침에 염소를 바치고 부추로 제사를 지낸다.〔二之日鑿氷沖沖, 三之日納于凌陰, 四之日其蚤, 獻羔祭韭.〕"라고 하였는데, 주희(朱熹)의 《시집전(詩集傳)》에서 소철(蘇轍)의 말을 인용하여 "2월에 이르러 사양이 일어나고 칩거하던 벌레들이 나와 양기가 비로소 일을 주관하면, 비로소 빙고를 열어 사당에 올린다."라고 하였다.

112 빈풍……노래하리라 : 절기에 맞는 일을 조화롭게 잘 수행하여 천재지변 없이 민생을 안정시킴을 말한다. 〈빈풍〉 시는 《시경》〈빈풍 칠월〉을 가리키는데 월령(月令)에 알맞은 일을 행한다는 내용이다. 위육(位育)은 천지가 제자리를 잡고 만물이 길러지는 것을 말한다.

희강[113]을 전송하며

送希剛

희강이 붓을 던지고 창을 손에 쥐었더니	希剛投筆手雕戈
그 기개에 오랑캐 땅 이미 맑아졌구나	意氣已淸蒲猪波
몸에 걸친 군복은 찬란한 궁중의 비단이요	身上征袍爛宮錦
소매 속 보검에는 푸른 뱀이 서려 있네	袖裏寶劍盤靑蛇
젊은 시절 이미 북문의 길을 다녔기에	少年曾踏北門道
오랑캐의 실정 다 알아 계책이 노성했고	奪盡虜情籌策老
가을 하늘 날랜 송골매 굳센 깃 높이 날아	俊鶻秋空鐵翮高
옥당과 오부에서 명예 일찍 드날렸네[114]	玉堂烏府名譽早
이로부터 그대는 나라의 그릇이 되어	自是君身爲國器
문무를 경위 삼아 학문과 지략 겸하였으니	文經武緯兼儒智
재능 넉넉해 여덟 말이라 붓에서 꽃이 피고[115]	才贍八斗筆生花

113 희강(希剛) : 이장곤(李長坤)의 자이다. 127쪽 주8 참조.

114 옥당(玉堂)과……드날렸네 : 홍문관 교리, 사헌부 장령을 지낸 것을 말한다.

115 재능……피고 : 재능이 여덟 말이라는 것은 천하의 재주를 독점하였음을 말한다. 남북조 시대 송(宋)나라의 사영운(謝靈運)이 말하기를 "천하에 재능이 한 섬이 있는데, 조자건(曹子建)이 여덟 말을 독점하고 내가 한 말을 차지하고 천하 사람들이 나머지 한 말을 함께 나누어 가졌다."라고 하였다. 《說郛 釋常談 八斗之才》 붓에서 꽃이 핀다는 것은 문장에 뛰어남을 말한다. 당(唐)나라 문인 이백(李白)이 젊었을 때 붓에서 꽃이 피는 꿈을 꾼 뒤로 재주가 빛나 이름이 천하에 알려졌다고 한다. 《開元天寶遺事 卷2 夢筆頭生花》

원숭이 팔로 버들잎 꿰뚫을 뿐만이 아니네[116] 不獨穿楊有猿臂
말에 올라선 적을 치고 내려와선 격문 지으니 上馬擊賊下草檄
예로부터 이 사람의 명성 대적할 이 없어라 古來此人名無敵
꾀하는 마음 뛰어나 정원후[117]와 같으니 謀懷落落定遠侯
좀스럽게 어찌 설씨와 적씨[118]에 비교하리 齷齪何數薛與狄
그대여, 막부를 보좌하며 잘 기억해 두시게 煩君佐幕善爲記
머지않아 군문의 일을 자신이 맡게 되리라 不久閫寄應歸己
조정에서 훗날 범중엄과 한기[119]처럼 의지할 테니 朝廷他日倚范韓
한나라의 비장군은 다만 성이 이씨라네[120] 漢家飛將徒姓李

116 원숭이……아니네 : 활을 잘 쏘는 것을 말한다. 한(漢)나라의 장수 이광(李廣)은 팔이 원숭이처럼 길어 활을 잘 쏘았고, 춘추 시대 초(楚)나라의 양유기(養由基)는 활을 잘 쏘아 백 보의 거리에서도 버들잎을 명중시켰다. 《史記 李將軍列傳》《戰國策 西周策》

117 정원후(定遠侯) : 후한 때의 장수로 서역(西域)의 50여 나라를 복속시킨 반초(班超)의 봉호이다.

118 설씨(薛氏)와 적씨(狄氏) : 당나라의 장수 설인귀(薛仁貴)와 측천무후(則天武后) 때에 재상을 지낸 적인걸(狄仁傑)을 가리키는 듯하다. 설인귀는 돌궐(突厥)의 침입 때 화살 세 발로 잇달아 적을 사살하여 적의 사기를 꺾어 항복하게 만들었으며, 적인걸은 돌궐이 하북(河北)을 침범했을 때 하북도행군원수(河北道行軍元帥)가 되어 잘 방어한 적이 있다. 《新唐書 薛仁貴列傳, 狄仁傑列傳》

119 범중엄(范仲淹)과 한기(韓琦) : 송나라 명신들로, 함께 서하(西夏)를 방어하는 데에 공이 컸다. 129쪽 주13 참조.

120 한(漢)나라의……이씨(李氏)라네 : 비장군(飛將軍)은 한나라의 장수 이광을 가리키는데, 이장곤을 그에 빗대어 말한 것이다. 이광이 우북평 태수(右北平太守)로 있을 때에 흉노(匈奴)가 이광을 한나라의 비장군이라 부르며 감히 침범하지 못하였다. 《史記 李將軍列傳》

영남으로 귀성하러 가는 이 참판[121] 우 을 전별하며 취중에 쓰다

別李參判 堣 歸覲嶺南醉書

계응은 고향 생각에 순채와 농어를 빌렸고[122]	季鷹思鄕借蓴鱸
연명은 국화 움켜쥐고 술이 없음을 근심했네[123]	淵明把菊愁無酒
시절 맑고 술은 달고 관직은 높으며	時淸酒美官爲貴
성명하신 임금이라 그대의 말 다 시행되는데	主聖言行今獨有
묻노니, 어찌하여 애써 돌아갈 생각을 하며	問君何事苦思歸
가을날 국화를 보며 어머니 먼저 그리는가	逢秋對菊先念母
그대에게 이 말 하며 두 줄기 눈물 흘리니	誦君此語淚雙流
나는 외로운 몸이라 누구와 함께 벗이 되리	我是孤兒誰與友

121 이 참판(李參判) : 호조 참판을 지낸 이우(李堣, 1469~1517)를 가리킨다. 본관은 진성(眞城), 자는 명중(明仲), 호는 송재(松齋)이다. 1498년(연산군4) 문과에 급제하여, 호조와 병조의 참판을 역임하였다. 1506년에는 연로한 부모님을 모시기 위하여 외직을 청하여 진주 목사(晉州牧使)를 지내기도 하였다.《松齋集 嘉善大夫戶曹參判李公墓碣銘》

122 계응(季鷹)은……빌렸고 : 계응은 진(晉)나라 장한(張翰)의 자이다. 그가 관직에 있다가 세상이 어지러운 것을 보고는 고향의 순챗국과 농어회가 그립다고 하면서 사직하고 떠났다.《晉書 文苑列傳 張翰》

123 연명(淵明)은……근심했네 : 연명은 진나라 도잠(陶潛)의 자이다. 그는 술을 매우 즐겼는데 중양절(重陽節)에 술이 없어 집 주변 국화밭에 국화를 한 움큼 쥐고서 한참을 창망히 앉아 있었다. 마침 강주 자사(江州刺史) 왕홍(王弘)이 술을 보내왔으므로 취하도록 마셨다.《宋書 隱逸列傳 陶潛》《古今事文類聚 卷11 摘菊盈把》

우러르니 하늘 넓고 굽어보니 땅은 넓어	仰天天多俯多地
무수히 길게 늘어선 사람들 수풀과 같은데	悠悠簇簇人如藪
사람들 수풀과 같다지만 어찌하겠는가	人如藪奈如之何
떠나보내지 못하는 강가를 나도 등지네	未別江頭吾亦負

희순[124]의 집에서 취한 다음 날 파초 잎을 받고서 작별의 소회를 아울러 써서 올리다

希醇第醉後翌日得蕉葉之惠兼敍別懷以奉

하늘이 술을 내렸고	天生酒
그대는 나와 더불어 나이가 뒤지지 않으니	君與我年不後
사람들은 말하지, 공경하면서도 두려워해야 한다고	人言可敬亦可懼
그러나 천성이니 누가 탓해도 그만이네	然有天性任誰咎
취하여 그대 집 안을 보니 파초 잎이 많았는데	醉對高屛蕉葉厚
오늘 아침 얻고 보니 늙은이 놀라게 하네	今朝得之驚老叟
비단같이 맑고 푸르러 차마 손대지 못하겠지만	鮫綃綠淨不忍手
부드러움은 입에 맞아 되레 자부할 만하네	軟嫩可口還自負
너무도 고마워라, 오랜 친구가 벗을 생각하여	多謝故人懷舊友
일부러 몇 잎 나누어 보내 주었구나	故分數葉馳下走

124 희순(希醇) : 이계맹(李繼孟, 1458~1523)의 자이다. 본관은 전의(全義), 호는 묵곡(墨谷)이다. 1489년(성종20) 문과에 급제하여 집의, 좌승지 등을 거쳤고, 무오사화(戊午士禍) 때 김종직(金宗直)의 제자로 지목되어 유배되었으며, 중종반정 이후 대사헌, 병조 판서 등을 역임하였다. 《淸陰集 卷28 左贊成文平李公神道碑銘》

이요정집

제3권

詩시

요춘루 40운

繞春樓 四十韻

응제시(應製詩)이다.

하늘로 높아 맑은 기운 두둥실　天高浮灝氣
땅과는 멀어 세상 티끌 없으니　地迥絶塵囂
용마루 위엔 푸른 새가 앉으며[1]　結棟臨青鳥
열린 난간은 높은 하늘 가깝고　開欄近絳霄
해와 달빛이 항상 곁을 비추며　烏蟾輪每側
요망한 기운 모두 사라져 없네　氛祲氣全消
꽃망울 환히 금빛 옥빛 발하고　金碧輝花蕚
화려한 누대 창가 주렴 열렸네　櫳簾闢麗譙
연기와 안개 속의 아득한 세상　煙雲收汗漫
비어 광활한 우주임을 알겠네　宇宙覺空寥
만상은 끝도 없이 펼쳐져 있어　萬象輸無極
삼신산 향해 보니 멀지 않아라　三山望未遼
팔방의 경치 눈에 한껏 보이니　八方供睇眄
백 리의 작은 것도 세어 보노라　百里數纖幺
고운 햇빛에 구슬 주렴 걷히니　麗日珠簾捲

1 용마루……앉으며 : 푸른 새는 하늘의 전령을 상징한다. 신녀(神女)인 서왕모(西王母)가 한(漢)나라 무제(武帝)를 찾아올 때에 먼저 푸른 새를 보내어 소식을 알렸다고 한다. 《淵鑑類函 卷421 青鳥1》

화창함 춘풍 속에 조화 이루어　和風玉燭調
봄날의 경치 맑고 넓게 이어져　韶華仍蕩蕩
늦도록 생기 널리 피어오르네　生意晩迢迢
연못의 푸른 물결 언덕 흔들고　太液波搖岸
연꽃 잎사귀 활짝 온통 덮었네　芙蓉草沒燒
동산에 가는 비가 지나간 뒤에　上林過細雨
가벼운 바람 타고 향기 퍼지며　香霧散輕飆
봉래는 수목 속에 가려져 있고　樹木藏蓬島
어교는 안개 꽃에 그늘져 있네　煙花蔭御橋
녹빛 드리운 버들잎은 가늘고　綠纚垂柳細
붉은 꽃잎의 작은 복사 예쁜데　紅簇小桃夭
안뜰 향초는 일천 가지 휘었고　內芷千枝亞
궁중 실버들 백 길 이어 떨리네　宮絲百丈飄
맑은 풍경은 방초 향기 머금고　芳菲含霽景
노을 비단엔 고운 꽃잎 맺혔네　穠艶纈霞綃
굳이 조서로 소식 전할 것 없으니[2]　不待天書報
어찌 갈고로 재촉할 필요 있겠나[3]　寧須羯鼓挑

2 굳이……없으니 : 한 문제(漢文帝)가 봄을 맞아, 초목과 뭇 생명들이 모두 즐거운데 의지할 곳 없는 백성들은 죽어 가니 진휼할 방도를 논의하라는 조서를 내린 적이 있다. 《漢書 文帝本紀》

3 어찌……있겠나 : 갈고(羯鼓)는 갈족(羯族)에게서 유래한 북의 일종이다. 당(唐)나라 명황(明皇)이 꽃과 버들이 채 피지 않은 2월에 갈고를 가져오라 명하여 정자에서 연주하고는 곡조를 〈춘광호(春光好)〉라 명명하였는데, 연주를 마치고 돌아보니 살구꽃이 꽃망울을 터트렸다고 한다. 《太平御覽 卷583 羯鼓》

은광은 천지 화육을 따라 돕고　　恩光隨贊化
바람은 절로 밤을 이어서 불며　　風信自連宵
봄의 신령이 힘껏 단장을 하니　　木帝勞粧點
조물주 나서 꾸밀 것이 없어라　　天公少刻雕
얕고 깊거나 모두 생기 얻으니　　淺深幷受氣
화월은 어찌 예쁜 것에 기대리　　花月豈憑妖
가만가만히 벌은 꽃잎 헤치고　　款款蜂穿密
사뿐사뿐히 나비 예쁨 더하며　　輕輕蝶助嬌
잎새 사이엔 새의 지저귐 있고　　葉心幽鳥哢
못물 위로는 고기 솟구쳐 노네　　池面戲魚跳
만물은 본성 봄에 모두 얻는데　　物性春俱得
꽃다운 날을 그려 내지 못하네　　年芳畫不描
좋은 시절에 궁중 동산 열리니　　良辰開禁籞
즐거운 일들 맑은 조정 덮어라　　樂事滿淸朝
우로와 같은 은택 널리 퍼지니　　雨露覃需澤
의상 드리운 요는 팔짱 끼셨네[4]　　衣裳拱聖堯
백 년 세월에 예와 악이 흥하여[5]　　百年興禮樂
시골 나무꾼 어부 예의를 아니　　萬里奠漁樵
세상의 도리 천지조화에 맞고　　世道登天造

4 의상……끼셨네 : 의상을 드리운 채 팔짱을 끼고 있음은 아무 일도 하지 않음을 뜻한다. 《주역》〈계사전 하(繫辭傳下)〉에, 황제(黃帝)와 요순(堯舜)이 의상을 드리우고만 있어도 천하가 다스려졌다고 하였다.

5 백……흥하여 : 백 년이라 말한 것은, 당시가 조선 건국으로부터 약 100년이 지났음을 표현한 것인 듯하다.

백성의 풍습 순의 노래[6]와 같네 民風入舜謠
기산엔 길한 봉황 위의 갖추고[7] 岐陽儀瑞鳳
조정엔 우는 부엉이가 없으니[8] 鵷路絶鳴鴞
밝고도 밝은 태평 시절 즐겁고 皥皥淸平樂
성하고 성한 기상 넉넉도 하네 蔥蔥氣象饒
성상의 놀이 때로 한번 즐기니 天遊時一豫
누대에 임한 모습 멀리 높은데 樓御迥孤標
상서 구름은 동산 덮어 지나고 覆苑卿雲韠
채색 의장은 바람 품고 날리네 含風綵仗搖
오음의 곡조 아송 노래를 타고 五聲繙雅頌
악기는 순의 음악 연주를 하네 九奏按簫韶
하사한 술은 동이 가득 깊은데 宮醞深罍耳
하늘 술이라 북두 별로 따르네[9] 天漿酌斗杓
선도를 무제 목왕 앞에 올리고[10] 仙桃擎武穆

6 순(舜)의 노래 : 순 임금이 오현금(五絃琴)을 만들어 타면서 "남풍의 훈훈함이여, 우리 백성의 노여움을 풀어주겠구나. 남풍이 제때에 불어옴이여, 우리 백성의 재물을 풍성하게 해주겠구나."라고 노래한 〈남풍가(南風歌)〉를 말한다. 《孔子家語 辨樂解》

7 기산(岐山)엔……갖추고 : 나라의 흥성을 뜻한다. 《국어(國語)》 〈주어(周語)〉에, "주나라가 흥할 때에 봉황이 기산에서 울었다."라고 하였다.

8 조정엔……없으니 : 흉악한 사람이 사라졌음을 말한다. 부엉이는 자신의 어미를 잡아먹는다 하여 악조(惡鳥)로 여겨졌다.

9 하늘……따르네 : 임금이 하사한 술이기에 하늘의 술이라 한 것이고, 하늘에 있는 술이니 국자처럼 생긴 별인 북두칠성으로 따른다고 표현한 것이다.

10 선도(仙桃)를……올리고 : 임금의 장수를 기원한다는 표현이다. 선도는 신녀인 서왕모의 정원에서 자라는 반도(蟠桃)라는 복숭아를 가리키는데, 이 복숭아를 먹으면

생학은 송교 앞에서 춤을 추나니[11] 笙鶴舞松喬
장락궁 천지 기운 둘러 감싸고 長樂乾坤繞
금란전 해와 달이 밝게 비추네[12] 金鑾日月昭
성상의 몸은 복록 가득 편하니[13] 聖躬綏福履
신하들 절을 하며 화축 올리네[14] 華祝拜臣僚
남산을 들어 만수 축원 드리고[15] 萬壽南山獻
천년 대대로 북신 조정 받들리[16] 千年北極朝

죽지 않고 영원히 살 수 있다고 한다. 한나라 무제는 서왕모에게 이 복숭아를 선물받았고, 주(周)나라 목왕(穆王)은 복숭아가 열렸을 때 베푼 잔치에 참석하였다는 전설이 있다. 《山堂肆考 卷138 蟠桃》《古今事文類聚 卷34 穆王宴西王母》

11 생학(笙鶴)은……추나니 : 생학은 신선이 타고 다니는 학을 말하는데, 주나라의 선인(仙人)인 왕자교(王子喬)가 생(笙)이라는 관악기를 불며 학을 타고 다닌 데서 유래하였다. 송교(松喬)는 선인인 적송자(赤松子)와 왕자교를 가리킨다.

12 장락궁(長樂宮)……비추네 : 장락궁은 한나라의 궁전 이름이고 금란전(金鑾殿)은 당나라의 궁전 이름인데, 일반적으로 궁전을 통칭한다.

13 성상의……편하니 : 《시경》〈주남(周南) 규목(樛木)〉에서 "즐거운 군자여, 복록으로 편안히 여기도다.〔樂只君子, 福履綏之.〕"라고 한 말을 인용한 것이다.

14 신하들……올리네 : 신하들이 임금의 평안과 행복을 기원하는 것이다. 화축(華祝)은 화(華)라는 지역의 봉인(封人)이 요(堯) 임금에게 수(壽), 부(富), 다남(多男)을 축원함을 말한다. 《莊子 天地》

15 남산(南山)을……드리고 : 장수를 남산에 비유하여 축원하는 것이다. 《시경》〈소아(小雅) 천보(天保)〉에 "남산처럼 장수하여, 이지러지지도 않고 무너지지도 않네.〔如南山之壽, 不騫不崩.〕"라고 하였다.

16 천년……받들리 : 북신(北辰)은 북극성인데 천체의 중심이라 변하지 않으며 뭇별들이 북극성을 향해 돈다. 뭇 신하들이 임금의 주위를 감싸 떠받드는 모습이 그와 유사하다는 것이다. 《논어》〈위정(爲政)〉에 "정사를 덕으로 행하는 것은, 비유하자면 북극성이 제자리에 있으면 뭇별들이 떠받들어 향하는 것과 같다."라고 하였다.

향로의 향기 양쪽 소매에 가득　　爐香雙袖滿
곤룡포 자태 구중 하늘에 아득　　龍衮九天遙
뛰고 춤추며 삼황오제 모시고　　蹈舞逢三五
노래 부르며 순과 우를 받드네　　謳歌戴姒姚
사신은 도덕 발양해야 하건만　　詞臣揚道德
봄노래 솜씨 없어 부끄럽 이네　　春頌愧瓊瑤
운자 돌리며 짓기 위함 아니니　　不是徘徊韻
수창의 노래 속에 요체 얻으리　　賡歌說得要

관홍루 40운

貫虹樓 四十韻

응제시(應製詩)이다.

하나의 기운이 저 하늘 위에 깃들어　一氣天衢上
해와 달과 별이 북녘 하늘에 걸리네　三光斗極邊
음과 양이 따라 열리고 닫히더니　陰陽隨闔闢
하늘과 땅 절로 모나고 둥그네　覆載自方圓
화려한 모습 붉은 누대는 높다랗고　金玉紅樓敞
별들은 궁궐까지 잇닿아 있는데　星辰帝座連
집의 기둥은 자라들이 함께 떠받치고[17]　軒楹鼇共戴
용마루엔 한 마리 봉새 몸을 일으키네　甍角鳳孤褰
온 방향 멀리에서 바람은 불어오고　納遠風來八
천리 먼 하늘 위로 우뚝 솟아 있으니　凌虛地隔千
하늘이 임하여 채색 의장은 드높고　天臨高綵仗
해가 비춰 상서로운 연기 흩어지네　日照散祥煙
장수들은 성상의 행차 엄히 지키고　虎豹嚴馳道
산과 물은 궁중 연회를 감도는데　山河繞御筵

17 집의……떠받치고 : 누대를 신선이 사는 곳에 비유한 것이다. 발해(渤海) 동쪽에 신선들이 사는 다섯 개의 산이 있었는데 뿌리가 없어 항상 파도에 이리저리 떠다니자 천제(天帝)가 15마리의 큰 자라에게 그 산들을 머리로 이게 하였다는 전설이 있다. 《列子 湯問》

선계의 향기 어려 은은히 퍼지고 仙香盤屈細
아름다운 기운 가득히 이어지누나 佳氣鬱蔥綿
왕도를 펼쳐 한쪽으로 치우침 없고 王道無偏黨
하늘의 마음 저절로 넓고도 깊으니 乾心自廣淵
하늘의 문 바르고 곧은 이에게 열려 天門開正直
현자가 나오는 데 머뭇거리지 않네 賢路不迍邅
우로와 같은 은택 깊고도 깊으니 雨露深恩澤
풍운처럼 군신간에 앞뒤로 얼싸안네[18] 風雲擁後先
마음을 비우고서 호관[19]에 맞이하여 虛心迎虎觀
옛일을 강론하며 서책을 펼쳤으니 講古閱韋編
큰 선비인 광정을 머물게 하고 大雅留匡鼎
큰 학자인 복건을 초치하였네[20] 弘儒引服虔
문장은 주나라 경계의 말들이며[21] 文章周誥語

18 풍운(風雲)처럼……얼싸안네 : 임금과 신하가 뜻이 맞아 서로 따름을 말한다. 《주역》〈건괘(乾卦) 문언(文言)〉에 "구름은 용을 따르고 바람은 호랑이를 따르니, 성인이 나오면 만물이 우러러본다."라고 하였다.

19 호관(虎觀) : 한(漢)나라의 미앙궁(未央宮)에 있었던 백호관(白虎觀)으로, 경전을 강론하던 곳이다. 후대에는 궁중 강학소(講學所)의 범칭이 되었다.

20 큰 선비인……초치하였네 : 광정(匡鼎)은 한나라 때의 문신이자 경학가인 광형(匡衡)으로, 초명이 정(鼎)이라고 한다. 집안이 가난하였지만 학문에 전념하였고 벼슬은 승상에 이르렀다. 복건(服虔)은 한나라 때의 경학가로 벼슬은 상서시랑(尙書侍郎)에 이르렀다. 두보의 시 〈추일기부영회봉기정감이빈객(秋日夔府詠懷奉寄鄭監李賓客)〉의 "간절히 간쟁하였던 광정을 머물게 하고, 큰 학자였던 복건을 초치하여야지.〔懇諫留匡鼎, 諸儒引服虔.〕"라는 표현을 차용한 것이다. 《全唐詩 卷230》

21 문장은……말들이며 : 《서경》 〈주서(周書)〉의 〈대고(大誥)〉, 〈강고(康誥)〉,

정일은 우 임금 계책의 글이어라[22]	精一禹謨篇
마음에선 경륜의 뜻이 일어나고	心上經綸起
책 속에선 도통이 전해져 오니	書中道統傳
왕도를 논하매 패도 언급은 부끄럽고[23]	談王羞及霸
이치를 탐구하매 현묘함에 통하기도	閱理或通玄
훌륭한 정사는 다시 규범이 되고	善政還規範
아름다운 계책은 버려두지 않아라	嘉謨不棄捐
다스림의 공효라 말 해치는 것을 없애고[24]	治功除害馬
도의 묘함이라 솔개가 나는 이치를 아네[25]	道妙入飛鳶
옛날을 돌아보아 권면하며 경계하고	勸戒監前昔
성대한 시절에도 걱정하며 애쓰도다	憂勤在盛年
이영각에서 마음을 게을리하지 않고[26]	邇英心不倦

〈주고(酒誥)〉, 〈낙고(洛誥)〉 등을 말한다.

22 정일(精一)은……글이어라 : 《서경》 〈대우모(大禹謨)〉에 "인심은 위태하고 도심은 은미하니, 오직 순정하고 전일하여야 진실로 그 중도를 잡으리라.〔人心惟危, 道心惟微, 惟精惟一, 允執厥中.〕"라고 하였다.

23 왕도를……부끄럽고 : 《순자(荀子)》 〈중니편(仲尼篇)〉에 "중니의 문인들은 5척의 동자라도 오패(五霸)를 거론하는 것을 부끄럽게 여겼다."라고 하였다.

24 다스림의……없애고 : 《장자》 〈서무귀(徐无鬼)〉에, 황제(黃帝)가 길에서 말을 기르는 동자(童子)를 만나 천하를 다스리는 방도에 대해 묻자 동자가 답하기를 "천하를 다스리는 일 또한 어찌 말을 기르는 것과 다르겠습니까. 또한 말을 해치는 것을 없앨 뿐입니다."라고 하였다.

25 도의……아네 : 《시경》 〈대아(大雅) 한록(旱麓)〉에 "솔개는 날아 하늘에 이르고, 물고기는 연못에서 뛰어오르네.〔鳶飛戾天, 魚躍于淵.〕"라고 하였는데, 《중용장구》 제12장에서 이를 인용하며 "상하에 이치가 밝게 드러남을 말한 것이다."라고 하였다.

26 이영각(邇英閣)에서……않고 : 이영각은 송(宋)나라 때 궁중의 전각 이름으로,

선실전에서 자리를 자주 앞당기니[27]	宣室席頻前
중동의 눈동자 맑고 밝게 빛나고	明徹重瞳照
눈썹에 퍼진 여덟 광채가 선명하더라[28]	眉舒八彩鮮
성상의 얼굴 기쁜 기색 함께 알아서	共知天有喜
또한 덕에 허물이 없음을 말하노라[29]	還道德無愆
성상이 요 임금과 순 임금처럼 훌륭하니	神聖唐虞駕
신하는 직과 설[30]에 비견할 만하여라	公卿稷契肩
누대에선 편안하게 즐거움을 누리고	樓臺寧逸豫
서적으론 학문을 열심히 연마하니	墳籍事礱硏
제왕의 가르침이라 문풍이 펼쳐지고	帝典文風暢
황금의 사발인지라 국세가 굳건하네[31]	金甌國勢堅

영재들을 가까이한다는 의미를 담고 있다. 송나라 인종(仁宗)이 이곳에서 신하들과 부지런히 강학을 하였다고 한다.

27 선실전(宣室殿)에서……앞당기니 : 선실전은 한나라 미앙궁의 정전(正殿)이다. 문제(文帝)가 선실전에서 가의(賈誼)에게 귀신에 관해 물으면서 그 이야기에 빠져 자신도 모르게 자리를 앞당겨 가의 쪽으로 가까이 갔다고 한다. 《史記 賈生列傳》

28 중동(重瞳)의……선명하더라 : 임금의 모습을 형용한 것이다. 중동은 겹으로 된 눈동자를 말하는데 순(舜) 임금이 중동이었고, 요(堯) 임금은 미간에 여덟 가지의 광채가 있었다고 한다. 《史記 項羽本紀》《孔叢子 居衛》

29 덕에……말하노라 : 《서경》〈대우모(大禹謨)〉에서 고요(皐陶)가 순에게 "임금님의 덕이 허물이 없으시어 아랫사람들을 번거롭지 않게 대하고 백성들을 너그러움으로 다스리십니다."라고 한 것을 인용하여 임금의 덕을 찬양한 것이다.

30 직(稷)과 설(契) : 순 임금 시대의 두 현신(賢臣)이다.

31 황금의……굳건하네 : 황금으로 된 사발이란 견고한 국가의 강토(疆土)를 비유한다. 남조(南朝)의 양 무제(梁武帝)가 "우리나라는 황금 사발과 같아 조금의 상처나 흠도 없다."라고 한 데서 유래하였다. 《梁書 侯景列傳》

안위는 미연에 대비하고 경계하여　安危陰雨戒
활쏘기와 말타기 무인들은 능숙하니　射御武夫便
드넓은 격구장에서 자유자재로 말 돌리고　盤馬毬場闊
활을 잡았다 하면 버들잎을 꿰뚫는도다[32]　抨弓楊葉穿
재주를 따져 봐도 모두가 걸출하고　較才俱克儁
용맹을 겨뤄 봐도 날램을 다투노니　賭勇鬪輕儇
비장이라 명성 날린 이광과도 같고[33]　李廣名飛將
굳센 활시위 당기니 안고의 활이로다[34]　顔鈞控勁弦
원숭이처럼 팔이 길어 활쏘기에 능하고[35]　臂長猿狖捷
가슴속엔 수많은 군사가 서려 있으니[36]　胸隱甲兵纒

32 활을……꿰뚫는도다 : 뛰어난 활 솜씨를 비유하는 말이다. 춘추 시대 초(楚)나라의 양유기(養由基)는 활을 아주 잘 쏘아 백 보의 거리에서도 버들잎을 명중시켰다. 《戰國策 西周策》

33 비장이라……같고 : 이광(李廣)은 한 무제(漢武帝) 때의 명장이다. 그가 북평 태수(北平太守)로 부임하자 흉노는 그를 비장군(飛將軍)이라 부르면서 무서워하여 감히 침입하지 못하였다고 한다. 《史記 李將軍列傳》

34 굳센……활이로다 : 안고(顔高)는 춘추 시대 노(魯)나라 사람으로 6균(鈞)의 무게가 나가는 활을 사용했다고 한다. 1균은 30근으로, 6균은 180근에 해당한다. 《春秋左氏傳 定公8年》

35 원숭이처럼……능하고 : 한나라의 명장 이광이 원숭이처럼 팔이 길어 활쏘기에 능했다고 한다. 《史記 李將軍列傳》

36 가슴속엔……있으니 : 가슴속에 많은 병략(兵略)을 지니고 있음을 말한다. 송나라의 범중엄(范仲淹)이 연주(延州)를 맡아 다스리면서 장수를 선발하고 군사들을 잘 훈련하였나. 오랑캐인 하인(夏人)들이 소식을 듣고는 서로 경계하며, 범중엄의 가슴속에는 수만 명의 군사가 있으니 감히 연주를 넘봐서는 안 된다고 하였다. 《宋名臣言行錄 卷7 范仲淹》

영웅은 말가죽에 시신이 싸일 각오로[37]	馬革雄思裹
오랑캐의 깃발을 곧장 뽑아 버리려 하네	戎旗直要搴
군사들이 오랑캐에 위엄 떨치어	干城威犬豕
변방에는 창 들고 싸울 일 사라졌으니	邊圉止戈鋋
한해의 물결은 응당 잠잠해지고[38]	瀚海波應靜
연연산 바위에 승전의 기록 새기리라[39]	燕然石可鐫
안팎이 다스려졌으나 군사 훈련 계속되니	修攘猶講閱
문신 무신 모두 함께 위의를 펼치고	文武共聯翩
오매불망 어진 신하 등용만을 생각하여	夢寐良臣憶
산림에 속백의 예물을 갖추는도다	山林束帛戔
법도는 천지조화에 들어맞고	權衡回造化
백성들은 그 안에서 교화되어	民物入陶甄
순 임금의 예법이라 채운처럼 찬란하고	虞禮卿雲爛
주나라의 문명이라 태양처럼 빛나리라	周文白日懸

37 영웅은……각오로 : 전쟁터에서 사력을 다하여 싸운다는 말이다. 한나라의 마원(馬援)이 "사나이라면 마땅히 전쟁터에서 죽어 말가죽에 시신이 싸여서 돌아와 장례를 치러야 하니, 어찌 침상에 누워 아녀자의 손에서 죽겠는가."라고 하였다. 《後漢書 馬援列傳》

38 한해(瀚海)의……잠잠해지고 : 북쪽 오랑캐의 침입이 없음을 뜻한다. 한해는 몽고 북쪽 지역의 호륜호(呼倫湖)를 가리키기도 하고 항애산(杭愛山)의 음역이라고도 하는데, 몽고 대사막 북쪽 및 주변 일대의 범칭으로 쓰였다.

39 연연산(燕然山)……새기리라 : 연연산은 몽고 지역에 있는 산으로 항애산이라고도 불린다. 후한(後漢) 때 거기장군(車騎將軍) 두헌(竇憲)이 북쪽의 흉노를 크게 물리친 뒤에 연연산에 올라 비석에 공적을 새기고 돌아왔다. 비문은 반고(班固)가 천자의 명을 받고서 지은 〈연연산명(燕然山銘)〉이다. 《後漢書 竇融列傳 憲》

곁을 모신 신하에게 조서를 내리고 侍臣紆紫誥
황금 연꽃 수놓은 황제의 횃불 밝히니[40] 仙炬輟金蓮
이미 보았어라, 풍속이 옛날을 회복했음을 已見風回古
이에 알겠어라, 성상이 하늘을 법 삼으심을 從知聖法乾
타고난 재주 쓸 만한 게 하나도 없이 鳳毛無一藝
노둔한 자질로 현자들 틈에 끼었으니 駑質廁群賢
천지를 어찌하면 그릴 수 있으랴 天地焉摹得
화려한 직임이 공연히 부끄럽기만 하네 空慙粉署姸

40 황금……밝히니 : 임금이 신하를 특별히 예우함을 표현한 말이다. 당나라 때에 영호노(令狐綯)가 대궐에서 야대(夜對)를 마치고 돌아갈 적에 황제가 자신의 수레와 황금 연꽃으로 장식한 황제의 횃불인 금련화거(金蓮華炬)를 내주어 돌아가게 하였다. 《新唐書 令狐楚列傳 綯》

장경왕후[41]에 대한 만사

章敬王后挽詞

하늘이 보우하사 주 문왕의 성덕이요	天佑周文聖
땅이 이뤄 주시니 태사의 어짊이로다[42]	坤成太姒賢
상서로운 언덕에 경사가 모이고	瑞原休慶集
사록의 상서로움이 이어졌도다[43]	沙麓吉祥綿
정순한 마음 정숙함을 잃지 않고	貞順心專靜
인자한 성품 온전함을 얻으시어	仁慈性得全
하늘을 더듬는 꿈이 마침내 들어맞아[44]	捫天終協夢

41 장경왕후(章敬王后) : 1491~1515. 중종의 계비(繼妃)로, 아버지는 파평 윤씨(坡平尹氏)인 윤여필(尹汝弼)이다. 1506년(중종1) 후궁 신분인 숙의(淑儀)로 대궐에 들어갔다가, 폐위된 단경왕후(端敬王后) 신씨(愼氏)를 이어 1507년 왕비에 책봉되었다. 1515년 2월 25일에 인종을 낳은 후 3월 2일에 산후병으로 죽었다.

42 땅이……어짊이로다 : 태사(太姒)는 주(周)나라 문왕(文王)의 부인이며 무왕(武王)의 어머니이다. 훌륭한 부덕(婦德)을 지녀 현모(賢母)의 표상으로 여겨진다. 장경왕후를 태사에 비유한 말이다.

43 사록(沙麓)의 상서로움이 이어졌도다 : 왕비의 출현을 의미한다. 사록은 춘추 시대 진(晉)나라의 산 이름이다. 사록이 무너지자 사관이 점을 쳐서 645년 뒤에 성녀(聖女)가 나올 것이라고 단언하였는데, 한(漢)나라 원제(元帝)의 비 왕씨(王氏)가 과연 이곳에서 태어났다. 《漢書 元后傳》

44 하늘을……들어맞아 : 하늘에 오르는 꿈은 성왕(聖王) 또는 황후가 되는 조짐이라고 한다. 후한 때의 등 황후(鄧皇后)가 일찍이 꿈에서 푸른 하늘을 더듬다가 종유(鍾乳) 같은 것이 있어서 빨아 먹었다. 이 꿈에 대해 점치는 사람이 말하기를 "요(堯) 임금도 하늘에 오르는 꿈을 꾸었고 탕왕(湯王)도 하늘에 오르는 꿈을 꾸었으니 이는 성왕이

일찍이 성상과 짝하여 건도를 받들었네 配極早承乾
규목의 은혜 아래까지 미치고[45] 樛木恩覃下
거친 옷으로 검약을 솔선하니 疏繒儉自先
왕후의 참된 마음 독실하여서 東朝誠篤至
중궁의 교화가 밝게 펼쳐졌네 中壼化昭宣
귀걸이를 빼고는 남몰래 정사를 도왔으며[46] 脫珥存陰助
헤엄치는 용의 형세 외척의 허물 경계했네[47] 游龍戒外愆
많은 자손으로 아름다움 잇기를 기원했고 百男期續雅
하늘과 같이 만수를 누리기를 축원하였지 萬壽祝齊天
한결같은 덕성에 어찌 보답이 없어 德操何無報
공손한 분이 더는 장수하지 못하였나 恭謙更不年
의란전에 처음엔 아들을 내리더니 猗蘭初胤錫

될 조짐이다."라고 하였다.《後漢書 和熹鄧皇后紀》

45 규목(樛木)의……미치고 : 후비(后妃)의 훌륭한 덕을 말한다. 《시경》〈주남(周南) 규목〉에 "남쪽에 규목이 있는데 칡덩굴이 감겨 있도다.〔南有樛木, 葛藟纍之.〕"라고 하였는데, 규목은 문왕의 후비를 가리키고 칡덩굴은 후궁들을 비유한 말로, 후비가 후궁들을 질투하지 않고 덕으로 감싸 은혜를 베풀었음을 노래한 것이다.

46 귀걸이를……도왔으며 : 아름다운 부덕을 갖추었음을 말한다. 주 선왕(周宣王)이 일찍 자고 늦게 일어나자 강후(姜后)가 비녀와 귀걸이를 빼어 버리고서 자신의 덕이 부족하기 때문이라고 죄를 청하였다. 이에 선왕이 뉘우치고서 일찍 일어나고 늦게까지 정사를 돌보았다고 한다.《古今事文類聚 卷20 晏起待罪》

47 헤엄치는……경계했네 : 헤엄치는 용이란 권세 있는 사람을 찾아오는 이들이 많음을 뜻한다. 한나라 명제(明帝)가 비(妃)인 마후(馬后)의 친척에게 벼슬을 내리려 하자, 마후는 반대하면서 그들의 집에 인사하러 오는 사람들이 많아 수레는 흐르는 물과 같고 말은 헤엄치는 용과 같으니 그들의 생활을 도울 필요가 없으며 검소함을 일깨워야 한다고 하였다.《後漢書 明德馬皇后紀》

흰 오얏처럼 갑자기 슬픔 안기누나[48] 素奈忽悲纏
안개에 가리어진 장추궁[49]의 달이여 霧鎖長秋月
구름을 타고 천상에 오른 신선이로다 雲乘上界仙
당 황제는 보필 잃음을 상심하였고 唐皇傷失佐
문덕을 지니시어 남긴 글이 있다네[50] 文德有遺篇
만백성은 갓난아이가 어미 찾듯 추모하고 兆姓追嬰慕
삼궁은 어머니 같은 사랑을 그리워하네[51] 三宮戀母憐

48 의란전(猗蘭殿)에……안기누나 : 장경왕후가 인종을 낳고서 산후병으로 곧 세상을 떠났음을 표현한 말이다. 의란전은 한 무제(漢武帝)가 태어난 궁전으로 왕의 탄생 또는 왕업을 상징한다. 무제의 아버지인 경제(景帝)가 돼지가 구름을 따라 내려와 숭란각(崇蘭閣)에 들어가는 꿈을 꾸고는 전각 이름을 의란전으로 고쳤는데 이곳에서 무제가 태어났다고 한다. 《太平廣記 卷3 神仙 漢武帝》 흰 오얏은 황후의 죽음을 상징하는 말이다. 진(晉)나라 두 황후(杜皇后)가 죽기 전에 삼오(三吳) 지방 여자들 사이에서 흰 꽃을 꽂는 것이 유행하였는데 멀리서 바라보면 흰 오얏처럼 보였다. 이는 직녀(織女)가 죽어서 하늘의 신이 상복을 입은 것이라는 말이 전해졌는데 이때에 황후가 죽었다. 《晉書 后妃列傳 成恭杜皇后》

49 장추궁(長秋宮) : 한나라 때 황후가 거처하던 궁전으로, 황후의 거처 또는 황후를 가리킨다.

50 당……있다네 : 당 태종(唐太宗)의 비인 문덕황후(文德皇后)가 부덕을 지녀 태종을 잘 보좌하였고 경계가 될 만한 옛 부인들의 훌륭한 일들을 모아 《여칙(女則)》이라는 책을 만들었는데, 황후가 죽자 태종이 훌륭한 보필을 잃었다며 슬퍼하였다. 《舊唐書 太宗文德皇后長孫氏列傳》 장경왕후의 병세가 깊어지자 중종이 직접 문병을 와서 하고 싶은 말이 있는지 묻자 "입은 은혜가 지극히 커서 달리 할 말이 없습니다." 하고는 눈물만 흘렸다. 그러고는 다음 날 편지를 써서 "어제는 심사가 혼미하여 잘 살피지 못하였는데, 지금 생각해 보니 지난여름 임신 중 꿈에 어떤 사람이 나타나 '이 아이를 낳거든 이름을 억명(億命)이라 하라.' 하였습니다. 벽에 써 두고서 다른 사람에게는 말하지 않았습니다."라고 하였다. 《中宗實錄 10年 3月 23日》

장례를 치름에 좋은 땅을 얻었지만	因山開吉兆
살금살금 발 디디며 구천 향해 통곡하네	蹐地哭重泉
맨발의 아이[52]는 하늘이 복을 내리겠지만	赤脚天應福
소릉[53]을 바라보니 아득하기만 하여라	昭陵望更懸
산릉 아래 지금은 깊은 어둠이겠지만	柏城今厚夜
남기신 복록이야 길이길이 이어지리	遺慶遠連延

51 삼궁(三宮)은……그리워하네 : 삼궁은 후비(后妃)의 거처를 가리키기도 하고, 천자궁(天子宮), 태후궁(太后宮), 황후궁(皇后宮)을 가리키기도 한다. 여기서는 후궁들이 장경왕후를 그리워함을 표현한 말인 듯하나, 궁중에서의 그리움을 포괄적으로 표현한 말로 해석할 수도 있을 듯하다.

52 맨발의 아이 : 어린 왕자를 가리킨다. 송 인종(宋仁宗)이 어렸을 때 신발을 신기면 벗어 버리고 늘 맨발로 궁중을 돌아다녔다고 한다. 《古今事文類聚 卷19 夢赤脚仙》

53 소릉(昭陵) : 당 태종의 비인 문덕황후의 능인데, 여기서는 장경왕후의 능을 가리킨다. 당 태종이 문덕황후를 장사 지낸 후에 황후를 잊지 못하여 대궐 안에 높은 누각을 짓고서 자주 소릉을 바라보았다고 한다. 《新唐書 魏徵列傳》

향산구로도[54]

香山九老圖

응제로 임금의 병풍에 쓰다.

높은 벼슬에서 물러나니 나이 또한 많아	宦成身退又高年
황홀할사 흰머리 빛나는 지상 신선이로다	華髮交輝怳地仙
천년의 푸른 소나무 하얀 눈을 머금은 듯	千歲翠松含白雪
하늘나라 검은 학이 푸른 밭에 모인 듯이[55]	九霄玄鶴集青田
다사로운 햇살은 봄날을 머무르게 하고	日烘和氣扶春駐
붉은 놀 일렁이는 술잔에 낯빛이 고와라	酒漾霞紅上面姸
속세를 벗어나 술잔 기울이며 읊조리고	物外風煙觴詠裏
한가한 세월 속에 담소하는 모습이로다	閑中烏兎笑談邊
당시에 나이로는 사마를 높였으나[56]	當時齒列推司馬

54 향산구로도(香山九老圖) : 당나라의 시인 백거이(白居易)가 무종(武宗) 회창(會昌) 연간에 형부 상서(刑部尙書)를 그만두고 자신과 종유하던 여덟 사람과 고향인 향산에서 가진 모임을 향산구로회라 하는데, 남송 이래로 이때의 모임을 소재로 그린 〈향산구로도〉가 성행하였다. 1512년(중종7)에 도화서(圖畫署)가 〈향산구로도〉를 그린 병풍을 임금에게 올리자 대제학인 신용개에게 서(序)와 시(詩)를 짓도록 하였다.《中宗實錄 7年 10月 30日》《이요정집》 권8에 이에 대한 발문(跋文)이 실려 있다.

55 천년의……듯이 : 구로회에 참석한 노인들의 모습을 형용한 말이다. '푸른 밭'은 원래 중국 영가군(永嘉郡)의 청전(青田)으로 매년 한 쌍의 학이 날아와 새끼를 낳았다는 곳인데, 일반적으로 학이 사는 곳을 말한다.《太平御覽 卷916 永嘉郡記》

56 당시에……높였으나 : 사마는 회주 사마(懷州司馬)를 지낸 호고(胡杲)를 가리킨다. 향산구로회는 처음에 이원상과 여만을 제외한 7인의 모임이었는데 그중에서 호고가

후대에 준걸로는 낙천을 말한다네[57] 後代才豪說樂天
예로부터 향산에 좋은 자취 남겼으니 終古香山留勝迹
선명한 모습들이 그림으로 전해지네 分明形影畫圖傳

89세로 가장 나이가 많았다.《白氏長慶集 卷37 胡吉鄭劉盧張等六賢……》

57 후대에……말한다네 : 낙천(樂天)은 백거이의 자로, 당시 모인 사람 중에 후대에 백거이가 가장 문명이 높았다.

낙양기영회도[58]

洛陽耆英會圖

응제로 임금의 병풍에 쓰다.

원풍 연간에 천자가 남인에게 미혹되어	元豐天子惑南人
세 조정에 걸친 노신들을 멀리 내쳤는데[59]	疏棄三朝宿德臣
낙양에 덕망 있는 노인들 성대하게 모였으니	洛邑耆英成勝會
향산의 시와 술을 즐긴 풍치를 이은 것이네	香山文酒繼芳塵
바람은 수죽에 불어 능히 가슴 씻어 내고	風連水竹堪蘇肺
꽃들은 동산에 피어 절로 봄을 펼쳤는데	花入園林自放春
금옥 같은 음성 시로 지어져 흥을 보내고	玉韻金聲詩遣興
송학 같은 자태 그림 그려져 혼을 전하네	松姿鶴骨畫傳神
태수며 재상이며 공명 성대하기도 하여라	遨頭台鉉勳名盛
자리의 벼슬님들 의기 투합하여 친하였네	席上簪紳意氣親

58 낙양기영회도(洛陽耆英會圖) : 송나라 원풍(元豐) 5년인 1082년에 문언박(文彦博)이 부필(富弼), 사마광(司馬光) 등과 함께 당나라 백거이(白居易)의 향산구로회(香山九老會)를 모방하여 낙양(洛陽)의 연로자 13인으로 구성하여 술을 마시며 즐긴 모임을 낙양기영회라 하는데, 이때의 모임을 소재로 그린 그림이 〈낙양기영회도〉이다. 《이요정집》 권8에 이에 대한 발문(跋文)이 실려 있다.

59 원풍(元豐)……내쳤는데 : 원풍은 송나라 신종(神宗)의 연호이며, 남인(南人)은 당시의 정치가인 왕안석(王安石)을 가리킨다. 신종이 황위에 오른 뒤에 남쪽 지방인 강서성(江西省) 출신의 왕안석을 중용하여, 왕안석이 주장하는 신법(新法)으로 제도 개혁을 꾀하였다. 이때에 사마광 등 많은 관료들이 신법에 반대하다가 벼슬에서 쫓겨나게 되었다.

모두들 많은 나이에 중망도 갖추었으니	齒列盈盈俱重望
하늘의 덕성이 당일 관건을 비추었다네	德星當日照冠巾

창산부원군[60] 성희안 에 대한 만사

昌山府院君 成希顔 挽詞

하늘이 큰 임무를 맡기려고 호걸을 내렸으니	天將大任降豪英
성명을 도와 막힌 세상 열어 백성에 은혜 미쳤네[61]	翊聖亨屯澤萬生
마음속의 경륜을 뜻에 따라 펼쳤고	心有經綸隨闔闢
어떤 일도 어려움 없이 성취하였네	物無盤錯入裁成
공훈이야 일대의 종묘사직 부지하였고	勳庸一代宗祊賴
상업이야 당년에 안팎으로 안정되었네	相業當年外內寧
선덕을 쌓았으니 복된 경사 누려야지	善積由來膺福慶
공명을 마다하고 어이 급히 떠나시나	眞遊何遽厭功名
성상은 너무도 애통해하니 양관을 잃음이요[62]	宸衷偏慟失楊綰

60 창산부원군(昌山府院君) : 성희안(成希顔, 1461～1513)의 봉호이다. 본관은 창녕(昌寧), 자는 우옹(愚翁), 호는 인재(仁齋)이다. 이조 판서, 영의정 등을 역임하였다. 반정(反正)에 참여하여 정국 공신(靖國功臣)에 책록되었다. 1507년(중종2)에는 청승습사(請承襲使)가 되어 명나라에 가서 고명(誥命)을 받아 왔다. 신용개는 1507년의 사행에 부사(副使)가 되어 그와 함께 명나라에 다녀왔으며, 그의 묘지명과 신도비명을 지었다. 《二樂亭集 卷10 議政府領議政成公墓誌銘, 卷14 昌山府院君成公神道碑銘》

61 성명을……미쳤네 : 연산군의 폭정에 반대하여 중종반정(中宗反正)에 참여한 일을 가리키는 듯하다.

62 성상은……잃음이요 : 양관(楊綰)은 당 대종(唐代宗) 때에 중서시랑(中書侍郎) 등의 직임을 맡으며 대종의 큰 신임을 얻었던 인물이다. 그가 죽자 대종이 조정의 신하들에게 "하늘이 내가 태평을 이루지 못하게 하였다. 어찌 양관을 이처럼 빨리 앗아가는가."라고 하며 매우 슬퍼하였다. 《舊唐書 楊綰列傳》

백성은 견딜 수가 없으니 광평을 곡함이라[63]	群意難堪哭廣平
자식이 있어 세업을 전할 수야 있겠지만	幹蠱定能傳世業
부모 계신 곳 뉘라서 어버이 맘 위로할까	壽堂誰復慰親情
무덤 속은 깊은 밤중이라 유궁은 아득하고	佳城厚夜幽宮邃
붉은 만장 서풍에 날리며 상엿소리 처연하네	丹旐西風薤露淸
남겨진 이 몸 이제 친구를 영영 떠나보내니	樗櫟故人今永別
상엿줄을 끌고 가며 눈물만 쏟아 내누나	助牽哀紼淚如傾

63 백성은……곡함이라 : 광평(廣平)은 당 현종(唐玄宗) 때 광평군공(廣平郡公)에 봉해진 송경(宋璟)을 가리킨다. 송경은 당나라를 대표하는 명재상으로 성품이 강직하면서도 백성들에게는 선정을 베풀어 광주 도독(廣州都督)이 되었을 때에는 백성들이 송덕비를 세워 그의 은혜를 기리기도 하였다.《舊唐書 宋璟列傳》

질정관으로 떠나는 안 정자[64] 처선 를 전송하며

送安正字 處善 質正官

사신으로 나아가 예악을 들은 오찰이요[65] 上聘聞吳札
기이한 유람으로 세상을 살핀 자장이라[66] 奇遊見子長
평소에도 원래 품은 뜻이 원대했지만 平生元志大
이번 행차에서 또 이름을 드날리리라 此去又名揚
줄지어 늘어서서 천관이 절을 올리고 接武千官拜
정조에 조하하는 만국의 왕들이어라 朝正萬國王
그대의 마음에 안목 있음을 내 아노니 知君心有眼
밝은 태양에 시 주머니 가득 채우리라[67] 天日滿奚囊

64 안 정자(安正字) : 안처선(安處善, ?~1504)으로, 본관은 순흥(順興), 자는 선지(善之)이다. 문과에 급제하여 병조 좌랑을 지냈다. 1500년(연산군6) 5월 29일 홍문관 정자로 임명된 사실이 《연산군일기》에 기록되어 있으나, 질정관으로 파견된 때가 언제인지는 자세하지 않다.

65 사신으로……오찰(吳札)이요 : 오찰은 춘추 시대 오(吳)나라의 공자(公子)인 계찰(季札)을 가리킨다. 그는 여러 나라에 사신으로 가서 뛰어난 식견으로 이름을 떨쳤다. 노(魯)나라에 가서는 주(周)나라의 음악을 듣고서 각국의 치란을 정확히 비평하였다. 《史記 吳太伯世家》

66 기이한……자장(子長)이라 : 자장은 한(漢)나라의 태사령(太史令)으로 《사기(史記)》를 저술한 사마천(司馬遷)의 자이다. 그는 젊어서 천하의 산천과 역사 유적을 두루 유람하였다. 《史記 太史公自序》

67 밝은……채우리라 : 밝은 태양은 군왕을 상징하는 말로, 천자의 나라인 중국에서 많은 시를 짓게 될 것이라는 뜻이다.

청심루 시에 차운하다[68]

次淸心樓韻

동풍은 길손과 짝하려는 듯하고	東風如伴客
강물은 누대를 외롭지 않게 하네	江水不孤樓
술잔의 술은 즐기면서 마실 만하고	杯酒堪開口
구름 낀 산은 바라보며 고개만 끄덕	雲山入點頭
한가하던 새 비를 지나며 급하고	閑禽穿雨急
향긋한 풀은 봄을 맞아 부드럽네	芳草得春柔
앞 고을의 노인에게 묻노니	爲問前村老
띠풀 엮는 것 어디 배이런가	編茅何處舟

68 청심루(淸心樓) 시에 차운하다 : 청심루는 경기도 여주(驪州) 객관 북쪽에 있던 누각으로, 많은 문인이 이에 대한 시를 남겼다. 신용개가 청심루 시에 차운한 시는 《이요정집》 권1과 권4에도 각각 다른 운으로 1편씩 더 실려 있다. 김극성(金克成)의 《우정집(憂亭集)》 권2에 〈무제(無題)〉라는 표제 아래 동일한 운(韻)을 사용한 2편의 오언 율시가 실려 있는데, 그 두 번째 시가 이 시와 동일하다. 이 시는 김극성의 시 또는 그 당시 함께 지어진 시에 신용개가 차운한 것인 듯하다. 《韓國文集叢刊解題 1輯, 憂亭集》

총마계축[69]에 제하다

題驄馬契軸

어사의 재능이란 얻기 어려우니	風憲才難得
총마 탄 사람들[70] 모두 준걸이라네	乘驄摠俊良
맑은 가을에 의로운 송골매 날고[71]	秋淸橫義鶻
늙은 측백에 된 서리 어렸어라[72]	柏老帶嚴霜
속마음은 밝게 서로서로 비추고	肝膽明相照

69 총마계축(驄馬契軸) : 사헌부의 계축을 말한다. 후한(後漢) 시대 환전(桓典)이 관리의 감찰을 담당하는 시어사(侍御史)가 되어 강직하게 일을 처리하자 간사한 이들이 그를 두려워하여 피하였는데, 그가 항상 총마를 타고 다녔기에 이후에는 총마가 어사를 지칭하는 말로 쓰이게 되었다.《後漢書 桓榮列傳 典》 조선 시대에는 사헌부가 감찰의 직무를 수행하였기에 사헌부의 관원을 지칭하는 말로 쓰였다. 신용개는 1494년(성종25)에 사헌부 지평, 1500년(연산군6)에 장령, 1513년(중종8)에 대사헌을 역임하였다.

70 총마(驄馬) 탄 사람들 : 후한(後漢) 시대 환전(桓典)이 관리의 감찰을 담당하는 시어사(侍御史)가 되어 강직하게 일을 처리하자 간사한 이들이 그를 두려워하여 피하였는데, 그가 항상 총마를 타고 다녔기에 이후에는 총마가 어사를 지칭하는 말로 쓰이게 되었다.《後漢書 桓榮列傳 典》 조선 시대에는 사헌부가 감찰의 직무를 수행하였기에 사헌부의 관원을 지칭하는 말로 쓰였다.

71 맑은……날고 : 어사의 직무인 규율과 단속의 엄정함을 표방한 것이다. 한(漢)나라에서 어사를 제수할 때에는 대체로 입추(立秋)에 하였는데, 이는 바람과 서리의 기운이 강해지고 송골매 등의 맹금류가 사냥을 시작하기 때문이다.《古今事文類聚 前集 卷10 取姦惡》

72 늙은……어렸어라 : 사헌부와 같은 기능을 하였던 한(漢)나라의 어사부(御史府)에 측백나무를 심었기에 측백나무는 사헌부를 상징하는 말로 쓰인다. 된 서리는 살기가 돌 만큼 엄정함을 말한다.《古今事文類聚 後集 卷44 烏集府柏》

명성은 오래되어도 다시 아름답네 聲名久更芳
진실한 마음 부디 함께 보존하여 丹心須共保
강철 같은 심지 저버리지 말아야지 毋負鐵爲腸

〈요양으로 가며〉[73]에 차운하다

次赴遼陽

쇠한 살쩍은 서리 덮친 듯 희끗희끗　　衰鬢霜侵短
거뭇한 낯빛은 술로 화색이 돌아나네　　黧顔酒發和
사람을 만나도 반가운 눈길은 적고　　逢人青眼少
들판을 흔드는 사나운 바람만 많네　　撼野黑風多
외면을 기름이야 선표를 수고롭히고[74]　　養外勞單豹
생계를 꾸림이야 탁타에게 부끄럽네[75]　　治生愧橐駝

73 요양(遼陽)으로 가며 : 명(明)나라의 문신으로 한림원 시강(翰林院侍講)을 역임한 예겸(倪謙)이 지은 시이다. 그는 1450년(세종32)에 경제(景帝)의 등극조서(登極詔書)를 가지고 우리나라에 사신으로 왔는데, 우리나라의 문인들과 많은 시를 주고받았다. 그의 이 시는 위의 사행길에서 지은 시문을 모아 엮은《요해편(遼海編)》 권1에 실려 있다.《김한규, 사조선록 역주2, 遼海編, 소명출판, 2012》

74 외면을……수고롭히고 : 노(魯)나라에 선표(單豹)라는 은자는 산속에서 물만 마시고 살면서 세상의 이해관계를 다투지 않아 70세가 되도록 얼굴빛이 어린아이 같았는데 굶주린 호랑이를 만나 먹히었고, 장의(張毅)라는 사람은 부잣집이나 가난한 집이나 가리지 않고 돌아다니면서 이익을 꾀했지만 40세에 열병으로 죽었다.《莊子 達生》 이 이야기는 원래 내면과 외면 한쪽에만 치우친 것을 풍자하는 내용인데, 여기서는 내면의 수양을 우선으로 말하면서 외면에 치중하는 것을 경계하는 뜻으로 쓰였다.

75 생계를……부끄럽네 : 나무를 잘 기르는 곽탁타(郭橐駝)라는 사람이 있었는데 다른 사람들이 그에게 비결을 물으니, 단지 나무의 본성대로 뿌리가 펴지도록 하고 원래의 흙을 사용하여 평평하게 북돋아 줄 뿐이고 그렇게 심은 뒤에는 더 이상 돌보지 않는다고 하였다. 여기서는 생계를 위해 억지로 애쓰지 말고 본성대로 살아야 함을 말한 것인 듯하다.《古文眞寶 後集 卷5 種樹郭橐駝傳》

해 저물 녘 다시금 앞으로 나아가며	黃昏更前去
말을 재촉하니 행가[76] 소리 들려오네	嗾馬聽行歌

76 행가(行歌) : 길을 가며 노래하는 것이다.

연창부원군[77] 김감 에 대한 만사 2수

延昌府院君 金勘 挽詞 二首

인간사에는 풍요와 빈곤이 있고	人事有豐嗇
하늘도 주고 뺏음에 치우침 있네	天心予奪偏
세상은 이제 큰 인물이 필요한데	世方須大手
육신은 이미 중천으로 떨어졌네	身已落重泉
자질 뛰어났건만 오직 이름만 남았고	英質唯名在
관직 빛났었건만 꿈과 더불어 떠났네	官榮與夢遷
슬프지만 놀래지 말라 했거니와[78]	哀傷無怛化
예부터 불로장생한 이 누구였던가	終古孰長年

세상사 응대하며 많이 만났는데	酬世多顏面
서로를 알아주며 마음 나누었네	相知照膽肝
아무도 나의 단점 용납 않았건만	無人容我短

77 연창부원군(延昌府院君) : 김감(金勘, 1466~1509)의 봉호이다. 본관은 연안(延安), 자는 자헌(子獻), 호는 일재(一齋)이다. 문과에 급제하여 도승지, 대제학, 예조판서 등을 역임하였다. 중종반정에 참여하여 정국 공신(靖國功臣)에 책록되고, 연창부원군에 봉해졌다. 신용개는 김감과 표족(表族)의 관계이다. 홍문관에서 함께 근무하였으며 그의 신도비명을 지었다. 《二樂亭集 卷12 延昌府院君金公神道碑銘》

78 슬프지만……했거니와 : 죽음은 자연의 섭리이니 요란스럽게 슬퍼할 일이 아니라는 말이다. 《장자(莊子)》 〈대종사(大宗師)〉에, 자래(自來)가 죽음에 임박하였을 때 그의 처자식이 둘러앉아 슬피 울자 자리(子犁)가 문병을 하면서 이는 자연스러운 변화이니 슬퍼할 일이 아니라고 하였다.

어쩌면 그리 마음 너그러웠던가 何地得心寬
영욕이란 기장밥을 짓는 불길[79] 榮辱炊粱火
세월이란 비탈길 구르는 구슬[80] 光陰走阪丸
그대 큰 변화를 따라 돌아갔으니 公歸隨大化
응당 슬픔과 기쁨 관계치 않으리 應不管悲懽

79 영욕이란……불길 : 부귀영화의 덧없음을 말한다. 심기제(沈旣濟)가 지은 〈침중기(枕中記)〉에 보이는 이야기로, 당나라 때에 노생(盧生)이라는 젊은이가 도사(道士)인 여옹(呂翁)의 베개를 빌려 잠이 들었다가 꿈에서 온갖 부귀영화를 누리다 80세가 넘어 죽었는데, 잠에서 깨어 보니 그때까지 주인이 짓고 있던 기장밥이 채 익지도 않았다고 한다. 《古今事文類聚 後集 卷21》

80 세월이란……구슬 : '비탈길 구르는 구슬'이란 《한서(漢書)》 〈괴통전(蒯通傳)〉에 보이는 표현으로 원래는 형세를 타고 쉽고 빠르게 일이 진행됨을 말하는데, 여기서는 빨리 지나가는 세월을 비유하는 말로 쓰였다.

성 정승[81] 준 에 대한 만사 2수

成政丞 俊 挽詞 二首

세상에 이름 낼 땐 어진 보필 생각하고	名世思良弼
시국을 구제할 땐 큰 인재에 의지하지	匡時仗大材
한 몸에 장수와 재상의 재능 겸비하여[82]	一身都將相
모든 일 자신의 것으로 담아 길렀다네	萬類入栽培
바르고 곧은 기상 혼군의 미움을 사서	正直昏君忌
내몰려 배척당해 큰 동량이 꺾이었네	推擠巨棟摧
공중의 열전 내용을 내 읽어 보았노니[83]	讀過公仲傳

81 성 정승(成政丞) : 영의정을 지낸 성준(成俊, 1436~1504)을 가리킨다. 본관은 창녕(昌寧), 자는 시좌(時佐)이다. 문과에 급제하여 이조 판서, 우의정, 영의정 등을 역임하였다. 갑자사화(甲子士禍) 때, 성종의 비(妃) 윤씨(尹氏)의 폐위에 관여한 죄로 유배되었다가 배소에서 잡혀와 교수형에 처해졌다. 중종 대에 복관되었으며, 신용개가 그의 신도비명을 지었다. 《二樂亭集 卷12 議政府領議政成公神道碑銘》

82 한……겸비하여 : 성준은 학문뿐 아니라 무예도 지녀 동류 사이에서 장수와 재상이 될 것으로 기대를 모았다. 1491년(성종22) 영안도 절도사(永安道節度使) 윤말손(尹末孫)이 군대를 잘 통솔하지 못하여 오랑캐가 침범하여 백성들을 죽이고 잡아갔으며 경흥부사(慶興府使) 나사종(羅嗣宗)도 피살되는 일이 발생하였는데, 조정에서는 문무를 겸비한 사람을 뽑아 이를 다스려야 한다고 하며 성준으로 윤말손을 대신하게 하였다. 성준이 이에 영안도를 진정시켰고, 오랑캐를 정벌해야 한다고 건의를 올려 허종(許琮)이 도원수가 되고 자신은 부원수가 되어 크게 위세를 떨쳤다. 《二樂亭集 卷12 議政府領議政成公神道碑銘》《燃藜室記述 卷6 許琮征野人》

83 공중(公仲)의……보았노니 : 공중은 한(漢)나라 애제(哀帝) 때에 승상(丞相)을 지낸 왕가(王嘉)의 자이다. 애제가 동현(董賢)이라는 미소년을 총애하며 가까이 두자

눈물을 흩뿌리며 슬픔 견딜 수 없어라 揮淚不堪哀

황하를 막음이야 삼태기로는 어려운데 障河難一簣
신보후는 자신의 몸 죽음에 던졌도다[84] 新甫用沈身
모범이 되는 행적 사라지지 않아 남아 있고 不泯儀刑在
아름다운 명성 서로 전하면서 새롭지만 相傳德譽新
지란옥수 깨졌으니[85] 이 또한 슬픔이요 併傷蘭玉碎
이제는 품은 뜻 펼칠 아무 방도가 없네 無計志懷伸
관작은 이제 옛 지위를 회복했으니 禮秩今還舊
저세상에서 성상의 은총 입었다네 泉臺荷聖仁

왕가가 간언을 하다 황제의 미움을 사서 투옥되었다. 사약이 내려졌으나 이를 거부하고 20여 일간 음식을 거부하다가 피를 토하며 죽었다.《漢書 王嘉傳》 성준은 연산군이 재상들을 불러 연회를 즐기면서 요염한 기생을 가까이하자 "노신이 아직 죽지 않았으니 전하께서는 결코 이렇게 하실 수 없습니다."라고 하며 임금을 저지하니, 연산군은 꺼려져 그만두었다. 연산군이 겉으로는 그를 존중하는 척하였지만 속으로는 미워하였으니, 이 때문에 성준은 갑자사화 때 죽임을 당하였다.《燃藜室記述 卷6 燕山朝相臣》 여기서는 성준의 이 같은 면모를 왕가에 빗대어 표현한 것인 듯하다.

84 신보후(新甫侯)는……던졌도다 : 신보후는 한나라 왕가(王嘉)의 봉호이다. 위의 주83 참조.

85 지란옥수(芝蘭玉樹) 깨졌으니 : 지란옥수는 우수한 자제를 뜻하는 말인데, 지란옥수가 깨졌다는 것은 성준의 두 아들인 도총부 경력(都摠府經歷) 성중온(成仲溫)과 공조 정랑 성경온(成景溫)이 성준과 함께 죽음을 맞은 일을 가리킨다.《二樂亭集 卷12 議政府領議政成公神道碑銘》

고원위[86] 신항 에 대한 만사 2수
高原尉 申沆 挽詞 二首

성품과 도량은 하늘에서 얻었고	德器天成得
문장의 재주는 귀신 솜씨 빌렸지	文章鬼借來
몸이야 부귀함 속에서 자랐지만	身從紈綺長
마음은 태초를 향하여 열었다네	心向太初開
명성은 형제와 특별함 함께했으나[87]	名與粉昆別
재주는 조물주의 시기를 초래하였네	才招造物猜
어느덧 죽음을 맞이하게 되었으니	居然乘大化
백개[88]의 슬픔을 어이할 수 있으랴	其奈伯喈哀

움직이는 이들 모두 속박에서 풀려나니	萬動皆懸解
어떤 사람인들 다시 여기에서 벗어나리[89]	何人更脫茲

86 고원위(高原尉) : 신항(申沆, 1477～1507)으로, 성종의 첫째 딸인 혜숙옹주(惠淑翁主)와 혼인하여 고원위에 봉해졌다. 본관은 고령(高靈), 자는 용이(容耳)이다. 신숙주(申叔舟)의 증손으로 신용개에게는 당질(堂姪)이 된다. 신용개가 그의 신도비명을 지었다. 《二樂亭集 卷12 高原尉申公神道碑銘》

87 명성은……함께했으나 : 신항은 문장이 뛰어나 성종의 특별한 총애를 입었으며 글씨와 그림에도 능하였다. 동생인 신잠(申潛)도 시, 서, 화에 모두 능하여 삼절(三絶)로 일컬어졌다. 《玉溪集 卷3 通政大夫行尙州牧使申公行狀》

88 백개(伯喈) : 후한 때의 학자인 채옹(蔡邕)의 자이다.

89 움직이는……벗어나리 : 사람은 너 나 할 것 없이 모두 죽기 마련임을 말한 것이다. 속박에서 풀려난다는 것은 《장자》〈양생주(養生主)〉에 나온 말로, 죽음을 통해 삶의

무지한 녀석은 항상 죽음을 슬퍼하고　　癡兒常怛化
통달한 선비는 홀로 시운을 편히 여기지　　達士獨安時
공에게 조물주에 관한 말 들었으니　　聞公眞宰語
우리 세인의 사사로움 설파한 게지　　破我世人私
어진 이가 장수하지 못함을 애통해하니　　所慟仁無壽
하늘이여, 이를 아는지 모르는지　　問天知不知

공이 죽음에 임박하였을 때 "조물주는 매우 공평하다."라고 말하였는데, 죽음을 애석해하는 뜻이 조금도 없었기 때문에 그렇게 말한 것이다.[90]

질곡에서 벗어남을 의미한다.

90 공이……것이다 : 병이 심해졌을 때에 문병하는 사람들이 하늘을 원망하자, 신항이 말하기를 "이치에 통달한 자가 어찌 장수하거나 요절하는 것으로 나의 진실한 마음을 어지럽힐 수 있겠는가. 조물주는 사사로움이 없으니 어찌 즐겁지 않겠는가."라고 하였다.《二樂亭集 卷12 高原尉申公神道碑銘》

영춘군[91]에 대한 만사

永春君挽詞

왕손으로 돈후한 자질을 타고나	王孫敦厚質
마음에는 교만과 사치가 없었고	心地絶驕奢
일찍이 빼어난 자식을 얻었기에	早得芝蘭秀
장래에 크나큰 수복을 기대했지	將期壽福遐
중간엔 고난으로 멀리 귀양 가더니[92]	中屯身遠謫
종당에 평안하자 병이 더해졌다네	終泰病來加
변화의 이치 따랐지만 슬퍼 우노니[93]	聽化還堪慟
기장밥 짓는 사이 해 아니 기울었네[94]	黃粱日未斜

91 영춘군(永春君) : 이인(李仁, 1465~1507)의 봉호이다. 세종의 아들인 영해군(寧海君) 이당(李瑭)의 아들로, 10세에 영춘군에 봉해졌다.

92 중간엔……가더니 : 영춘군의 아들인 강녕도정(江寧都正) 이기(李祺)가 잘 가꿔진 정원이 있는 집을 가지고 있었는데 연산군이 총애하는 궁녀가 그 집을 뺏으려 하였다. 이기가 이에 불응하자 연산군이 크게 진노하여 영춘군 부자의 관직을 환수하고 남해(南海)로 귀양을 보내 버렸다.《耳溪集 卷36 江寧都正諡狀》

93 변화의……우노니 : 죽음은 자연의 이치에 따라 변화하는 자연스러운 현상으로 슬퍼할 일이 아니지만 그래도 슬픔을 가눌 수 없다는 말이다. 206쪽 주78 참조.

94 기장밥……기울었네 : 인생의 덧없음을 말한다. 207쪽 주79 참조.

영돈녕부사[95] 윤여필 의 어머니에 대한 만사
領敦寧 尹汝弼 母氏挽詞

선을 쌓아 복 받음은 하늘이 돌봄이고	善慶天爲佑
유순하고 아름다움 세인들이 흠모했지	柔嘉世所欽
영화로움은 왕고 이래 드문 경우이고	榮華稀往古
부귀함이야 지금 세상 환히 비추었네	富貴照當今
훌륭한 후손은 왕씨 마씨보다 뛰어났고[96]	蘭玉高王馬
빼어난 여손은 태사 태임으로 추앙되네[97]	門楣仰姒任
집안에 풍성한 복록을 전하고서	傳家饒福履
돌아가 저 깊은 무덤에 누우셨네	歸臥夜臺深

95 영돈녕부사 : 윤여필(尹汝弼, 1466~1555)로, 본관은 파평(坡平)이다. 아들은 대윤(大尹)이라 불리는 윤임(尹任)이며, 딸은 중종의 비(妃)인 장경왕후(章敬王后)이다. 갑자사화 때에 유배되기도 하였으나 중종반정에 참여하여 정국 공신(靖國功臣)에 책록되었고, 을사사화에 아들 윤임이 사사(賜死)될 때에는 고령이라는 이유로 용인(龍仁)에 부처(付處)되었다가 풀려났다. 그의 어머니는 효령대군(孝寧大君)의 다섯째 아들인 영천군(永川君) 이정(李定)의 딸 전주 이씨(全州李氏)이다.

96 훌륭한……뛰어났고 : 아들 윤여필과 손자 윤임 등이 모두 현달한 것을 말한다. 왕씨(王氏)와 마씨(馬氏)는 자제와 형제가 모두 뛰어난 집안을 대표한다. 왕씨는 당(唐)나라 왕발(王勃)의 집안으로 그의 형인 왕면(王勔), 왕거(王勮)와 함께 어려서부터 재주가 뛰어나 삼주수(三珠樹)로 일컬어졌다.《舊唐書 文苑列傳 王勃》 마씨는 삼국시대 촉(蜀)나라 마량(馬良) 집안으로 다섯 형제가 모두 재주가 뛰어났지만 그중 흰 눈썹을 지닌 마량이 가장 뛰어났다는 백미(白眉)의 고사가 있다.《三國志 蜀書 馬良傳》

97 빼어난……추앙되네 : 손녀가 중종의 비인 장경왕후가 된 것을 말한다. 태사(太姒)는 주(周)나라 무왕(武王)의 어머니이고 태임(太任)은 문왕(文王)의 어머니로 모두 훌륭한 후비(后妃)의 전형으로 일컬어진다.

영가부원군[98] 김수동 에 대한 만사 2수
永嘉府院君 金壽童 挽詞 二首

세상에 이름난 인재라 얻기 어려웠고	名世才難得
경륜을 펼치어 덕망이 절로 높았기에	經綸望自隆
성상의 마음은 공에 기대 의지하였고	聖心方倚綰
시대의 여론은 모두 함께 추숭하였네	時論共推崇
빨리도 앗아 갔으니 하늘이 원망스럽고	奪速天堪怨
쉬려고 돌아갔으니 일이 이미 끝났어라	歸休事已空
공훈은 기린각에 남아서 전해지니	勳庸麟閣上
그 유풍을 후세에 살필 수 있겠도다	來世挹遺風

향기로운 덕이라 난실[99]에 퍼지더니	蘭室聞馨德
괴당에 올랐어라[100] 성명을 우러렀네	槐堂仰盛名

98 영가부원군(永嘉府院君) : 김수동(金壽童, 1457~1512)의 봉호이다. 본관은 안동(安東), 자는 미수(眉叟), 호는 만보당(晩保堂)이다. 중종반정에 참여하여 정국 공신(靖國功臣)에 책록되고, 영가부원군에 봉해졌다. 1510년(중종5)에는 영의정으로서 삼포왜란의 진압을 총지휘하였다. 신용개가 그의 신도비명을 지었다. 《二樂亭集 卷13 永嘉府院君金公神道碑銘》

99 난실(蘭室) : 좋은 벗과 함께 지내는 곳, 즉 강학하는 곳을 말한다. 《공자가어(孔子家語)》 〈육본(六本)〉에 "선한 사람과 함께 있으면 마치 지란(芝蘭)이 있는 방에 들어가는 것과 같다."라고 하였다.

100 괴당(槐堂)에 올랐어라 : 괴당은 삼괴당(三槐堂)이라고도 하는데, 삼공(三公)의 지위를 말한다. 송나라 때에 병부 시랑(兵部侍郎) 왕호(王祜)가 뜰에 세 그루의

어찌하여 큰 변화의 여정에 오르시어	如何乘大化
이리 문득 무덤에서 세상을 등지셨나	忽此隔佳城
장수와 요절은 잘남 못남 구분 없지만	壽夭無愚智
삶과 죽음에는 무거움과 가벼움이 있네	存亡有重輕
사사로운 슬픔에 통곡을 하고 있지만	吾私堪痛哭
나라를 위해서는 상심이 곱절이 되네	爲國倍傷情

홰나무〔三槐〕를 심으며 자손 중에 반드시 삼공의 지위에 오르는 자가 있으리라고 하였는데, 실제 그의 아들 왕단(王旦)이 정승이 되었다. 《古文眞寶 後集 卷8 三槐堂銘》 여기서는 김수동이 정승의 지위에 올랐음을 말한다.

유 감역[101] 공좌 에 대한 만사

柳監役 公佐 挽詞

자신은 관직이 현달하지 못했지만	一身官未達
후손이 깊이 뿌리 내리게 물 주었네	傳世漑深根
자손 번창의 경사 사람들이 우러르니	人仰充閭慶
선행에 복을 주는 문 하늘이 열어 줬네	天開福善門
어찌 이리 오랜 수명에는 인색하여	如何慳壽命
이리 급히 근원 세상으로 돌아갔나	遽此返眞元
세상만사는 한때의 꿈에 불과하니	萬事黃粱夢
깊은 어둠 무덤으로 길이 떠났어라	泉臺永夜昏

101 유 감역(柳監役) : 유공좌(柳公佐, 1458~1514)를 가리킨다. 본관은 문화(文化), 자는 국이(國耳)이다. 음서(蔭敍)로 벼슬에 진출하여 사산감역관(四山監役官), 조지서 사지(造紙署司紙) 등을 역임하였다. 《慕齋集 卷14 故承訓郎造紙署司紙柳公墓誌》

구 경력 장손 의 처[102]에 대한 만사

具經歷 長孫 妻氏挽詞

정순한 성품 부인의 덕성에 부합하고	貞柔宜婦德
집안 살림은 규방의 범절이라 하겠네	主饋稱閨儀
맑은 자질 지녔으나 끝내 돌아가시니	淑質終歸化
하늘이 내린 나이는 칠십이 못 되었네	天年不到希
이제는 저세상에서 부군을 만날 테니	此時冥會處
얼마나 긴 세월 동안 그리워하였던가	幾歲未亡思
부모를 잇는 빼어난 자식들이 있으나	幹蠱庭蘭秀
흐린 먼지는 가득히 휘장에 내려앉네	昏塵任滿幃

102 구 경력(具經歷)의 처 : 구 경력은 구장손(具長孫)으로, 영의정을 지낸 구치관(具致寬)의 손자이다. 본관은 능성(綾城), 자는 자원(子元), 호는 청헌(靑軒)이다. 그의 처는 영의정을 지낸 노사신(盧思愼)의 딸로, 1454년(단종2)에 태어나 61세인 1514년(중종9)에 죽었다.《綾城具氏世譜 卷4, 綾城具氏大宗會, 1986》《慕齋集 卷14 宗親府典簿具長孫妻盧氏墓誌銘》

유 정승[103] 순정 에 대한 만사 3수

柳政丞 順汀 挽詞 三首

도량은 강과 바다처럼 넓었고	宇量恢江海
공훈은 정이[104]에 새겨 전하리니	勳庸勒鼎彛
기욺을 붙들어 국운을 안정시켰고	扶顚安國步
성상을 도와서 위기를 구제하였지	翼聖濟時危
이제 세상 도화되어 세도가 편안한데	道泰方陶化
갑자기 원로를 잃어 들보가 꺾이었네	梁摧遽失耆
성상은 빨리도 앗아 감에 서글퍼하고	宸衷傷奪速
백성들은 하던 일 멈추고 슬퍼하누나	舂輟衆心悲
만인을 살린 공덕에 신이 보답하리니	活萬神應報
가문의 번영이야 덕을 쌓은 경사로다	門榮積慶餘
조정에선 관작이 높이 올랐었고	嵒廊尊爵祿
빼어난 자손은 뜨락을 환히 비추었지	蘭玉映庭除
하늘의 뜻은 도리어 헤아리기 어려워	天意還難測

103 유 정승(柳政丞) : 유순정(柳順汀, 1459~1512)을 가리킨다. 본관은 진주(晉州), 자는 지옹(智翁)이다. 김종직(金宗直)의 문인으로 우의정, 좌의정, 영의정 등을 역임하였다. 중종반정에 참여하여 정국 공신(靖國功臣)에 책록되었다. 무예에도 뛰어나 야인 정벌과 왜변 진압의 업적도 있다. 신용개가 그의 제문을 지었다. 《二樂亭集 卷9 祭領議政柳公文》

104 정이(鼎彛) : 고대의 제기(祭器)로, 표면에 공신의 이름을 새겨 업적을 기렸다.

죽음의 여정 홀연 처음으로 돌아갔네　眞遊忽返初
지낸 세월 겨우 반백 년에 불과하니　年華纔半百
영광과 오욕은 모두 허사가 되었어라　寵辱摠成虛

젊은 날 책상 곁에 모시고 앉아　早年陪負笈
강학에서 많은 가르침 받았으니　蘭室受薰成
지기를 만난 것이라 생각하면서　自擬逢知己
성대한 이름 언제나 우러렀는데　居常仰盛名
어찌하여 서로 다른 갈림길에서　如何岐異路
홀연히도 무덤의 문 막아 버렸나　忽爾閉佳城
통곡하며 지금 길이 이별하노니　痛哭今長別
이생에선 유명 서로 달리하누나　幽明隔此生

교성군[105] 노공필 의 부인에 대한 만사

交城君 盧公弼 夫人挽詞

어린 나이에 명문 집안에 시집가서	早歲歸名閥
영광을 하늘 같은 남편에 의지하였지	門榮倚厥天
작위는 정경부인에 봉해져 귀해지고	爵封貞敬貴
나이는 노쇠함까지 이르러 장수했네	壽過白衰年
우러르던 남편이 세상을 떠나자마자	所仰纔乘化
미망인인 부인도 죽음을 재촉하였네	未亡催上仙
가업이야 훌륭한 자손에게 전했으니	傳家有良胤
남은 경사 다시금 계속 이어지리라	遺慶更應綿

105 교성군(交城君) : 노공필(盧公弼, 1445~1516)의 봉호이다. 영의정을 지낸 노사신(盧思愼)의 아들로 본관은 교하(交河), 자는 희량(希亮), 호는 국일재(菊逸齋)이다. 문과에 급제하여 대사헌, 이조 판서 등을 역임하였다. 갑자사화에 연루되어 유배를 갔다가 중종반정 이후 복귀하였고, 중국에 사신으로 가서 중종의 즉위를 인정받는 권서국사(權署國事) 칙서를 받아 돌아와 그 공으로 원종공신(原從功臣) 1등에 책록되었다. 신용개가 그의 신도비명을 지었다. 그의 부인은 통례원 상례(通禮院相禮) 이숙(李塾)의 딸이다. 《二樂亭集 卷14 領中樞府事交城君盧公神道碑銘》

최 주부 인수 의 어머니[106]에 대한 만사

崔主簿 仁壽 母氏挽詞

선을 쌓은 집안에 남은 경사가 있는데　善積家遺慶
환갑의 나이에 이르러 생을 버리셨네　年拋甲一周
미망인으로 항상 굳은 절개 지키더니　未亡常苦節
덧없는 세상 지나 참된 휴식 얻었구나　浮世得眞休
옥수 높이 자라니 자식 빼어남이요　玉樹高仍秀
초료 멀리 뻗어 가니 다시 빽빽하리라[107]　椒條遠更稠
애도와 존경이여 한바탕 꿈이러니　哀榮歸大夢
눈물을 훔치면서 천상의 길 전송하네　揮涕送仙遊

106 최 주부(崔主簿)의 어머니 : 최 주부는 돈녕부 주부를 지낸 최인수(崔仁壽)를 가리킨다. 그의 어머니는 청송 심씨(靑松沈氏)로, 의빈부 의빈(儀賓府儀賓) 심안의(沈安義)와 세종대왕의 딸인 정안옹주(貞安翁主) 사이에서 1454년(단종2)에 태어났다. 최맹사(崔孟思)에게 시집가 인수와 인복(仁福) 두 아들을 낳았다. 19세인 1472년(성종3)에 과부가 되었고, 61세인 1514년(중종9)에 죽었다. 신용개가 그의 묘지명을 지었다. 《二樂亭集 卷11 崔仁壽母沈氏墓誌銘》

107 옥수(玉樹)……빽빽하리라 : 모두 자손의 번창을 뜻하는 표현이다. 옥수는 진(晉)나라의 사안(謝安)이 집안의 자제들에게 어떤 사람이 되고 싶은지를 묻자 조카인 사현(謝玄)이 "비유하자면 정원에서 키우고 싶은 지란옥수(芝蘭玉樹)처럼 되고 싶습니다."라고 한 데서 온 말이다. 《晉書 謝安列傳》 초료(椒聊)는 《시경》 〈당풍(唐風) 초료〉에 "초료 열매여, 번성하여 되에 가득하도다.〔椒聊之實, 蕃衍盈升.〕"라고 한 데서 온 말이다.

김 정[108] 관 에 대한 만사

金正 寬 挽詞

급제자 명단에 꽃다운 이름을 올렸고	桂籍芳名綴
한림의 자리에서 명성을 드날렸지	鑾坡令譽騰
원대한 포부 한창 광활히 펼쳐지더니	鵬程方闊大
천상의 길로 급히 올라가 떠나가다니	仙路遽飛昇
옥수의 맑은 향기 멀리까지 퍼져 가고	玉樹淸香遠
후대에 남은 경사 그대로 이어지겠네	庭蘭慶善仍
병든 몸이라 상엿줄 부여잡지 못하니	病來阻執紼
슬픔 마음 흐르는 눈물만 그지없어라	哀淚十分增

108 김 정(金正) : 감정(監正) 벼슬을 지낸 김관(金寬)을 가리킨다. 본관은 김해(金海), 자는 경요(景饒)이다. 문과에 급제하여 사헌부 집의 등을 역임하였다.

이요정집

제4권

詩시

관압사 안가진[1] 침을 전송하며

送管押使安可珍 琛

귀밑엔 바람 일고 갖옷에 눈 덮이는 雙鬢風吹雪擁裘
삼차하[2] 서녘 길은 험하고도 멀어라 三叉西過路阻脩
산해관 겹관문에 도읍은 웅장하고 關重山海神都壯
금요의 트인 땅엔 제덕이 미쳐 있네 地闢金遼帝德周
멀리서 온 사신들 예악을 기행하고 冠盖遠人趨禮樂
면류관 쓴 황제는 춘추가 성하리라 冕旒宸坐盛春秋
이번 사신들은 재주 모두 뛰어나니 看今使介才俱稱
그대가 뽑힌 것에 모두들 좋다 하네 遴選兼公國論稠

1 관압사(管押使) 안가진(安可珍) : 관압사는 말을 바치는 임무를 맡은 사신이다. 안가진은 안침(安琛, 1445~1515)으로, 가진(可珍)은 그의 자이다. 본관은 순흥(順興)이고, 호는 죽제(竹齊)이다. 문과에 급제하여 대사헌, 공조 판서 등을 역임하였다. 글씨로도 유명하여 여러 차례 왕명을 받아 글씨를 써서 바치기도 하였다.

2 삼차하(三叉河) : 요동(遼東)의 통진하(通眞河), 보정하(保定河), 호타하(滹沱河) 세 하천이 합쳐지는 곳이다. 《漂海錄 卷2 戊申年 3月 22日》

소해조가 사 좨주에게 화운한 시에 차운하다 율시 4수

次蕭海釣和謝祭酒韻 四律

바쁜 일들 팽개치고 잠깐의 휴식을 얻어	抛却千忙得一休
만년의 심사를 뾰족한 붓끝에 맡기노라	晩途心事托尖頭
사람 비추는 빙옥엔 티끌이 원래 없건만	映人氷玉元無滓
얼굴 가득한 풍진에 부끄럼 가득이어라	滿面風埃剩帶羞
홍경은 늙기도 전에 벼슬 생활에 지쳤고[3]	弘景倦遊那待老
계응은 우연히 가을을 맞아 귀향하려 했네[4]	季鷹歸思偶乘秋
백 년 인생에서 한가한 정취를 얻었으니	百年博得閑中趣
종전의 참과 거짓은 모두 물거품인 것을	眞妄從前摠水漚

품평하기 싫증 난 지 오래라 자장을 따라[5]	久厭評題聽子將

3 홍경은……지쳤고 : 홍경(弘景)은 남조(南朝) 제(齊)나라의 도홍경(陶弘景)이다. 제왕 시독(帝王侍讀)이라는 벼슬을 맡고 있다가 갑자기 관복을 신무문(神武門)에 걸어 놓고 사직의 뜻을 밝힌 뒤에 산에 은거하였고, 여러 차례 무제(武帝)의 초빙이 있었으나 다시는 벼슬길에 나가지 않았다. 《南史 隱逸列傳 陶弘景》

4 계응은……했네 : 계응(季鷹)은 진(晉)나라 장한(張翰)의 자이다. 동조연(東曹掾)으로 있던 그는 가을바람이 불어오자 갑자기 고향의 순챗국과 농어회가 생각난다며 벼슬을 그만두고 고향으로 돌아갔다. 《晉書 文苑列傳 張翰》

5 품평하기……따라 : 자장(子將)은 후한(後漢) 때에 인물 평론을 잘하기로 명성이 높았던 허소(許劭)의 자이다. 그는 인물들을 논하기 좋아하여 매달 품제(品題)를 바꿔 가며 향당의 인물들을 품평하였다. 사람들이 그에게 관직에 나갈 것을 권유하자, 어지러운 세상에 소인이 득세하고 있다며 광릉(廣陵)으로 떠났다. 《後漢書 許劭列傳》

벼슬 버리고 편히 누우니 흰머리 길어졌는데	投簪高臥鬢絲長
한가히 바다 노인 따라 갈매기와 친해지고	閑隨海叟鷗仍狎
늙어서 희이와 짝을 하여 잠은 습관 되었네[6]	老伴希夷睡作鄉
시는 원화에 도달하니[7] 지금 장적이 있고	詩到元和今有籍
이름 초성으로 전하나 예전 장욱이 없네	名傳草聖古無張
누가 알았겠나, 촉 땅 가게가 은둔한 곳임을[8]	誰知蜀肆沈冥地
저물녘 들 나루터에 배는 그냥 비껴 가네	日暮虛橫野渡航

버섯과 메미 같은 미물이야 세월 알지 못하지만[9]	蛄菌肖翹不謝年
기러기는 높이 날아 이미 먼 하늘에 있네	冥鴻有翮已沖天
벼슬길에 위기 도사리고 있음을 익히 아노니	熟知珪組危機在
상유에 저무는 해 걸리기를 어찌 기다릴 건가	肯待桑榆暮景懸
퍼지는 계화 가을 향기는 하늘에 나부끼고	桂擺秋香飄玉宇

6 늙어서……되었네 : 희이(希夷)는 송(宋)나라 진박(陳搏)의 호이다. 그는 은거하여 도교의 학을 수행하였는데 한번 자면 백여 일 동안 깨지 않았다고 한다. 《宋史 隱逸列傳 陳搏》

7 시는 원화에 도달하니 : 원화(元和)는 당(唐)나라 헌종(憲宗)의 연호인데, 여기서는 당시에 유행하던 시체인 원화체(元和體)를 이른다. 장적(張籍), 원진(元稹)과 백거이(白居易) 등이 주도하였다.

8 누가……곳임을 : 한(漢)나라의 은사(隱士) 엄준(嚴遵)이 촉(蜀) 땅의 시장에서 점치는 가게를 열었는데 하루 생활비인 100전(錢)만 벌면 가게 문을 닫고서 제자들에게 《노자(老子)》를 가르쳤다. 《漢書 王貢兩龔鮑傳》

9 버섯과……못하지만 : 오래 살지 못하는 미물은 훗날이라는 것을 알지 못함을 말한다. 《장자(莊子)》 〈소요유(逍遙遊)〉에 "아침 버섯은 그믐과 초승을 알지 못하고, 매미는 봄과 가을을 알지 못한다."라고 하였다.

차가운 이슬 바람 속 학은 청전에 내려앉네　鶴寒風露下靑田
성대한 명성을 만년에 낚시터에 감춰 두니　高名歲晩藏漁釣
도리어 맑은 향기 바다 너머까지 전해지네　還透淸芬海外傳

동으로 떠난 유안은 일찍 기미를 안 것이요[10]　幼安東去早知微
대완은 왜 하필이면 통곡하면서 돌아왔던고[11]　大阮何須痛哭歸
드넓은 물에 형체를 잊었나니 물고기 즐겁지만　湖海忘形魚有樂
풍진세상에 길을 잃었어라 세상과는 어긋나네　風塵迷路世相違
저물녘에 납과 수은을 단조에 남겨 두고서[12]　日遲鉛汞留丹竈
구름 이는 원교 방호에서 신선에게 읍을 하네[13]　雲起員壺揖羽衣
우습구나, 벼슬길에서 아등바등하던 나의 모습　笑我名途長躄躠
어른 앞에 공손히 앉아 이전 잘못 깨닫는도다　老龐牀下覺前非

10 동으로……것이요 : 유안(幼安)은 삼국 시대 위(魏)나라 관녕(管寧)의 자이다. 그는 난리를 피해 요동(遼東)으로 가서 초가집을 짓고서 제자들에게 학문을 가르쳤다. 《三國志 魏書 管寧傳》

11 대완(大阮)은……돌아왔던고 : 대완은 삼국 시대 위(魏)나라 완적(阮籍)을 가리킨다. 조카인 완함(阮咸)과 함께 대완과 소완(小阮)으로 병칭되었다. 그는 마음 내키는 대로 수레를 몰고 돌아다니다가 길이 다하면 통곡하고 돌아왔다고 한다. 《晉書 阮籍列傳》

12 해……두고서 : 납과 수은은 단약(丹藥)을 만드는 재료이며, 단조(丹竈)는 단약을 제조하는 아궁이이다.

13 구름……하네 : 원교(員嶠)와 방호(方壺)는 신선이 산다고 하는 산의 이름이다.

소해조가 증 직방에게 화운한 시에 차운하다
次蕭海釣和曾職方韻

일찍이 궁중에서 성상을 보필하였는데	早年供奉玉皇前
말년의 출처는 도리어 하늘에 맡기었네	末路行藏却任天
시렁엔 백영이 옷감에 글씨 쓴 붓을 꽂고[14]	架揷伯英書帛兎
함에는 소식이 도잠에 화운한 시가 가득[15]	緘多蘇老和陶篇
대궐에선 꿈 안 꾸니 장 땅의 노인 한가하고[16]	北宸無夢閑臧叟
동해에선 그 누가 노중련을 알아볼거나[17]	東海何人識魯連
온통 흰머리에 송죽 같은 절조 지녔으니	滿鬢霜華松竹操
바람이 자아내는 노랫소리 영롱하여라	風生玉韻覺玲然

14 시렁엔……꽂고 : 백영(伯英)은 후한 때의 인물로 초성(草聖)으로 불렸던 장지(張芝)의 자이다. 그는 집의 모든 옷감을 반드시 글씨를 쓴 뒤에 다듬었다. 《晉書 衛瓘列傳》

15 함에는……가득 : 소식(蘇軾)은 도잠(陶潛)의 시에 화운한 작품을 여러 편 남겼다.

16 대궐에선……한가하고 : 문왕(文王)이 장(臧) 지방에 갔다가 낚싯대를 드리우고 자적하고 있는 노인을 발견하고는 그에게 정사를 맡기고자 하였는데, 대신들이 불안함을 느낄까 걱정되어 꿈에 검은 얼굴빛에 구레나룻이 있는 훌륭한 사람을 만났다고 하고서 그에게 정사를 맡겼다고 한다. 《莊子 田子方》

17 동해에선……알아볼거나 : 노중련(魯仲連)은 전국 시대 제(齊)나라 사람으로 지략이 뛰어났지만 벼슬하는 것을 좋아하지 않았다. 노중련이 조(趙)나라에 있을 때에 진(秦)나라가 조나라를 포위하고서 진나라를 황제로 섬길 것을 요구하자 진나라를 황제로 섬기느니 차라리 동해에 빠져 죽겠다고 하였으며, 후에 제나라에서 작위를 주려 하자 은거하여 바닷가에 숨어 살았다. 《史記 魯仲連列傳》

현달한 직임을 급한 물결이라 다들 말하지만	摠道通津是急流
공은 가을 송골매처럼 과감히 물러났네[18]	看公勇退鶻橫秋
백 년의 천석엔 구름이 길이 흘러 떠나고	百年泉石雲長往
만고의 현우는 그 자취 남아 있지 않아라	萬古賢愚跡不留
몸을 빈 배에 실으니 거스르는 것 하나 없고	身艤虛舟無物忤
맘엔 육착을 버리니 유유함이 생겨나네[19]	心空六鑿有天遊
초연히 세속의 벼슬길에서 벗어나서는	超然羿彀機關外
뜬세상의 부귀영화 고개 저어 마다하네	浮世紛華入掉頭

18 현달한……물러났네 : 송(宋)나라의 전약수(錢若水)가 관직이 추밀부사(樞密副使)에 이르렀지만 40세에 관직에서 물러난 일이 있는데, 이전에 어떤 도승이 그를 보고 "급류 속에서 과감하게 물러날 사람이다."라고 평가한 적이 있다.《古今事文類聚 卷39 急流勇退》'가을 송골매'는 나뭇가지에 앉아 있어도 매인 곳이 없으므로 언제나 훌쩍 날아갈 수 있어, 세속에 얽매이지 않는 모습에 비유된다.

19 맘엔……생겨나네 : 육착(六鑿)은 사람이 가지고 있는 귀, 눈, 코, 입, 마음, 지각 등 여섯 가지의 감각 기관을 말하는데,《장자(莊子)》〈외물(外物)〉에 "마음에 자연의 유유함이 없으면 육착이 서로 다툰다."라고 하였다.

소해조의 〈의무려산〉에 화운하다 율시 4수

和蕭海釣醫巫閭山 四律

진 시황은 소시부터 장성을 쌓아 지키었고[20] 秦皇自小守長城
우 임금은 의무려산 정하여 대명국에 들었네[21] 禹奠巫閭入大明
땅은 금요에서 끝났다가 사막으로 이어지고[22] 地盡金遼連絶漠
뿌리는 유계를 관통하니 삼청처럼 신비롭네[23] 根穿幽薊祕三淸
붉고 푸르른 바위 사이 고금을 머금고 있고 嵒間紫翠含今古
흐렸다 갰다 구름 밖은 몇 번이나 변하였던고 雲外陰晴幾變更
성왕의 교화 끝이 없어 십이 주에 미쳤으니 聖化無邊覃十二
판도에서 순 임금이 봉표한 이름을 다시 보네[24] 版圖重見舜封名

평소의 성격 운산을 너무나 좋아하여 平生性癖愛雲山
여정에 산 오르는 일 버릴 수 없어라 客路難拚信手攀

20 진(秦)……지키었고 : 의무려산 인근에서 만리장성이 시작된다.

21 우(禹)……들었네 : 의무려산이 우 임금 때부터 중국의 영토에 포함되었음을 말한다.

22 땅은……이어지고 : 동쪽으로 금(金)나라와 요(遼)나라가 차지했던 요동 끝에 있으며 북쪽으로는 사막 지역과 연이어 있음을 말한다.

23 뿌리는……신비롭네 : 보이지 않는 지반은 유주(幽州)와 계주(薊州)에까지 뻗어 있음을 말한다.

24 성왕의……보네 : 《서경》 〈순전(舜典)〉에 순 임금이 12주(州)를 처음 만들고 12주의 산을 봉표(封表)하여 진산(鎭山)으로 삼았다고 하였는데, 유주(幽州)의 진산이 의무려산이다.

험준함 이로 인해 관문을 만든 듯하고　　天險似因關楗設
변방엔 더는 전쟁하는 소리 들리지 않네　　邊聲無復戰車殷
맑은 가을 멀리 천 봉우리 상쾌한 기운　　千峯爽氣淸秋逈
굳은 절벽 사이 만고토록 푸르른 모습　　萬古蒼顔鐵壁間
지팡이 짚고 꼭대기에 올라가 본다면　　若柱飛笻凌絶頂
어찌 태산만이 속세 벗어났다 하리오　　岱宗寧獨小人寰

솟은 봉우리 바로 북쪽은 간교한 오랑캐 소굴　　鐵峯纔北窟奸胡
남쪽으로 성문을 감싸 안아 수도를 호위하지　　南擁城關衛上都
태초부터 용솟은 큰 언덕은 땅에 솟구치고　　拔地埠陵初贔屭
허공으로 들어간 푸른 산은 하늘 가깝구나　　近天蒼翠入虛無
가을은 먼 나그네 티끌 가린 시야에 들어오고　　秋生遠客風塵眼
구름은 병풍 두른 그림 같은 산수에 펼쳐지네　　雲展橫屛水石圖
깊은 곳 방외의 도사에게 거처를 허락하리니　　深處定容方外士
연단술로 도를 닦으며 모습은 여위어 가겠지[25]　　煉丹脩道尙形枯

산은 함부로 부를 수 없는 초인을 닮아 있어　　山似高人屈召難
변함없이 굳건한 기상 높은 관을 쓴 듯하고　　剛腸鐵石切雲冠
긴 세월 속 앙상한 바위 천 길 높이 솟았으니　　百年瘦骨千尋直

25 연단술로……가겠지 : 모습이 여윈다는 것은 욕심을 버리고 고요한 마음을 유지하는 경지를 이른다. 《장자》 〈제물론(齊物論)〉에, 남곽자기(南郭子綦)가 궤안에 기대어 멍하니 앉아 있었는데 안성자유(顔成子游)가 "어찌된 것입니까? 형체를 마른나무처럼 만들고 마음을 식은 재처럼 만들 수 있는 것입니까?"라고 묻자 남곽자기가 "지금 나는 나를 잊었다. 네가 그것을 알았느냐?"라고 하였다.

산꼭대기 푸르른 등성 만 리 멀리 보이는네	一頂青螺萬里看
해 저무는 가을 풍광은 노을빛 붉게 물들고	落日秋容霞暈赤
바람 없는 소나무 골엔 고운 소리 영롱하네	不風松壑玉音寒
어느 해에 원교산이 속세로 떠밀려 왔던고[26]	何年員嶠漂塵世
선학 타고 날던 신선이 날개를 잃었겠구나	笙鶴飛仙失羽翰

26 어느……왔던고 : 의무려산을 원교산(員嶠山)에 비유한 것이다. 원교산은 전설 속에 등장하는 산으로, 발해(渤海) 동쪽에 있으며 그곳에 신선이 산다고 한다. 《列子 湯問》

예 시강의 〈의무려산을 바라보며〉에 차운하다[27]

次倪侍講望醫巫閭山韻

바람에 안개 걷히고 이슬 내려 푸른데	風鑒腥霧露青蔥
솟구쳐 두른 산봉우리 창공에 걸치었네	壁立螺横半昊穹
땅은 요지를 감싸고서 북쪽 사막에 이어지고	地擁襟喉連漠北
뿌리는 요계까지 뻗어 산동 지역에 다다르네	根穿遼薊控山東
관문에는 이마 조아리며 오랑캐가 찾아오고	關頭扣顙來驕子
골짜기엔 구름에 깃들어 고승이 누워 있다네	洞裏棲雲臥遠公
둘러 봉한 열두 주에 진산을 둔 것[28]은	十二封回州有鎭
산봉우리가 높고 웅장해서만은 아니라네	未應峯嶂只崇崇

27 예……차운하다 : 예 시강은 명(明)나라의 문신으로 한림원 시강(翰林院侍講)을 지낸 예겸(倪謙)을 가리킨다. 그는 1450년(세종32)에 경제(景帝)의 등극 조서(登極詔書)를 가지고 우리나라에 사신으로 왔는데, 우리나라의 문인들과 많은 시를 주고받았다. 그의 시 〈의무려산을 바라보며〔望醫巫閭山〕〉는 위의 사행길에서 지은 시문을 모아 엮은 《요해편(遼海編)》 권1에 실려 있다. 《김한규, 사조선록 역주2, 遼海編, 소명출판, 2012》

28 둘러……것 : 231쪽 주24 참조.

〈십삼산을 바라보며〉[29]에 차운하다

次望十三山韻

구름 갠 산머리 어지러이 비녀 뽑아 놓은 듯	雲開螺髻亂抽簪
맑은 태양 차가운 빛은 남쪽 바다로 떨어지네	晴日寒光落海南
산은 창오에 이르러서 겨우 아홉을 헤아리고	山到蒼梧纔數九
봉우리 무협에 늘어서 셋을 이루지 못하였네[30]	峯排巫峽不成三
저녁 무렵 숲의 안개는 푸른 창공에 날리고	林霏向夕飛空翠
하늘에 뜬 들의 풍광은 쪽빛 하늘을 감싸누나	野色浮大擁蔚藍
멀리서 다시 온 나그네를 반갑게 맞이해 주니	遠客重來青眼在
역성 서쪽 두둑에서 다시 말을 멈추어 본다	驛城西畔更停驂

29 십삼산(十三山)을 바라보며 : 명나라 예겸이 지은 시이다. 234쪽 주27 참조.

30 산은……못하였네 : 십삼산 봉우리의 개수를 말하는 듯하다. 이의현(李宜顯)의 《경자연행잡지(庚子燕行雜識)》에는 "역관들에게 들으니 십삼산의 봉우리 모양은 갈 때 보면 그 수가 다 채워지지 않는 듯한데, 돌아올 때 보면 그 수가 모두 다 채워진다고 하였고, 선배들의 일록(日錄)에도 이러한 말이 있다. 오늘 올 때에 10여 리 밖에서 자세히 바라보니 13개가 모두 분명히 눈에 들어오니 매우 기이하다."라고 하였다.

〈능하에서 묵다〉[31]에 차운하다

次寓凌河韻

절기가 마침 동지였다.

나그넷길 쉬어 가는 한잔 술 마다 못 하고	客路難拚軟脚春
동지 좋은 날을 그냥 보내기는 부끄럽지	虛抛長至愧良辰
천기는 쉼 없어라 양의 기운 꿈틀대고[32]	天機衮衮陽灰動
세상사 허다할사 흰머리가 느는구나	世事悠悠鬢雪新
말 탄 여정에 여위어 가니 다리 홀쭉해지고	鞍馬瘦人長蝕髀
흉금도 역관에게 의지하니 말할 일도 적어라	襟懷憑譯少開唇
멀리 떠나왔음을 오늘 아침 다시 깨닫노니	今朝更覺吾身遠
꿈속에선 분명히도 대궐에서 배알하였어라	夢裏分明拜北辰

31 능하(凌河)에서 묵다 : 명나라 예겸이 지은 시이다. 234쪽 주27 참조. 《요해편(遼海編)》에는 제목이 〈원단우능하(元旦寓凌河)〉로 되어 있다.

32 천기(天機)는……꿈틀대고 : 음양의 순환 속에서 동지가 되면 양의 기운이 처음 생겨난다고 한다.

〈영원의 온천에서 목욕하며〉[33]에 차운하다

次浴寧遠湯泉韻

더운 기운 감돌아 한 줄기 통하여　炎帝行陽一脈通
돌샘이 솟아올라 가득 고여 있다네　石泉湯沸貯溶溶
깊은 근원은 정히 음중 화기에 서렸고　深源定伏陰中火
흐르는 물은 편히 땅속 용에 의지했네　活水寧憑地底龍
병든 몸으로 생명 부지함을 잘 알지만　已病慣知扶性命
시름 녹이며 마음 씻어 버리고 싶어라　消愁翻欲洗心胸
신령한 물 어찌하면 바다 같아질런가　靈波安得同溟渤
병 말끔히 씻어 내어 기쁨 가득이어라　醫盡疲癃喜氣濃

33 영원(寧遠)의 온천에서 목욕하며 : 명나라 예겸이 지은 시이다. 234쪽 주27 참조.

〈새벽에 요동을 출발하며〉 연구[34]에 차운하다

次曉發遼陽聯句

정사인 창산군(昌山君)은 우리나라의 원훈(元勳)이고,[35] 서장관인 안팽수(安彭壽)[36]는 겸집의(兼執義)인데 기절(氣節)이 있다.

학야[37] 거센 바람 사신의 도포 날리는데　鶴野雄風泛使袍
뛰어난 재주로 수많은 문장 지어내리　長材不數筆兼刀
총마의 뿔에는 천 마리의 해치 있고[38]　霜驄角有千頭豸

34 새벽에……연구(聯句) : 명나라 예겸(倪謙)과 사마순(司馬恂)이 이어 지은 시이다. 1450년(세종32)에 경제(景帝)의 등극 조서(登極詔書)를 가지고 우리나라에 사신으로 올 때 예겸이 정사(正使), 사마순이 부사(副使)였다. 234쪽 주27 참조.

35 정사인……원훈(元勳)이고 : 창산군은 창산부원군(昌山府院君)에 봉해진 성희안(成希顔, 1461~1513)을 가리킨다. 그는 본관은 창녕(昌寧), 자는 우옹(愚翁), 호는 인재(仁齋), 시호는 충정(忠定)이다. 중종반정에 큰 공을 세워 중흥의 원훈으로 일컬어졌다. 1507년(중종2)의 사행에 성희안이 정사가 되고, 신용개가 부사가 되었다. 신용개가 그의 묘지명과 신도비명을 지었다.《二樂亭集 卷10 議政府領議政成公墓誌銘, 卷14 昌山府院君成公神道碑銘》

36 안팽수(安彭壽) : 본관은 죽산(竹山), 자는 국로(國老)이다. 문과에 급제하여 예조 참의, 대사간, 황해도 관찰사 등을 역임하였다.

37 학야(鶴野) : 요동 북쪽의 들판이다.

38 총마(驄馬)의……있고 : 사헌부 집의의 직임을 맡고 있던 안팽수의 강직함을 표현한 말이다. 총마는 후한(後漢) 시대 시어사(侍御史)의 직임을 맡으며 강직하게 일을 처리하였던 환전(桓典)이 항상 타고 다녔기에 이후 어사 및 사헌부 관원을 지칭하는 말이 되었다.《後漢書 桓榮列傳 典》해치(獬豸)는 뿔이 달린 전설상의 동물로 선악을 구별할 줄 알아 부정한 사람은 뿔로 들이받았기에 감찰을 담당하는 사헌부의 상징으로 쓰였다.

훈부의 가슴엔 만 곡들이 배가 있네[39]	勳府胸藏萬斛艘
기국이 작은 나의 용졸함을 비웃으며	笑我龍鍾齊器小
기상이 높은 저들 우뚝함을 엿보기만	窺他突兀魯山高
평생토록 애써 강서의 시율[40] 배웠지만	平生苦學江西律
난삽하여 되레 업하 조씨[41]에 부끄럽네	蹇澁還慙鄴下曹

39 훈부(勳府)의……있네 : 중종반정에 공을 세워 원훈으로 일컬어진 성희안의 큰 도량을 표현한 말이다. 238쪽 주35 참조.

40 강서(江西)의 시율 : 송나라 때 형성된 시가 유파인 강서시파(江西詩派)의 시풍을 가리킨다. 이 시파의 시조인 황정견(黃庭堅)이 강서 출신이기에 강서시파라 명명되었다. 진사도(陳師道), 진여의(陳與義) 등이 이에 속한다.

41 업하(鄴下) 조씨(曹氏) : 업하는 삼국 시대 위(魏)나라의 도읍으로, 조씨는 조조(曹操)의 아들인 조식(曹植)을 가리킨다. 조식은 중국 역사에서 손꼽히는 시인으로 평가된다.

효사정[42] 4수

孝思亭 四首

푸른 산 용처럼 달려와 강가에 멈추더니	蒼山龍走駐江頭
서려 명승 되어 뭇 아름다움 끌어안았네	蟠作名區擁衆休
뽕나무 가래나무 백 년토록 봄이 다하지 않고	桑梓百年春不盡
키며 갖옷이며 사 세토록 경사 그대로 전하네[43]	箕裘四世慶仍流
정자는 열려 있어 견씨의 선산[44]과 가깝고	亭開甄氏丘原近

42 효사정(孝思亭) : 한강 노량진의 남쪽 언덕에 있는 정자로, 우의정을 지낸 노한(盧閈)이 모친을 장사 지내고 시묘하던 곳에 사모의 정을 간직하기 위해 지었다. 노한의 손자인 노사신(盧思愼)의 부탁으로 강희맹(姜希孟)이 기문을 지었고, 당시 명사들이 지은 시를 모아 시첩이 만들어졌다. 《신증동국여지승람(新增東國輿地勝覽)》 권10 〈금천현(衿川縣)〉에 강희맹이 지은 기문과 정인지(鄭麟趾), 신숙주(申叔舟), 김수온(金守溫) 등의 시와 명나라 사신 기순(祁順)의 시 등이 실려 있다.

43 뽕나무……전하네 : 뽕나무와 가래나무는 조상 대대로 살아온 고향을 가리키고, 키와 갖옷은 조상의 가업을 가리킨다. 여기서는 효사정이 손자 대에 이르러서도 잘 보존되었고, 우의정을 지낸 노한에 이어 노사신도 영의정에까지 이르는 등 집안이 번창한 것을 말한다. 《시경》 〈소아(小雅) 소반(小弁)〉에 "부모님이 심은 뽕나무와 가래나무도 반드시 공경해야 한다."라고 하였고, 《예기》 〈학기(學記)〉에 "훌륭한 대장장이의 아들은 반드시 갖옷 만드는 것을 배우고, 훌륭한 활을 만드는 사람의 아들은 반드시 키 만드는 것을 배운다."라고 하였다.

44 견씨(甄氏)의 선산 : 송나라의 견씨가 부모의 장례를 지내고 그 옆에 사당을 지었는데, 진사도(陳師道)가 이름을 사정(思亭)으로 지어 주었다. 아울러 기문을 지어 주며, 이 정자에 오르는 후손들은 어버이를 잊지 말고 효심을 가지라고 하였다. 《古文眞寶後集 卷10 思亭記》 여기서는 노씨의 선산을 비유한 것이다.

구름이 보호하여 평천의 수석[45]이 그윽하여라　雲護平泉水石幽
언제 어디서나 사모의 마음 가시질 않으니　正是羹墻存永慕
어찌 호해를 끌어와 이 마음을 띄우리오　肯牽湖海此心浮

위는 하동(河東)[46]의 시에 차운한 것이다.

선조의 명덕을 후손이 좇아 이어 가니　祖先名德後孫追
하늘이 길상을 내림은 기약이나 한 듯　天報休祥若有期
대대로 아름다움 전해져 잎 무성해지고　奕世傳芳看茂葉
정자에 효사정 편액하니 시 풍성해지네　思亭扁孝侈群詩
줄을 이룬 봉분들이 시야에 들어오지만　眼經堂鬣成行處
편치 못했던 부모님 생각에 마음 저리네　心折風枝欲靜時
온 데 물과 산은 모두 옛날 것인지라　滿地湖山皆舊物
조각구름 걸린 서물녘 생각에 잠긴다　片雲殘日摠幽思

위는 기 천사(祁天使)[47]의 시에 차운한 것이다.

강을 굽어보는 정자는 한껏 모습을 뽐내니　俯江臺榭漫相誇
승경은 기이함 다투며 양 벼랑에 솟아 있네　眩勝爭奇簇兩崖

45 평천(平泉)의 수석(水石) : 평천은 당나라 이덕유(李德裕)의 별장인 평천장(平泉莊)을 말한다. 진귀한 수목과 괴석이 많았는데, 〈평천산거계자손기(平泉山居戒子孫記)〉를 남겨 "평천장을 파는 자는 내 자손이 아니며, 나무 한 그루 돌 한 개라도 남에게 주는 자는 훌륭한 자제가 아니다."라고 하였다. 여기서는 효사정의 아름다운 조경을 비유한 것이다. 《古今事文類聚 續集 卷9》

46 하동(河東) : 본관이 하동인 정인지를 가리킨다.

47 기 천사(祁天使) : 1476년(성종7) 명나라에서 사신으로 왔던 기순을 가리킨다.

작은 정자가 어찌 조상 생각을 이끌어 내나　　何似小亭心念祖
선영 매우 가까워 효성이 집안에 전해지네　　密親先壟孝傳家
용머리 쪽 강물은 가을 옥빛 머금고 있고[48]　　龍頭水抱含秋玉
안산 너머 산들은 양 갈래로 늘어서 있네　　案外山朝列髻丫
하늘이 인자를 위해 길지를 열어 주었으니　　天爲仁人開吉地
회화나무 뿌리 깊어 이미 세 번 꽃피었네[49]　　仙槐根大已三花

위는 괴애(乖崖)의 시[50]에 차운한 것이다.

부귀와 현달이 끊임없이 이어지는 집안이라　　駟馬高車積慶門
하늘과 매우 가까우니 어찌 깊은 시골이랴　　天臨尺五豈深村
서리와 이슬에 놀란 마음 시절을 슬퍼하고[51]　　心驚霜露悲時序
선영은 오랜 세월 속에서 절로 밤낮을 잇네　　歲老松楸自曉昏

48 용머리……있고 : 효사정이 용산을 바라보고 있는데, 용산의 산줄기가 용이 한강 쪽으로 머리를 향하고 있는 형상이다.

49 회화나무……꽃피었네 : 회화나무는 자손의 영달을 상징한다. 송나라 때에 병부시랑(兵部侍郎) 왕호(王祜)가 뜰에 세 그루의 홰나무〔三槐〕를 심으며 자손 중에 반드시 삼공의 지위에 오르는 자가 있으리라고 하였는데, 실제 그의 아들 왕단(王旦)이 정승이 되었다.《古文眞寶 後集 卷8 三槐堂銘》여기서는 노한이 우의정을 지낸 것을 비롯하여, 그의 손자인 노사신이 영의정을 지냈고 또 증손자인 노공필(盧公弼)이 판서와 영중추부사를 지내는 등 후손이 번창한 것을 가리킨다.

50 괴애(乖崖)의 시 : 괴애는 김수온의 호이다. 김수온의 문집인《식우집(拭疣集)》권4에 〈차사효정시권운(次思孝亭詩卷韻)〉이라는 제목으로 2편의 시가 실려 있는데, 그중 두 번째 시이다.

51 서리와……슬퍼하고 : 돌아가신 부모님을 생각하며 서글퍼하는 것이다.《예기》〈제의(祭義)〉에 "서리와 이슬이 내리면 군자가 이를 밟으면서 반드시 서글픈 마음이 든다."라고 하여 돌아가신 부모에 대한 그리움을 나타내었다.

흥이 일면 매양 함께 낚시할 친구를 찾고　　興至每尋漁釣伴
여가엔 한가히 수운 속 정자에 기대 본다　　公餘閑倚水雲軒
분명 훗날까지 후손들 끊임없이 이어지고　　定知袞袞來昆遠
인애와 효성 이어받아 마음에 간직하리라　　仁孝相傳一念存

'운(雲)' 자는 운(韻)에 맞지 않아 '헌(軒)' 자로 고쳤다.

위는 죽계(竹溪)[52]의 시에 차운한 것이다.

52 죽계(竹溪) : 안침(安琛, 1445~1515)을 가리키는 듯하다. 안침의 본관이 순흥(順興)인데, 순흥 안씨를 죽계 안씨라고도 한다.

제주목으로 부임하는 이자후를 전송하며[53]

送李子厚赴任濟州牧

이름은 전(塼)이다.

붕새는 구만 리를 박차 올라 남쪽을 향하는데　鵬摶九萬又圖南
매미 메추라기 탄식하니 힘이 미치지 못함이라[54]　蜩鷃咨嗟力不堪
가슴은 바다처럼 넓어 멀리 봉래도[55]까지 통하고　胸海寬通蓬島迥
시재는 예리하고 높아 우뚝한 한라산에 견주네　詩鋒高竝漢拏巉
조주의 물가 악어들은 누가 교화에 맞서겠는가　潮溪鰐徒誰干化
합포에 구슬 돌아오니 참언 두려워할 것 없어라[56]　合浦珠還不畏讒

53 제주목(濟州牧)으로……전송하며 : 이자후(李子厚)는 이전(李塼, 1454~?)으로, 본관은 연안(延安), 자는 자후이다. 1492년(성종23) 문과에 급제하여 예조 참의, 제주 목사, 경주 부윤(慶州府尹) 등을 역임하였다. 이전이 제주 목사의 직임을 맡은 때는 1509년(중종4)에서 1510년 사이이다. 정수강(丁壽崗)의 《월헌집(月軒集)》에도 앞의 율시와 동일한 운자를 사용하여 제주 목사로 떠나는 이전을 전송한 시가 실려 있다. 《月軒集 卷3 送濟州牧使李子厚之任次諸賢韻》

54 붕새는……못함이라 : 《장자》 〈소요유(逍遙遊)〉에, 몇천 리 크기의 붕새가 북쪽 바다에서 남쪽 바다로 옮겨 갈 때에는 물을 차며 3000리를 달렸다가 회오리바람을 박차고 9만 리를 올라가 6개월을 날아간다고 하였고, 매미와 비둘기는 이것을 보고서 자신들은 나무에도 오르지 못할 때가 있는데 무엇 하러 9만 리를 날아 남쪽에 가느냐고 하였다.

55 봉래도(蓬萊島) : 삼신산(三神山) 중 하나인 봉래산(蓬萊山)인데, 여기서는 제주도를 가리킨다.

56 조주(潮州)의……없어라 : 한유(韓愈)가 조주 자사가 되었을 때 고을에 악어의 피해가 심하다는 것을 알고, 악어에게 떠날 것을 명하는 글을 짓자 며칠 후 물이 모두 마르고 악어가 사라져 폐해가 없어졌다고 한다. 《古文眞寶 後集 卷3 鰐魚文》 합포(合

훗날 어진 수령으로 두소[57]의 명성을 얻을 것이며　他日循良名杜召
동영주[58]라 불리는 제주 백성들은 봄날을 즐기리라　東瀛民物挾春酣

모중이 지금 다섯 말 수레의 채찍을 잡고서[59]　毛仲今揮五馬鞭
거문고 학과 짝하며 전현의 자취를 따른다　伴身琴鶴迹前賢
바다 고을이라 신임 수령 즐길 것 없겠지만　海邦無物娛新使
이슬 서리 맞은 감귤이 아름다움 뽐내리라　露橘霜柑作意妍

자식에게 훈계한 선현의 시를 읽어 보니　讀過先賢戒子詩
국사를 면려할 뿐 사사로운 말 하지 않았네　勉他王事不言私
전별에 임하여 그대 화운해 주길 청하니　君今索和當行贐
사모의 마음 국그릇과 담장에만 있으랴[60]　未獨羹墻寓所思

浦)는 중국 광동(廣東)의 해안 마을로 진주가 많이 생산되었는데, 탐욕스러운 관리들이 진주를 닥치는 대로 수탈하자 백성들은 흩어지고 진주의 생산도 점차 줄었다. 이후 맹상(孟嘗)이 태수로 부임하여 폐해를 없애자 백성들이 다시 돌아왔고 진주의 생산도 예전처럼 늘어났다. 《後漢書 循吏列傳 孟嘗》 여기서는 모두 이전에게 제주에 가서 선정을 베풀어 폐해를 없애라는 의미로 한 말이다.

57 두소(杜召) : 수령으로서 선정을 베풀었던 후한(後漢)의 두시(杜詩)와 전한(前漢)의 소신신(召信臣)을 가리킨다. 두 사람 모두 남양 태수(南陽太守)가 되어 선정을 베풀었기에 그 고을 사람들이 이들을 부모처럼 여기고 칭송하였다. 《後漢書 杜詩列傳》 《漢書 循吏傳 召信臣》

58 동영주(東瀛洲) : 동쪽의 영주산(瀛洲山)으로 한라산을 가리킨다.

59 모중(毛仲)이……잡고서 : 모중은 당나라 현종(玄宗) 때에 목장의 관리를 담당했던 왕모중(王毛仲)으로, 이후 능력을 인정받아 대장군의 지위에까지 올랐다. 《舊唐書 王毛仲列傳》 다섯 말의 수레란 수령이 타는 수레를 가리킨다.

60 전별에……있으랴 : 선친의 시에 화운을 청하였으니 시를 볼 때에도 부모님에 대한

자후 씨가 출발할 때가 되어 전별의 말을 구하면서 선대인(先大人)[61]이 남행(南行)을 훈계하며 지은 시 두 장(章)을 보여 주며 화운할 것을 청하였으니, 남들에게 그 뜻을 확장하게 하여 추모의 생각을 넓히려는 것이었다. 내가 매계(梅谿)[62]가 지은 그 시의 서문을 보니, 매우 상세하게 잘 갖추어져 있어 지금 나의 말을 덧보탤 필요가 없었다. 이에 그저 소회만을 기록하되 운자를 따라 지어 이별의 마음을 적고, 끝에 절구 한 수를 보태 힘써 교도한 뜻에 부응할 뿐이다.

사모의 정이 떠오를 것이라는 말이다. 순(舜) 임금이 죽은 요(堯) 임금을 사모하여, 앉아서는 담장에서 요 임금을 보는 듯하고 밥을 먹을 때에는 국그릇에서 요 임금을 보는 듯하였다고 한다. 《後漢書 李固列傳》

61 선대인(先大人) : 이전의 아버지인 이인문(李仁文)을 가리킨다. 이인문은 문과에 급제하여 병조 참의 등을 역임하였다.

62 매계(梅谿) : 조위(曺偉, 1454~1503)의 호인데, 일반적으로 매계(梅溪)라고 표기한다. 본관은 창녕(昌寧), 자는 대허(大虛)이다. 김종직(金宗直)의 처남이자 문인이었는데, 무오사화 때에 김종직의 시문을 편찬한 것이 문제가 되어 유배되었다가 유배지에서 병으로 죽었다.

서천 동헌에 걸린 시[63]에 차운하다

次舒川東軒韻

화려한 누각은 수풀 끝에서 겹겹이 솟았고　麗譙層出樹林端
깃발은 바람에 나부끼며 바다 기운은 차갑다　旌旆翻風海日寒
북극 하늘 높기도 높아 먼 생각에 잠기고　北極天高勞遠想
남쪽 바다 광활한 물결 먼 경치 장하여라　南溟波闊壯遐觀
그윽한 회포 맘에 가득하니 시로 풀어 보고　幽懷望腹憑詩遣
세상의 일들 사람 파고드니 술로 달래 본다　世故鑿人得酒寬
홀을 괴고서 아침에 상쾌한 기운 맞이하니[64]　柱笏朝來迎爽氣
더 이상 뜻하지 않은 일들이 괴롭히지 않네　更無非意苦相干

인간사 근심과 즐거움 괴롭게도 너무 많아　人間憂樂苦多端
호해에서 갈매기와의 맹세[65] 이미 식어 버렸네　湖海鷗盟覺已寒

63 서천(舒川)……시 : 이색(李穡)의 시로, 《목은고(牧隱藁)》 권34에 〈제서주성루(題西州城樓)〉라는 제목으로 수록되어 있으며 《신증동국여지승람(新增東國輿地勝覽)》 권19 〈서천군(舒川郡)〉의 제영(題詠) 항목에도 수록되어 있다. 서주(西州)는 서천의 옛 이름이다.

64 홀(笏)을……맞이하니 : 세속에 얽매이지 않는 초연한 모습을 표현하는 말이다. 진(晉)나라 때 왕휘지(王徽之)가 환충(桓沖)의 기병참군(騎兵參軍)으로 있을 적에 환충이 사무에 대해 언급하자, 아무런 대답 없이 높이 응시하며 홀을 턱에 괴고는 "서산(西山)에 아침이 오니 기운이 상쾌하다."라고 하였다. 《古今事文類聚 卷28 手版拄頤》

65 갈매기와의 맹세 : 속세를 떠나 산수 좋은 곳에 은거하겠다는 결심을 말한다.

늙어 버려 보잘것없음은 자책할 만하겠고 老去迂慵堪自訟
속세에서 애쓰던 모습은 누가 볼까 부끄럽네 塵中黌躉愧旁觀
나그네 시름은 여전히 천 갈래 얽히어 있으며 客愁剩有千絲亂
세상 사는 길엔 애당초 한 발짝 여유도 없어라 世路元無一步寬
천공이 세상 밖에서 노니는 걸 홀로 바라보며 獨見天公遊物外
늘그막에 맑은 꿈을 시내 난간에 떨구어 본다 晩來淸夢落溪干

태안 동헌에 걸린 시에 차운하다[66]

次泰安東軒韻

빈한한 선비 반년 동안 바닷가에 머물며　　儒酸半載海雲邊
귀향의 꿈 지척의 하늘에 길이 걸어 두네　　歸夢長懸尺五天
담 모퉁이 새 댓가지 마디 굵게 자라고　　墻角竹孫分勁節
물결 위의 거센 바람 비린 기운 날리네　　潮頭颶母簸腥煙
밤기운 속 제단 위엔 별빛이 내려앉고　　醮壇夜氣星君下
연기 걷힌 소금가마 신기루 이어지네　　鹽竈晴熛蜃市連
오랜 나그네 자득한 물고기에 부끄러우니　　客久羞看魚得計
늘어나는 하얀 귀밑털 눈처럼 나부끼기만　　謾添棲鬢雪飄然

66 태안(泰安)……차운하다 : 신용개의 할아버지인 신숙주(申叔舟)도 동일한 제목으로 차운한 시가 있다. 《保閑齋集 卷9 次泰安東軒韻》

서산 누대의 제영시[67]에 차운하다
次瑞山樓題韻

벼슬에 지친 답답한 속마음 풀기 어려워라	倦遊襟抱鬱難開
이끼에 부딪치는 연못 물 눈 씻고 바라보네	洗眼荷塘水拍苔
바다 위의 누런 구름 옛날부터 멀었어라[68]	海上黃雲從古遠
태양 곁의 푸른 새는 어느 때나 오려는가[69]	日邊靑鳥幾時來
세월은 흘러갈사 봄이 다 가려고 하는데	流年鼎鼎春將盡
방초는 무성할사 사람 돌아가지 못하네	芳草萋萋人未回
홀로 술에 의지하니 그 안에 풍미가 있어	獨倚麴生風味在
깊은 밤 산 무너지고 우렛소리 들리지 않네[70]	夜深山倒不聞雷

67 서산(瑞山) 누대의 제영시 : 이색(李穡)의 시로, 《목은고(牧隱藁)》 권2에 〈서주(瑞州)〉라는 제목으로 수록되어 있다.

68 바다……멀었어라 : 바닷가 수자리를 표현한 말인 듯하다. 이백(李白)의 〈자류마(紫騮馬)〉에 "흰 눈 덮인 관산은 멀고, 누런 구름 바닷가 수자리 아득해라.〔白雪關山遠, 黃雲海戍迷.〕"라고 하였다. 《李太白文集 卷4》

69 태양……오려는가 : 푸른 새는 사자(使者)를 상징한다. 전설 속의 신녀(神女)인 서왕모(西王母)가 한 무제(漢武帝)를 만날 때에 그의 사자인 푸른 새를 먼저 보냈다고 한다. 《太平御覽 卷927 靑鳥》

70 깊은……않네 : 산이 무너진다는 말과 우렛소리 들리지 않는다는 말은 모두 술에 취하였다는 표현이다. 위진 시대 죽림칠현(竹林七賢)의 한 사람인 혜강(嵇康)은 풍채가 우람했는데 그가 술에 취하면 그 모습이 마치 옥산(玉山)이 무너지는 것 같았다고 한다. 《世說新語 容止》 유령(劉伶)의 〈주덕송(酒德頌)〉에 "멍하니 취해 있기도 하고 몽롱하게 깨어 있기도 하는데, 조용히 들어도 우렛소리가 들리지 않고 찬찬히 살펴보아도 태산의 모습이 보이지 않는다."라고 하였다. 《古文眞寶 後集 卷1》

관청이 자리한 형세는 양지를 향하고 있지만 官居取勢面陽開
오래된 땅 성은 황폐하니 돌에는 이끼로다 地古城荒石有苔
산 나무 바람 가득 안고 바닷가에 나직하며 山木飽風臨海亞
들 안개 나쁜 기운 불어 사람에게 엉기누나 野煙吹瘴着人來
백 년의 인생 귀밑털에 서리 처음 내리는데 百年鬢髮霜初透
만고의 오랜 강산에서 홀로 고개 돌려 본다 萬古關河首獨回
마음이 죽어 이제 모습은 나무와도 같으니 心死此時形似木
인간사 비방과 칭찬은 앵앵대는 모깃소리 人間毁譽聽蚊雷

바쁜 가운데의 말다툼 봄을 맞아 열리니 忙中口角得春開
가랑비 내린 맑은 시내에 푸른 이끼 자랐네 細雨淸溪長碧苔
오랜 세월 객지 생활에 늙은이가 되었건만 客路多年成老大
어느 때나 고향 향하며 귀거래사 부를 건가 故園何日賦歸來
산머리의 지는 해는 구름에 가리어 어둡고 山頭落日雲遮暝
하늘가의 환한 빛을 새들이 띠고서 맴도네 天際晴光鳥帶回
그윽한 회포를 담아 한가하게 말하지 말라 莫把幽懷閑說了
주변 사람들 이런저런 많은 말 있으리니 傍人舌上有風雷

홍주 누대의 제영시에 차운하다[71]

次洪州樓題韻

훈풍에 날리는 버들솜 눈처럼 하늘을 덮고	薰風飛絮雪漫天
뜰아래 그윽한 꽃 날 저물자 더욱 그윽하네	庭下幽花晩更然
절기는 마음 놀라게 해 늙음을 깨닫게 하고	節序驚心仍覺老
술잔은 손에 이르러서 멈추지 않고 전하네	杯觴到手不停傳
백 년의 목숨이야 뒤처진 양을 채찍질하듯[72]	百年性命羊鞭後
만년의 행장이야 앞서간 수레 뒤따라가듯[73]	末路行藏車鑑前
예부터 명예에 죽는 건 금하는 것 많으니	自古殉名多物禁
일찌감치 관직을 내놓고 현자에게 맡겨야지	早輸公器屬時賢

굳센 날개 저 기러기 먼 하늘로 사라지는데	冥鴻勁翮沒長天
망연히 바람 부는 난간에 홀로 기대어 본다	獨倚風欄意惘然
세상사 많은 갈림길에 발붙일 곳 없건마는	世路多岐無脚着
옛사람 지난 자취에는 마음으로 전함 있어라	古人陳迹有心傳
정신 떠났는데 형체의 밖에서 함께 찾아본들	神離共索形骸外

71 홍주(洪州)……차운하다 : 홍주 객관 동쪽의 계풍루(繫風樓)에 쓴 시에 차운한 것이다.

72 백……채찍질하듯 : 양생(養生)을 위해서는 자신의 부족한 부분을 잘 보완해야 한다는 말이다. 《장자(莊子)》 〈달생(達生)〉에, 전개지(田開之)가 "양생을 잘하는 사람은 양을 기르는 것과 같아서 뒤처진 놈을 보면 채찍질을 해야 한다."라고 하였다.

73 만년의……뒤따라가듯 : 잘못된 전철을 밟지 않아야 한다는 말이다.

구멍 뚫렸으니 숙홀 이전 모습 누가 보전하리[74]　　竅鑿誰全儵忽前
이리저리 계산하여 득실을 밝혀 보고자 하나　　擬把乘除明得喪
백양[75] 같은 현인 구천에서 되살리긴 어려워라　　九原難起伯陽賢

일 많았던 굴원은 번거로이 하늘에 물었으니[76]　　多事三閭煩問天
비방 받아 영락하는 것 예나 지금이나 마찬가지　　古來毁譽落同然
현주를 잃어버린 지 오래라 지금 누가 찾을런가　　玄珠久失今誰得
단조는 완성되지 않았어라 세상에 전하지 않네[77]　　丹竈無成世不傳
해를 따라 기우는 해바라기 마음[78] 이미 놓았으니　　已放葵心傾日下
흰 머리털 가지고서 꽃 앞에 나풀대지 말지어다　　休將霜鬢拂花前

74 정신……보전하리 : 본성의 순수함을 잃어 회복하지 못함을 말한다. 정신은 내면에 깃들어 있지 육체에 깃들어 있는 것이 아니니, 육체에서 정신을 찾으려 한들 찾을 수가 없다. 남해의 제왕인 숙(儵)과 북해의 제왕인 홀(忽)이 중앙의 제왕인 혼돈(渾沌)의 호의에 감사를 표하기 위하여, 사람들이 다들 가지고 있는 일곱 개의 구멍을 혼돈은 가지고 있지 않다며 하루에 하나씩 그에게 구멍을 뚫어 주었는데, 7일 만에 혼돈이 죽었다고 한다. 《莊子 應帝王》

75 백양(伯陽) : 한(漢)나라 때의 선인(仙人)인 위백양(魏伯陽)을 가리킨다. 상수학(象數學)을 바탕으로 단학(丹學)의 경전이라 불리는 《참동계(參同契)》를 저술하였다.

76 일……물었으니 : 굴원(屈原)이 〈천문(天問)〉을 지은 것을 말한다. 《史記 屈原列傳》

77 현주(玄珠)를……않네 : 진정한 도가 전해지지 않음을 말한다. 《장자》 〈천지(天地)〉에, 황제(黃帝)가 가지고 있던 검은 구슬을 잃어버렸는데, 아무도 찾지 못하는 것을 무심(無心)을 의미하는 상망(象罔)이 찾았다고 한다. 단조(丹竈)는 도가에서 단약을 만드는 아궁이이다.

78 해를……마음 : 해바라기가 해를 따라 방향을 바꾸는 것과 같이 임금을 향한 신하의 마음을 표현한 말이다.

이 몸은 부질없이 이름에 부림을 받고 있어서	此身謾被名驅使
조정에서 옛 현인을 저버렸음을 알지도 못하네[79]	未解人朝負昔賢

79 조정에서……못하네 : 명예에 얽매이지 않았던 굴원과 같은 마음을 갖고 있지 못하다는 말이다.

공주 누대의 제영시에 차운하다

次公州樓題韻

갠 하늘 구름은 아득하게 높은 누각 위에 떠 있고	晴雲曖靆壓層樓
교목은 하늘에 닿았으니 오랜 고을인 줄 알겠어라	喬木連霄認古州
한 줄기 비단결 강물은 느릿느릿 비껴 흐르고	一水錦明橫緩帶
여기저기 푸른 산은 뾰족한 산머리를 드러냈네	亂山鬟翠露尖頭
백 년 인생 물러나나 나아가나 몸은 매이지 않는데	百年去就身無繫
세상만사 한가하나 바쁘거나 세월은 쉬 흘러가네	萬事閑忙歲易遒
서풍 불어오는 해 질 녘에 눈이 내리려 하는데	日暮西風天欲雪
시끄러운 귓가의 노랫소리가 근심을 씻어 줄는지	聒人歌吹倘銷憂

연경에 가는 좌상을 전송하며 지은 영상의 시에 차운하여 부사 이 우윤의 행차에 써서 올리다[80]

次領相送左相赴京韻書奉副使李右尹行軒

사신의 직무 그대에 미치자 모든 사람 칭송하니	專對推君萬口雷
국서를 받들고서 그 옛날 연대[81]로 날아가누나	銜書飛上舊燕臺
국교[82]는 혀 아래에 풍부한 문사를 갖추었고	國僑舌下文辭富
오찰[83]은 가슴속에 조화의 예악을 지니었네	吳札胸中禮樂諧
오늘의 술잔은 이별의 서글픔 머금었지만	此日杯觴含別恨
훗날의 마음은 뛰어난 재능을 알게 되리라	他年心事識英才
상국의 산하는 기이한 승경이 많기도 하니	山河上國多奇勝
그대 돌아오길 기다려 시낭을 살펴보리라	探討奚囊待子廻

80 연경에……올림 : 좌상은 박원종(朴元宗)이고, 영상은 유순(柳洵)이며, 이 우윤(李右尹)은 한성부 우윤(漢城府右尹) 이점(李坫)이다. 중종반정 이후 중국에서 내린 고명(誥命)에 대한 사은사로 1508년(중종3)에 박원종, 이점 등이 사신으로 파견되었다. 《二樂亭集 卷13 送左議政朴赴京序》

81 연대(燕臺) : 연경을 의미하는 말이다. 전국 시대 연 소왕(燕昭王)이 지었던 누대 이름인데, 연경 지역에 포함되어 있다.

82 국교(國僑) : 춘추 시대 정(鄭)나라 대부인 공손교(公孫僑)로, 아버지 공자발(公子發)의 자(字)인 자국(子國)을 성씨로 삼아 국교로도 칭하였다. 강대국인 진(晉)나라와 초(楚)나라 사이에서 외교를 잘하여 약소국인 정나라를 안정시켰다.

83 오찰(吳札) : 춘추 시대 오(吳)나라의 계찰(季札)을 가리킨다. 사신으로 여러 나라를 다니면서 박식함으로 유명하였으며, 노(魯)나라에서는 주대(周代) 각국의 음악을 살펴보고 각국의 치란을 정확히 비평하였다.

수양오로도[84]

睢陽五老圖

응제(應製)로 임금의 병풍에 쓰다.

모두 바쁜 가운데에 한가함을 즐겼으니	都將忙鬧博寬閑
일찍이 조정에서 높은 벼슬을 하였다네	曾戴皇家進德冠
날개에 바람을 타며 바다의 흐름을 따랐고[85]	有翼摶風隨海運
무심히 꼬리를 끌며 고래가 노닒을 얻었네[86]	無心曳尾得鯢桓
좋은 날에 술동이 여니 봄기운이 가득 차고	罇開勝日春長盎
흰 수염에 노을 비치니 눈발에도 춥지 않네	霞映衰髯雪不寒
구름 그림자 아득함에 기러기 높이 나는데	雲影杳然鴻意遠
그저 시와 그림만 남겨 후인들이 보게 하네	只留詩畫後人看

84 수양오로도(睢陽五老圖) : 송나라 지화(至和) 3년인 1056년에 두연(杜衍)이 왕환(王渙) 등과 함께 결성한 모임을 수양오로회(睢陽五老會)라 하는데, 이때의 모임을 소재로 그린 그림이 〈수양오로도〉이다. 《이요정집》 권8에 이에 대한 발문이 실려 있다. 《古今事文類聚 卷45 睢陽五老圖詩幷序》

85 날개에……따랐고 : 높은 기상을 떨침을 말한다. 《장자》 〈소요유(逍遙遊)〉에, 붕새가 남쪽 바다로 옮겨 갈 때에 물을 3000리를 달리다가 회오리바람을 타고 위로 9만 리를 오른다고 하였다.

86 무심히……얻었네 : 고요함을 지킴을 말한다. 《장자》 〈응제왕(應帝王)〉에 "고래가 노니는 곳이 못이다."라고 하였는데, 곽상(郭象)의 주에, 물은 항상 무심하여 고요한 속성을 잃은 적이 없다고 하였다.

연경에 가는 부제학 조이지[87]를 전별하며

別副提學趙理之赴燕京

사신의 재능 겸하여 멀리로 국서를 전하는데	才兼專對遠銜書
예와 시에 능숙함은 누군들 그대만 하겠는가	說禮敦詩衆不如
온 나라의 사신들은 생일을 축하하러 모이고	萬國梯航樞電節
오색구름 궁궐에는 황제가 자리에 임하리라	五雲閶闔玉皇居
화려한 문명은 주나라 당나라가 남긴 것이니	文華剩是周唐舊
전해진 습속은 연나라 조나라가 원래 아니네	習尙元非燕趙餘
이로부터 사마씨와 같은 먼 유람을 하겠거니[88]	從此遠遊司馬氏
가슴으로 받아들이는 것 귀허처럼 끝없으리[89]	胸中迎納似歸墟
북해를 박차고 저 높이 구름 위에 오르고	搏扶北海上雲衢
풍모와 절개는 늠름하여 옥병에 비추누나[90]	風節稜稜映玉壺

87 조이지(趙理之) : 조원기(趙元紀, 1457~1533)로, 본관은 한양(漢陽), 자는 이지, 호는 돈후재(敦厚齋)이다. 문과에 급제하여 대사헌, 형조 판서 등을 역임하였으며, 무예에도 조예가 깊어 경원 부사(慶源府使)의 직임을 맡기도 하였다. 1515년(중종10) 성절사(聖節使)로 중국에 다녀왔다. 《默齋集 卷5 舅氏參贊趙公墓碑銘》

88 이로부터……하겠거니 : 사마씨(司馬氏)는 《사기(史記)》를 지은 사마천(司馬遷)을 가리킨다. 그는 20세 무렵 천하를 유람하여 남으로는 강회(江淮), 회계(會稽) 등지에 이르렀고, 북으로는 문수(汶水), 사수(泗水) 등지에 이르렀다.

89 가슴으로……끝없으리 : 새로운 문명을 다양하게 경험할 것이라는 말이다. 귀허(歸墟)는 아래로 끝이 없다는 전설상의 큰 계곡이다. 《列子 湯問》

90 풍모와……비추누나 : 맑고 고결한 풍모를 말한다. 남조(南朝) 송나라 포조(鮑照)

이 아무개 시 주머니엔 온갖 시가 가득했고[91]	李子詩囊三體富
장 아무개 사행 짐엔 한 푼의 재화도 없었네[92]	張生使橐一金無
유주 연나라 옛 지역의 백 년 옛일 더듬으며	百年撫古幽燕地
눈바람 몰아치는 만 리 길에 채찍 휘두르리	萬里揮鞭風雪途
현안처럼 이불 속이라 직접 이별 못 하고서[93]	玄晏擁衾違判袂
부질없이 시를 지어 이별가로 삼아 보노라	謾將巴里當驪駒

의 시 〈백두음(白頭吟)〉에 "충직함은 붉은색 밧줄이요, 깨끗함은 옥병 속 얼음이라.〔直如朱絲繩, 淸如玉壺氷.〕"라고 하였다.《文選註 卷28》

91 이(李)……가득했고 : 이 아무개는 당나라 때의 문인 이하(李賀)를 가리킨다. 이상은(李商隱)이 지은 〈이하소전(李賀小傳)〉에 의하면, 이하는 벗들과 즐기러 나갈 적에 항상 종에게 주머니를 메고 따라다니게 하고서는 시상이 떠오를 때마다 시를 지어 그 주머니에 넣었다고 한다.《李義山文集箋註 卷10》

92 장(張)……없었네 : 사행에서 재물을 불리지 않음을 비유한 듯하나, 장 아무개가 누구를 가리키는지는 자세하지 않다.

93 현안(玄晏)처럼……하고서 : 병으로 직접 전송하지 못하는 상황을 설명한 듯하다. 현안은 진(晉)나라의 학자 황보밀(皇甫謐)의 호인데, 그는 만년에 풍질(風疾)을 앓아 반신불수로 지냈다.

여희[94]

驪姬

응제(應製)로 임금의 병풍에 쓰다.

융족의 여인 재앙 품고서 깊은 규방에 쌓았는데[95]　女戎胎禍貯深閨
암탉을 경계하라는 은나라의 경계 전부 잊었네[96]　殷鑑渾忘戒牝鷄
두 짝은 나란히 나라를 기울이는 혀가 되었고[97]　二耦比成傾國舌
세 성을 나누어 종실을 없애는 매개로 삼았네[98]　三城分作翦宗梯
엿새를 두어 독을 넣으니 참소를 누가 변론하리[99]　鴆行六日讒誰辨

94 여희(驪姬) : 춘추 시대 진 헌공(晉獻公)의 애첩이다. 자신이 낳은 아들 해제(奚齊)를 왕위에 앉히기 위해 태자 신생(申生)을 참소하여 죽음에 이르게 하였다. 《국어(國語)》 〈진어(晉語)〉에 자세한 내용이 기록되어 있다.

95 융족의……쌓았는데 : 여희는 원래 여융(驪戎) 사람인데, 진 헌공이 여융을 정벌한 이후 여융이 진 헌공에게 바친 여인이다. 《國語 晉語》

96 암탉을……잊었네 : 진 헌공이 여희를 총애하여 그의 의견을 받아들여 준 것을 말한다. 《서경》 〈목서(牧誓)〉에 "암탉은 새벽에 울지 말아야 하니, 암탉이 새벽에 울면 집안이 쓸쓸해진다."라고 하였는데, 이는 은(殷)나라의 마지막 왕인 주왕(紂王)이 부인의 말만 들으려 했던 것을 경계한 말이다.

97 두……되었고 : 두 짝은 여희의 자매를 말하는 것인 듯하다. 여융이 진 헌공에게 여희를 바칠 때 그녀의 동생인 소희(少姬)도 바쳤는데, 진 헌공은 여희에게서 아들 해제를 낳고 소희에게서는 아들 탁자(卓子)를 낳았다. 《國語 晉語》

98 세……삼았네 : 여희는 자신의 아들을 왕위에 앉히기 위해 태자와 공자들을 제거할 계책을 세웠는데, 선조의 사당과 국경을 권위 있게 지켜야 한다는 명목으로 태자인 신생과 공자인 이오(夷吾), 중이(重耳)를 각각 곡옥(曲沃), 포읍(蒲邑), 굴읍(屈邑)으로 보내도록 하였다. 《國語 晉語》

밤새도록 울며 고하니 마음 이미 혼미하였네[100] 泣罷中宵意已迷
태자를 제거하고서 후계자를 바꾸고자 하였으나 擬去前星移主器
하늘의 형벌은 끝내 해제를 용서하지 않았다네[101] 天刑終不免奚齊

99 엿새를……변론하리 : 태자인 신생이 제사를 지낸 후 제사 음식을 아버지인 헌공에게 보내왔는데, 헌공이 마침 사냥을 나갔으므로 여희가 그 음식을 6일간 궁궐에 두었다가 독을 넣어 헌공에게 바쳤다. 그 음식을 개에게 먹이니 개가 죽었고, 하인에게 먹이니 하인도 죽었다. 주위에서 신생에게 일에 대한 변명을 할 것을 권하자, 신생은 아버지는 여희가 없으면 편안하게 지내지 못한다고 하면서 아무런 변명을 하지 않은 채 자결하였다. 《國語 晉語》

100 밤새도록……혼미하였네 : 헌공이 신생의 어짊을 믿고 있자 여희는 밤중에 울면서, 신생이 백성을 사랑하는 마음으로 임금을 시해할 수도 있다고 신생을 참소하였다. 그러자 헌공은 여희의 말에 따라 그를 시험하고자 하였다. 《國語 晉語》

101 태자를……않았다네 : 여희는 태자 신생을 죽게 하고 두 공자인 이오와 중이를 내쫓고서 자신의 아들인 해제를 태자로 삼았으나, 헌공이 죽은 뒤에 반란이 일어나 해제는 죽고 말았다. 《國語 晉語》

경가구[102]의 호호정[103]

慶可久浩浩亭

명리 마당 어느 곳에 몸을 붙여 한가할까	名場何地着身閑
남들 따라다니면서 뻔뻔했음이 부끄럽네	俯仰隨人恥强顔
맑은 시대엔 일월에 기대 관복을 입었지만	淸代簪纓依日月
노년이 되어선 산수 즐기며 한가히 살아야지	暮年巾屨有湖山
마음의 근원 드넓어서 아무 거리낌 없으니	心源浩浩應無物
세상사 분분함 속에서 벗어난 것만 같아라	世事膠膠擬脫關
부끄럽네, 갈매기와의 맹세[104] 저버린 지 오래	愧我鷗盟今久負
성긴 머리엔 눈이 쌓여 이미 반백 되었어라	雪侵衰鬢已成斑

102 경가구(慶可久) : 경세창(慶世昌)으로, 본관은 청주(淸州), 자는 가구·무숙(茂叔)이다. 문과에 급제하여 도승지, 황해도 관찰사, 대사간 등을 역임하였다.

103 호호정(浩浩亭) : 파주(坡州)에 있던 경세창의 별장에 지은 정자이다. 경세창이 정자를 짓고 문인들에게 시를 청한 뒤에 시축(詩軸)을 만들었다고 한다.《希樂堂集 卷3 浩浩亭……以成軸》

104 갈매기와의 맹세 : 갈매기와 어울려 지내겠다는 말로, 은거의 삶을 말한다.

정조사 이군 장곤[105]을 전송하며
送正朝使李君長坤

궁벽한 동국에 태어나 행적은 국한되지만　　生偏東國跡匏懸
마음은 이전의 삼황오제 모두 담고 있어서　　心括三皇五帝先
사업은 위로 이윤과 부열 이후를 의논하고　　事業尙論伊傅後
연원은 멀리 동중서 한유 이전에 다다랐지　　淵源遠遡董韓前
마침내 커다란 그릇을 바다에 띄우게 됐고　　終敎瓠落罇浮海
바다를 박차 오른 날개 하늘을 가리었구나　　已見扶搖翼蔽天
우국에서 천하의 선비와 다시 교류하리니　　友國更交天下士
귀로에 분명 그대에게 전별의 시를 주리라　　歸程應有贈君鞭

만 리 길에 국서를 품고서 황제 배알하리니　　萬里銜書拜玉皇
갖옷 가득 풍설 속에 하늘은 멀고 길어라　　滿裘風雪鶴天長
가는 곳마다 말소리 달라 눈가엔 근심이요　　音殊處處蒿雙眼
어느 때고 고단한 여정에 고향을 얘기하리　　遊倦時時說故鄕
계자는 주나라 예악을 해박하게 논하였고[106]　　季子解論周禮樂
마천은 한나라 문장에 으뜸으로 자리했네[107]　　馬遷終擅漢文章

105 이군 장곤(李君長坤) : 이장곤(1474~1519)의 본관은 벽진(碧珍), 자는 희강(希剛), 호는 금헌(琴軒)이다. 문과에 급제하여 대사헌, 이조 판서 등을 역임하였다. 1514년(중종9) 예조 참판으로 정조사(正朝使)가 되어 중국에 다녀왔다.

106 계자(季子)는……논하였고 : 계자는 춘추 시대 오(吳)나라의 계찰(季札)을 가리킨다. 256쪽 주83 참조.

내년이면 눈 비비며 넓은 바다를 보리니	明年刮目觀洋海
알던 바를 수습하여 대방가에게 물어보리라	收拾前聞問大方

107 마천(馬遷)은……자리했네 : 마천은 한나라의 사관인 사마천(司馬遷)을 가리킨다. 그는 젊어서 천하의 산천과 역사 유적을 두루 유람하였고, 여기에서 얻은 기상을 바탕으로 이후 《사기(史記)》를 저술할 수 있었다고 한다.

청심루 시에 차운하다[108]

次淸心樓韻

강 안개 아른아른 붓끝을 끌어내고	江煙冉冉惹毫端
강물은 맑고 맑아 여윈 얼굴 비치네	江水澄澄照瘦顔
가는 노 젓는 소리에 저녁 새만 지나고	細艣鳴邊唯夕[109]鳥
푸른 숲 저 너머엔 또 푸른 산이로다	翠林橫外亦靑山
팔방 창의 승경은 두 눈으로 들어오고	八牕勝景雙眸內
한 줄기 찬 빗소리 일만 낙수에 묻히네	一雨寒聲萬霤間
우스워라, 벼슬길에 오래도록 서성였으니	自笑名途長躄躠
한적함이야 고기잡이 노인에게 맡겨야지	任他漁叟管淸閑

108 청심루(淸心樓) 시에 차운하다 : 청심루는 경기도 여주(驪州) 객관 북쪽에 있던 누각으로, 많은 문인이 이에 대한 시를 남겼다. 신용개가 청심루 시에 차운한 시는 《이요정집》 권1과 권3에도 각각 다른 운으로 1편씩 더 실려 있다. 김극성(金克成)의 《우정집(憂亭集)》 권3에 〈무제(無題)〉라는 표제 아래 4편의 칠언 율시가 실려 있는데, 그 첫 번째 시가 이 시와 동일하다. 김극성의 시문은 오랫동안 수습되지 못하다가 후손이 저자 사후 200여 년 만에 우연히 민가에서 습득하였고, 간행은 사후 300여 년이 지난 1860년에 이루어졌다. 시문을 수습하는 과정 또는 간행 과정에서 함께 기록되어 있던 차운시가 김극성의 시로 오인되어 잘못 표기된 것인 듯하다. 《韓國文集叢刊解題 1輯, 憂亭集》

109 夕 : 두주에는 '夕輿覽作白'으로 되어 있다.

삼귀정[110]

三龜亭

김씨의 안동(安東) 별장이다.

당일에 나무 가득 형화가 피었으니[111]	當日荊花滿樹時
색동옷에 오리 신 신고 함께 기뻐했네[112]	彩衣鳧舃共懽嬉
흐르는 세월 빨리도 지나 떠난 부모 슬퍼하고	流年駒過悲風木
옛 건물은 신의 도움으로 돌 거북이 남아 있네	舊物神扶有石龜
하늘은 들녘 빛을 거두어 저 들판으로 돌아가고	天卷野光歸莽蒼
산은 구름 그림자 나누어 잔물결 속에 잠기누나	山分雲影浸淪漪
좋은 경치 가득한 곳에서 잔치를 베풀었으니	好收奇勝供筵席
형제간 우애 좋게 지냈던 일 반드시 기억하리	須記塤篪伯仲吹

110 삼귀정(三龜亭) : 안동 풍산현(豐山縣)에 있는 정자로, 김영수(金永銖) 형제가 노모를 즐겁게 해 드리기 위해 지었다. 건물 앞에 있는 세 개의 돌이 거북이 엎드린 형상을 닮았다고 하여 삼귀정이라 이름하였다고 한다. 《虛白堂集 文集 卷5 三龜亭記》

111 당일에……피었으니 : 형제의 번창을 비유한다. 형화(荊花)는 자형화(紫荊花)로, 가지에 가득 연이어 피어 형제를 상징한다.

112 색동옷에……기뻐했네 : 색동옷은 자식이 부모를 기쁘게 해 드리는 것을 상징하는 말로, 노래자(老萊子)가 나이 칠십에 어버이를 기쁘게 해 드리기 위해 색동옷을 입고 재롱을 떨었다고 한다. 《古今事文類聚 後集 卷3 老萊戲采》 오리 신은 지방관을 뜻하는 말로, 후한(後漢)의 왕교(王喬)가 섭현(葉縣)의 현령으로 있으면서 매월 삭망(朔望) 조회를 올 적에 도술을 부려 신발을 오리로 변하게 하여 타고 왔다고 한다. 《古今事文類聚 續集 卷20 飛鳧舃》 당시 김영수 형제가 모두 인근의 수령으로 있었다고 한다. 《虛白堂集 文集 卷5 三龜亭記》

황해 감사 경군 세창[113]을 전송하며

送黃海監司慶君世昌

천심이야 분명 백성의 수고 덜어 주는 것인데	天心端爲息民勞
황해 감사를 맡김이야 촉망이 높기 때문이네	西海分憂屬望高
주나라의 감당나무 무성해지길 노래할 것이요[114]	佇見周棠歌蔽芾
한나라의 도끼로는 탐욕스러움 그치게 하리라[115]	懸知漢斧戢貪饕
위엄 있는 명성 고을마다 관찰사를 맞이하고	威聲列郡迎雙節
바다 같은 마음 삼산에서 육룡을 부리리라[116]	胸海三山駕六鼇
진중하게 자문하며 미치지 못할 듯 생각하면서도[117]	珍重咨諏懷靡及
정사 한가한 때엔 때때로 우리를 생각해 주시게	政閑時復憶吾曹

113 황해……세창 : 경세창(慶世昌)은 1514년(중종9)에 황해도 관찰사에 제수되었다. 《中宗實錄 9年 1月 5日》

114 주(周)나라의……것이요 : 선정을 베풀어 백성들이 칭송할 것이라는 말이다. 주나라 소백(召伯)이 남쪽을 순행하며 정사를 펼 적에 감당나무 아래에 머물렀었는데, 백성들이 그의 덕을 그리워하여 그 나무를 베지 말라는 노래를 불렀다. 《詩經 召南 甘棠》

115 한(漢)나라의……하리라 : 지방의 해악을 제거함을 말한다. 한 무제(漢武帝) 때에 도적 떼가 기승을 부리자 광록대부(光祿大夫) 범곤(范昆)에게 도끼를 쥐고 군사를 일으켜 이들을 진압하게 하였다. 《史記 酷吏列傳》

116 바다……부리리라 : 크게 경륜을 펼치는 것을 말한다.

117 진중하게……생각하면서도 : 항상 자신을 부족한 듯이 여겨 주위에 두루 자문하라는 말이다. 《시경》 〈소아(小雅) 황황자화(皇皇者華)〉에 "급히 가는 저 사신이여, 매양 미치지 못할 듯이 생각하도다.〔駪駪征夫, 每懷靡及.〕"라고 하고, 또 "말을 달리고 채찍질하여 이에 두루 자문하도다.〔載馳載驅, 周爰咨諏.〕"라고 하였다.

경승의 시에 차운하다

次景升韻

경승이 함흥 교수(咸興敎授)가 되었다.

늙어 가니 예전처럼 몰두하는 일이 없어	老子癡狂少不如
일생을 단속하며 움츠려 살아갈 뿐	百年拘檢摠蘧蒢
풍류야 번천[118]에 뒤처지지 않는데	風流不落樊川後
지위는 사도[119]의 남긴 자취 따르네	名位還添師道餘
중경이 혹시 벼슬할 계획을 세웠더라면	中敬倘生遊宦計
산도는 응당 절교의 편지를 보냈으리라[120]	山濤應有絶交書
고향 산의 고사리 봄에 한창 좋을 텐데	故山薇蕨春方好
묻노니, 돌아갈 마음 버렸는가 말았는가	爲問歸心除未除

118 번천(樊川) : 당나라 시인 두목(杜牧)의 호이다. 그는 풍류남아(風流男兒)로 명성이 높았다.

119 사도(師道) : 북송 때의 시인 진사도(陳師道)를 가리킨다. 소식(蘇軾)의 추천으로 서주 교수(徐州敎授)를 지낸 바가 있다.

120 중경(中敬)이……보냈으리라 : 경승(景升)이 벼슬을 목적으로 함흥 교수직을 맡은 것이 아니라는 말인 듯하다. 산도(山濤)는 진(晉)나라의 문인으로 혜강(嵇康), 완적(阮籍) 등과 교유하며 죽림칠현(竹林七賢)의 한 사람이 되었다. 혜강은 산도가 자신을 벼슬에 천거하자 이를 못마땅하게 여기고서 그에게 절교하는 편지를 보냈다. '중경(中敬)'은 중산대부(中散大夫)인 혜강을 지칭하는 '중산(中散)'의 오기인 듯하다.

매월정[121] 시에 차운하다

次梅月亭韻

고운 꽃술과 금빛 물결 새로움을 다투는데[122] 玉蕊金波共鬪新
맑은 빛과 수수한 자태 모두 마음에 드누나 淸光淡態摠宜人
달빛 그림자 천상에서 너울너울 춤을 추고 廣寒天上婆娑影
고야산 신녀 산중에서 고운 자태 드러냈네[123] 姑射山中綽約神
눈 온 뒤의 늙은 두꺼비 뼛속 시리도록 차갑고 雪後老蟾氷徹骨
바람에 춤추는 학은 날개가 수레바퀴 같아라[124] 風來舞鶴翅如輪
나부산은 예부터 신선이 사는 곳이지만 羅浮自古仙眞界
혹여 사웅에게 하룻밤을 허락하리라[125] 儻許師雄一夜親

121 매월정(梅月亭) : 전주부(全州府) 객관 동북쪽에 있던 누각으로, 1483년(성종 14)에 부윤 이봉(李封)이 세웠다고 한다. 《新增東國輿地勝覽 全州府》

122 고운……다투는데 : 고운 꽃술은 매화를, 금빛 물결은 달빛을 비유한다.

123 고야산(姑射山)……드러냈네 : 매화를 비유한 말이다. 고야산은 신선이 살고 있다는 산으로 그곳의 신선은 피부가 빙설(氷雪)처럼 희고 자태가 처녀처럼 곱다고 하였다. 《莊子 逍遙遊》

124 눈……같아라 : 두꺼비는 달을 상징하고, 달이 차다는 것은 달빛이 밝음을 말한다. 춤추는 학은 바람에 나풀거리는 매화를 비유하는 것인 듯하다.

125 나부산(羅浮山)은……허락하리라 : 수(隋)나라의 조사웅(趙師雄)이 저물녘 나부산을 지나다가 어느 주막에서 아름다운 여인과 달빛 아래에서 흥겹게 술을 마시며 즐겼는데, 깨어 보니 아무것도 없고 큰 매화나무 아래였다고 한다. 《古今事文類聚 後集 卷28 飮梅花下》 매화 피고 달빛 어린 매월정에서 즐기는 자신의 모습을 비유한 것이다.

쾌심정 시에 차운하다[126]

次快心亭韻

푸른 산 깎인 절벽 굽이돌아 푸른 병풍인데	蒼山斷麓翠屛隈
누가 지었던고, 훌륭한 정자 물가를 향하였네	誰刱華亭面水開
바람 없어 잔잔한 강 물결은 환히 거울과 같고	細浪無風光可鑑
비낀 해에 삐죽한 봉우리들 붉게 더미가 되네	亂峯斜日紫成堆
차가운 하늘은 처량하니 장차 가을이 깊어 가고	寒空憭慄秋將老
먼 길의 나그네 올라서서 홀로 고개를 돌리누나	遠客登臨首獨回
다시 젓대 소리 있어 나의 마음 흥기시키니	更有笛聲能起我
맑은 시에 의루의 재주를 빌릴 것이 없어라[127]	淸詩不借倚樓才

126 쾌심정(快心亭) 시에 차운하다 : 쾌심정은 전주부에 있던 정자이다. 김안국(金安國)의 문집 《모재집(慕齋集)》 권1에 〈차쾌심정윤상로운(次快心亭尹商老韻)〉이란 시가 있는데 이 시와 동일한 운을 사용한 것으로 보아 차운시의 원시는 윤상로가 지은 듯하다.

127 다시……없어라 : 의루(倚樓)는 당나라의 문인 조하(趙嘏)를 가리킨다. 그의 시에 "긴 젓대 소리 한 가락에 사람은 누대에 기대노라.〔長笛一聲人倚樓〕"라는 구절이 있어, 사람들이 그를 조의루(趙倚樓)라 불렀다.《全唐詩 卷549 趙嘏》 여기서는 젓대 소리가 들려오니 조하가 아니더라도 저절로 좋은 시를 지을 수 있겠다는 말이다.

이요정집

제5권

詩시

〈저물녘 금강에서 배를 띄우며〉에 차운하다[1]

次錦江暮泛韻

구름 그림자 강에 어려 맑은 가을 일렁이고	江涵雲影漾淸秋
갈꽃 희고 단풍 붉어 나그네 시름 자아내네	蘆白楓丹動客愁
대지에 가득한 산천은 저물녘 풍경을 머금고	滿地山川含暮景
물가에 앉았던 갈매기 돌아가는 배를 피하네	下汀鷗鷺避歸舟
바람과 안개 시야에 들어 흥을 거두기 어렵고	風煙撲眼難收興
퉁소 북 소리 사람 재촉해 다시 누대에 오르네	簫鼓催人更上樓
크게 취하여 채찍 휘두르며 먼 길에 오르니	大醉揮鞭登遠道
맑은 물줄기는 고기잡이 노인에게 맡겨야지	任他漁叟占澄流

1 저물녘……차운하다 : 〈저물녘 금강에서 배를 띄우며〉는 김안국(金安國)의 시로, 그의 문집인 《모재집(慕齋集)》 권1에 신용개의 차운시와 함께 실려 있다.

금강 누선의 시에 차운하다

次錦江樓船韻

산은 규룡과 같이 내달려 와 강물을 마시고	山如虯走來飮江
물은 비단이 되어 비끼어서 창문에 비치네	水作練橫斜映窓
큰물이 요동하여 모래톱이 모두 생기었고	沙渚盡生潦倒瀉
바람이 격동하여 가을 소리 점차 거세어라	商聲漸緊風擊撞
두릉의 탁금강을 천년의 뒤에 생각하고[2]	杜陵濯錦千年思
구로의 여산은 큰 붓이라야 그릴 수 있네[3]	歐老廬山萬丈杠
풍광은 끝이 없는데 시 짓는 힘 떨어지니	景物無窮詩力退
맑은 밤에 술동이 마주하길 다시 기약하네	良宵更約對金缸

2 두릉(杜陵)의……생각하고 : 두릉은 두보(杜甫)를 가리킨다. 탁금강(濯錦江)은 두보가 머물던 성도(成都)에 있던 강 이름이다. 금강을 탁금강에 비유한 것이다.

3 구로(歐老)의……있네 : 구로는 구양수(歐陽脩)를 가리킨다. 여산(廬山)은 강서성(江西省) 구강현(九江縣)에 있는 산이다. 구양수가 같은 해에 진사(進士)가 된 유중윤(劉中允)의 높은 절개를 여산에 빗대어 〈여산고(廬山高)〉를 지었는데, 마지막에 "아, 내가 그대에 대해 쓰려고 하나, 어찌 긴 깃대 같은 큰 붓을 구할 수 있겠는가.〔嗟我欲說, 安得巨筆如長杠?〕"라고 하였다. 《古文眞寶 前集 卷7》 금강 앞의 산을 여산에 비유한 것이며, '큰 붓'이란 어떤 것을 제대로 표현할 수 있는 필력을 말한다.

연경에 조회 가는 민국서[4] 상안 를 전송하며
送閔國瑞 祥安 朝燕京

항아리 속 초파리가 어찌 하늘을 알겠으며 甕裏醯鷄寧識天
반생만 홀로 신선 되는 줄 아는 것 아니라네[5] 班生不獨解登仙
주나라가 남긴 예악은 오찰을 필요로 하고[6] 周餘禮樂須吳札
한나라에 있는 산하는 마천에 맡겨야 하지[7] 漢有山河屬馬遷
학이 떠난 천년 뒤에 표석만이 남아 있고[8] 鶴去千秋唯石表

4 민국서(閔國瑞) : 민상안(閔祥安)으로, 본관은 여흥(驪興), 자는 국서이다. 문과에 급제하여 대사헌, 이조 참판, 평안도 관찰사 등을 역임하였으며, 1511년(중종6) 성절사(聖節使)가 되어 중국에 다녀왔다.

5 반생(班生)만……아니라네 : 반생은 당나라 반경천(班景倩)을 가리킨다. 그가 채방사(采訪使)로 있다가 대리소경(大理少卿)이 되어 내직으로 들어가게 되자 예약수(倪若水)가 그를 전별하면서 "반공(班公)의 이번 길은 어찌 신선이 되어 오르는 것과 다르리오."라고 하였다. 《太平廣記 卷494 班景倩》 민상안이 중국에 방문하는 것을 이렇게 비유한 것이다.

6 주(周)나라가……하고 : 오찰(吳札)은 춘추 시대 오(吳)나라의 계찰(季札)을 가리킨다. 그는 사신으로 여러 나라를 다니면서 박식함으로 유명하였으며, 노(魯)나라에서는 주대(周代) 각국의 음악을 살펴보고 각국의 치란을 정확히 비평하였다. 《史記 吳太伯世家》

7 한(漢)나라에……하지 : 마천(馬遷)은 한나라의 사관인 사마천(司馬遷)을 가리킨다. 그는 젊어서 천하의 산천과 역사 유적을 두루 유람하였고, 여기에서 얻은 기상을 바탕으로 이후 《사기(史記)》를 저술할 수 있었다고 한다. 《史記 太史公自序》

8 학이……있고 : 요동(遼東) 들판을 묘사한 구절이다. 한(漢)나라의 정영위(丁令威)가 이곳 출신인데, 영허산(靈虛山)에서 도술을 배워 천년 만에 학이 되어 돌아왔다는 전설이 있다. 《搜神後記 卷1》

겹겹 성벽 긴 담장[9]에 진나라 역사 기억되리　　城重百雉記秦年
그대의 마음은 거뜬히 바다처럼 넓어지리니　　胸襟剩得寬如海
훗날 그대의 붓 자루 서까래 같음을 보게 되리[10]　　他日看君筆似椽

9 겹겹……담장 : 진(秦)나라 때 지어진 만리장성을 말한다.

10 훗날……되리 : 중국을 둘러본 경험을 바탕으로 문장력이 향상될 것임을 말한다. 붓 자루가 서까래 같다는 것은 문필이 뛰어남을 비유적으로 표현한 것이다.

추쇄도감계축에 제하다

題推刷都監契軸

노비의 장부 살피려고 따로 관청 열었으니	勘釐隷籍別開司
선발된 낭료 모두 영민한 자질의 인재로다	遴選郎僚摠敏資
능숙한 칼 놀림 어찌 뼈와 힘줄을 건드리랴[11]	游刃何嘗經肯綮
분란의 해결은 또한 엉킨 실타래 풀어내듯	解紛還似理棼絲
종일토록 함께 일하며 서로 도움이 되고	卯申共事多相輔
마음으로 성심 다하니 속이지 않음이로다	肝膽投誠要不欺
세월 바뀌어도 오래도록 공경하고자 함이니	擬保歲寒期久敬
후인들에게 알리려 이름 적는 것은 아니라네	題名非爲後人知

11 능숙한……건드리랴 : 능란한 일 처리를 비유한 말이다. 소 잡는 기술이 뛰어났던 포정(庖丁)은 뼈와 힘줄을 전혀 건드리지 않고 칼을 운용하였으므로 아무리 오래 칼을 사용해도 칼이 무뎌지지 않았다고 한다. 《莊子 養生主》

총마계축[12]에 제하다

題驄馬契軸

성조에서의 선발이라 기량이 뛰어난데	聖朝銓選上才良
철관에 총마 타니 모두 조장과 같아라[13]	冠鐵乘驄盡趙張
난실[14] 안에서 마음 적시며 취미 함께하고	蘭室薰心同臭味
잣나무 뜰[15]에서 부절 나누며 절조 다짐하네	柏庭分節透氷霜
긴장을 풀고자 한가한 때 연회를 열지만	弛張公暇開筵席
맑고 탁함이야 마음속에 격양함 있어라[16]	淸濁胸中有激揚

12 총마계축(驄馬契軸) : 사헌부의 계축을 말한다. 후한(後漢) 시대 환전(桓典)이 관리의 감찰을 담당하는 시어사(侍御史)가 되어 강직하게 일을 처리하자 간사한 이들이 그를 두려워하여 피하였는데, 그가 항상 총마를 타고 다녔기에 이후에는 총마가 어사를 지칭하는 말로 쓰이게 되었다.《後漢書 桓榮列傳 典》조선 시대에는 사헌부가 감찰의 직무를 수행하였기에 사헌부의 관원을 지칭하는 말로 쓰였다. 신용개는 1494년(성종25)에 사헌부 지평, 1500년(연산군6)에 장령, 1513년(중종8)에 대사헌을 역임하였다.

13 철관(鐵冠)에……같아라 : 철관은 살을 철로 댄 관모(冠帽)로 어사가 썼다. 조장(趙張)은, 한(漢)나라의 경조윤(京兆尹)으로 법 집행을 엄격히 하고 폐단을 제거하는 등 풍속을 바로잡았던 조광한(趙廣漢)과 장창(張敞)을 병칭한 것인 듯하다.

14 난실(蘭室) : 좋은 벗과 함께 지내는 곳을 말한다.《공자가어(孔子家語)》〈육본(六本)〉에 "선한 사람과 함께 있으면 마치 지란(芝蘭)이 있는 방에 들어가는 것과 같다."라고 하였다.

15 잣나무 뜰 : 한나라의 어사부(御史府)에 잣나무가 줄지어 심어져 있었기에, 사헌부를 상징한다.

16 맑고……있어라 : 격탁양청(激濁揚淸)을 의미하는 말로, 악을 억제하고 선을 장려함을 뜻한다.

세월 바뀌어도 지조 변치 않길 바라노니	擬到歲寒看特操
훗날 이를 마주하고 서로 잊지 말지어다	他年對此各毋忘

형조랑계축에 제하다

題刑曹郎契軸

명사들이 한 조정에서 성왕의 치세 만났고	名士同朝際聖治
게다가 친한 동료들과 마음으로 사귀었네	況親僚友許心知
한마디로 판결하여 함께 형벌 거두려 하니[17]	片言共擬收刑措
다섯 가지로 살피면 누가 죄를 억울해하리[18]	五聽誰冤入罪疑
이미 각종 형틀은 뜰 풀밭에 널브러졌으니	已見桁楊臥庭草
한가히 연회 열어 강 물가로 나가 봐야지	閑開筵席趁江湄
돌아와 뜻을 담아 성명을 적어 기록하니	歸來作意題名姓
훗날이라도 이 마음 감히 스스로 속이랴	襟抱他年敢自欺

17 한마디로……하니 : 한마디로 판결한다는 것은 말에 신의가 있어 사람들이 바로 복종하는 것이다. 《논어》 〈안연(顔淵)〉에 "한마디 말로 옥사를 결단할 수 있는 자는 유(由)일 것이다."라고 하였다. 형벌을 거둔다는 것은 제도는 갖추어졌지만 시행하지는 않음을 말한다.

18 다섯……억울해하리 : 《주례(周禮)》 〈추관사구(秋官司寇) 소사구(小司寇)〉에, 상대의 말, 안색, 기색, 듣는 태도, 눈동자 등 다섯 가지를 살펴 옥사와 송사의 실상을 판단한다고 하였다.

총마계축에 제하다

題驄馬契軸

성조에서의 선발이라 오대[19]를 중시하는데　聖朝銓選重烏臺
치관[20]에 총마 타니 모두 뛰어난 인재로다　冠豸乘驄摠俊才
난실[21]에 오래 어울려 기상과 흥취 함께하고　蘭室久薰同氣味
빙호[22]에 서로 비추며 강직한 풍모 간직하네　氷壺相映入風裁
일을 나누며 함께 곧은 위엄 떨치자 하지만　分司共要霜威振
술잔 잡고는 때로 굳은 얼굴 펴고서 대하네　把酒時看鐵面開
세월 바뀌어도 이를 저버리지 말아야지　擬保歲寒無背此
이름 적는 건 후세에 남기려고 해서만은 아니네　題名不獨照方來

19 오대(烏臺) : 사헌부의 별칭이다. 한(漢)나라의 어사부(御史府)는 조선의 사헌부처럼 감찰의 직무를 수행하였는데, 그 앞에 심어진 잣나무에 항상 수많은 까마귀가 날아와 앉았기에 어사부를 오대 또는 오부(烏府)라 불렀다. 《漢書 朱博傳》

20 치관(豸冠) : 어사(御史) 등 법 집행관들이 썼다는 해치관(獬豸冠)을 말한다. 해치는 뿔이 달린 전설상의 동물로 선악을 구별할 줄 알아 부정한 사람은 뿔로 들이받았기에 감찰을 담당하는 사헌부의 상징으로 쓰였다.

21 난실(蘭室) : 278쪽 주14 참조.

22 빙호(氷壺) : 얼음이 담긴 옥그릇으로, 깨끗한 인품을 상징한다.

정조사 김군 당[23]을 전송하며

送正朝使金君璫

가는 이 옷깃 잡고 슬프게 말하지 말아야지	莫把征裾說黯然
정조사로 떠나는 길에 이별가를 재촉하네	朝正催賦遠遊篇
유주와 계주의 성곽 산하는 장하기도 하고	城闕幽薊山河壯
순 임금과 주의 문물 일월이 걸린 듯하리라	文物虞周日月懸
날개 아래엔 구름 하늘 구만 리가 펼쳐지고[24]	翼下雲天開九萬
가슴속에는 예의 절차 삼천 조목 꿰뚫었네[25]	胸中儀禮貫三千
가는 길에 분명 안목 있는 자를 만날 것이니	行逢定有具雙眼
뛰어난 명성 어찌 요동의 돼지 곁에 떨구리오[26]	肯落英名遼豕邊

23 김군 당(金君璫) : 김당(1465～1532)의 본관은 경주(慶州), 자는 옥이(玉耳)이다. 문과에 급제하여 공조 판서, 대사헌 등을 역임하였다. 1513년(중종8)에 정조사(正朝使)가 되어 중국에 다녀왔다.

24 날개……펼쳐지고 : 넓은 세상에서 드넓은 기상을 펼칠 수 있음을 말한 것이다. 《장자》 〈소요유(逍遙遊)〉에, 북쪽 바다의 붕새가 남쪽 바다로 옮겨 갈 때에 물을 3000리를 달리다 회오리바람을 타고 9만 리를 올라간다고 하였다.

25 가슴속에는……꿰뚫었네 : 예의를 잘 알아 사신의 임무를 잘 수행함을 말한 것이다. 《예기》 〈예기(禮器)〉에 "기본적인 예의가 삼백 조목이고, 세부적인 절차가 삼천 조목이다.〔經禮三百, 曲禮三千.〕"라고 하였다.

26 뛰어난……떨구리오 : 조선에도 뛰어난 문인이 있다는 것을 보여 주라는 말이다. '요동(遼東)의 돼지'는 식견이 좁아 남들은 다 아는데 자신만 새로 알게 되어 신기하게 여기는 것을 비유하는 말로 쓰인다. 요동의 돼지가 머리가 하얀 새끼를 낳자 주인이 이를 진귀하게 여겨 임금께 진상하러 가는 길에 하동(河東)을 지났는데, 그곳 돼지의 머리가 하얀 것을 보고는 무색해하며 돌아왔다는 이야기가 있다. 《後漢書 朱浮列傳》

추부랑[27]계축에 제하다

題秋部郎契軸

성조에선 덕을 우선하지 형벌 우선하지 않으니	聖朝先德不先刑
항상 잘못할까 근심하며 형벌을 신중히 해야지	欽恤常憂失重輕
밝고 진실되게 한마디로 판결하길 함께 기약하고[28]	明允同期片言折
잘못을 교정하며 다섯 가지로 살펴[29] 더욱 조심하네	平反還愼五辭聽
상에 가득한 문서와 장부는 관서의 업무이며	堆牀簿牒官曹事
한가한 날의 술병과 술잔은 동료의 정이로다	暇日杯觴僚友情
함께 교초[30]를 잘라 내어 흔적을 남겨 두니	共翦鮫綃留影響
백발이 되어 보더라도 반갑게 대하리라	白頭看對眼應靑

27 추부랑(秋部郎) : 형조 낭관(刑曹郎官)의 별칭이다.

28 밝고……기약하고 : 한마디로 판결한다는 것은 말에 신의가 있어 사람들이 바로 복종함을 말한다. 280쪽 주17 참조.

29 다섯 가지로 살펴 : 옥사와 송사에서 다섯 가지 방법으로 실상을 파악한다는 것이다. 280쪽 주18 참조.

30 교초(鮫綃) : 진설상 물고기 형상의 사람인 교인(鮫人)이 짰다는 비단으로, 물에 닿아도 젖지 않는다고 하여 변치 않음을 의미한다.

예부랑계축에 제하다

題禮部郎契軸

동료들은 친하여 마음을 환히 비추나니　寮友情親照膽明
하물며 재주 갖춘 예조 낭관은 어떠하랴　南宮星選況才英
관사는 한가하여 청요의 겸비를 모두들 말하고　官閑摠道淸要倂
시절은 편안하여 예악의 완성을 공손히 받드네　時泰恭承禮樂成
반가운 마음 평생 간직하니 난실[31]의 향기이며　靑眼百年蘭室臭
꽃다운 이름 한 폭에 적나니 세한의 맹세[32]로다　芳名一幅歲寒盟
훗날 우리 함께 경륜을 크게 펼칠 것이니　他時共步經綸地
붕새 날갯짓하며 바람 타고 만 리 길을 가리[33]　鵬翼搏風萬里程

31 난실(蘭室) : 278쪽 주14 참조.

32 세한(歲寒)의 맹세 : 겨울에도 푸르른 소나무처럼 고난 속에서도 변하지 않기를 다짐하는 말이다. 《논어》 〈자한(子罕)〉에 "날씨가 추워진 뒤에야 소나무와 잣나무가 뒤늦게 시듦을 알 수 있다."라고 하였다.

33 붕새……가리 : 크게 포부를 펼침을 말한다. 282쪽 주24 참조.

추부랑계음도에 제하다

題秋部郞契飮圖

같은 조정 같은 일에 또 같은 마음이라	同朝同事又同心
친밀한 우리 교분 단단한 쇠도 끊으리	交契情親合斷金
옥사의 판결 반드시 유의 신의를 간직하고[34]	折獄要須由也信
상형의 시행 누군들 순의 신중함 저버리리[35]	象刑誰負舜之欽
듣자 하니 감옥엔 억울한 이 없다 하니	似聞囹圄無冤枉
때때로 술잔 들어 회포를 풀어나 보세	時把杯觴展抱襟
맑은 절조 영원히 변치 말자 맹세하고서	矢保歲寒存素節
이름 적어 서로 보면서 경계로 삼노라	題名相對當規箴

34 옥사(獄事)의……간직하고 : 유(由)는 공자의 제자인 자로(子路)의 이름이다. 《논어》〈안연(顔淵)〉에서 공자가 "한마디 말로 옥사를 결단할 수 있는 자는 유(由)일 것이다."라고 하여 자로의 신의(信義)를 높게 평가하였다.

35 상형(象刑)의……저버리리 : 상형은 고대 형벌의 일종으로 신체에는 아무런 제재를 가하지 않고 다만 다른 사람과 복장을 달리하여 치욕스럽게 만드는 것이다. 《서경》〈익직(益稷)〉에 "순(舜) 임금이 우(禹)에게 말하기를 '고요(皐陶)가 바야흐로 그대의 공을 받들어서 상형을 베풀면서 밝게 시행하고 있다.'라고 하였다." 하였다.

장 수재를 전송하며

送張秀才

객지에서 답답한 이별의 심사 풀기 어려워서	客中離思鬱難平
매양 가는 이의 옷 붙잡고 옥경[36]의 길을 묻네	每把征裾問玉京
먼 변방에서 만나는 사람 아는 이 없겠지만	絶徼逢人稀舊識
험한 길에서 마주 대하면 정이 깊어지리라	窮途對面若深情
서리에 기러기 우는 날이라 나쁜 기운이 생기고	霜鴻叫日開炎瘴
바람은 댓잎 우는 가을 녘에 바닷가 성을 흔드네	風籜鳴秋撼海城
큰 술잔 가져다가 저녁을 즐기면서	試泊觥船寬一夕
시름을 적셔 또 시름을 불러일으키네	淹愁還覺喚愁生

36 옥경(玉京) : 도가(道家)에서 천제(天帝)가 산다고 하는 곳으로, 여기서는 천자가 머무르는 연경(燕京)을 가리킨다.

조 수재에게 주다

贈趙秀才

복잡하고 답답한 심사 한이 없으니	心緒縈雲繭吐絲
그대와의 이별 꿈엔들 생각했으리오	去留俱夢不前期
훗날 반가운 마음으로 오늘 저녁을 말하겠지만	他年青眼論今夕
노년에 이별하는 심사 젊은 시절과는 다르다오	暮境離腸異少時
멀리 떠나온 외로운 나그네 원래 병이 있는데	遠客羈孤元抱病
가을바람 처량하기도 하여 또 슬픔 자아내네	秋風憭慄又生悲
황량한 마을에 잎은 져서 가을 기러기 부르는데	荒村木落號霜雁
이별가를 들으며 시름에 젖어 취하여 말하노라	愁聽驪駒醉後辭

이 대간[37] 예견 에 대한 만사

李大諫 禮堅 挽詞

어질고 천수를 누리고도 그 복이 넉넉하여	天壽仁賢慶有餘
훌륭한 자손들이 나란히 집안을 빛내네[38]	聯芳玉樹照庭除
힘써 세운 공이 으뜸이라 훌륭한 신하로 기록되며	勞來功最循良傳
임금을 위한 충심 깊어 간쟁하는 글을 올렸다네	獻替心長諫諍書
고관에 미처 이르기 전에 인도가 꺾여 버려서	官未乘軒人道屈
몸은 이제 세상을 등지니 꿈이 허사가 되었네	身今厭世夢成虛
사간원에서 지난날 맑고 곧은 공을 모셨는데[39]	薇垣昔日陪淸謇
서풍에 만사를 지으며 소매 가득 눈물 적시네	薤露西風淚滿裾

37 이 대간(李大諫) : 이예견(李禮堅, 1436~1510)으로, 본관은 한산(韓山), 자는 불린(不磷)이다. 문과에 급제하여 삼척 부사(三陟府使), 대사간 등을 역임하였다.

38 훌륭한……빛내네 : 이예견의 아들인 이운(李耘), 이자(李耔)가 문과에 급제하여 관직이 참의, 대사헌 등에 오르는 등 자손이 훌륭하게 되었음을 말한다.

39 사간원에서……모셨는데 : 1500년(연산군6) 이예견이 사간원 대사간이었을 때에 신용개가 사간으로 근무한 적이 있다.

이 참의[40] 전 에 대한 만사

李參議 琠 挽詞

이름 계적에 올리고서 하늘에 날개 드리우니　名登桂籍翼垂天
벼슬길에서 이름 날리며 명성과 실제 겸비했지　雲路蜚英望實全
거듭 지방관을 맡으면서 백성을 힘써 보살폈고　再管專城勤撫育
일찍이 예조에 근무하며 규범이 중도에 맞았네　曾參典禮中方圓
복색의 화려함이여 관직은 높이도 올라갔으니　品章冠玉官爲達
목숨은 운명이어라 하늘은 나이에 인색하구나　壽紀周星天靳年
서글퍼라, 아름다움 훌륭한 자식에게 전하였지만　惆悵門華傳謝樹
새벽 오지 않는 깊은 밤 구천에 누워 있으니　不晨長夜臥重泉

40 이 참의(李參議) : 이전(李琠, 1454~?)으로, 본관은 연안(延安), 자는 자후(子厚)이다. 문과에 급제하여 제주 목사, 경주 부윤(慶州府尹), 예조 참의 등을 역임하였다.

통천 군수[41] 장중지 에 대한 만사
通川郡守 張重智 挽詞

평소 많은 복을 모아 선을 쌓은 집안이라	福慶常叢積善家
이에 대한 보답 참으로 헛되지 않으리라	由來報應信無虛
우공처럼 덕을 쌓았으니 대문이 장대하며[42]	于公種德門閭大
탁무처럼 인을 행했으니 수명이 길었어라[43]	卓茂行仁壽命遐
훌륭한 자손 뜰에 가득하여 경상이 배출되고	蘭玉盈庭卿相出
어진 명성이 대대로 전해져 이름이 빛나리라	循良有傳姓名華
한바탕 꿈속으로 이제 멀리 떠나셨으니	槐安夢裏今乘化
인간 세상 애도와 영예 다시 더할 것 없어라[44]	人世哀榮更莫加

41 통천 군수(通川郡守) : 장중지(張重智)로, 본관은 인동(仁同)이다. 안음 현감(安陰縣監), 통천 군수 등을 역임하였다.

42 우공(于公)처럼……장대하며 : 한(漢)나라의 우공이 지방관을 지내며 옥사를 공평하게 처리하면서 자신의 음덕으로 자손 중에 큰 인물이 나올 것이라며 큰 수레가 지나갈 수 있도록 대문을 크게 만들라고 하였는데, 과연 그의 아들 우정국(于定國)이 승상이 되었다. 《漢書 于定國傳》

43 탁무(卓茂)처럼……길었어라 : 후한(後漢) 때에 탁무가 지방관으로 있으면서 선정을 베풀어 명망이 높자, 광무제(光武帝)가 그를 높이 평가하여 태부(太傅)로 삼고 포덕후(褒德侯)에 봉하였다. 《後漢書 卓茂列傳》《논어》〈옹야(雍也)〉에 "인자(仁者)는 장수한다."라고 하였다.

44 인간……없어라 : "살아서는 사람들이 칭찬하고 죽어서는 사람들이 애도한다."라는 말로, 생전과 사후에 모두 영예로운 대우를 받았음을 말한다. 《論語 子張》

윤 목사[45] 희인 의 어머니에 대한 만사

尹牧使 希仁 母氏挽詞

집안일에 부인의 규범 들어맞지 않음이 없고	主饋無非閨範在
자식 교육에 어머니의 법도를 온전히 하였네	遷坊有敎母儀全
몇 해던가 쌍갑에서 외로운 검이 울더니만	幾年雙匣鳴孤劍
꿈이런가 저승에서 끊어진 실을 잇겠구나[46]	一夢重泉續斷絃
선을 쌓은 경사는 훌륭한 자식에게 남기고	善慶慣知遺幹蠱
존경과 애도 속에 갑자기 세상을 떠나셨네	哀榮其奈遽遊仙
육십의 세월이 너무도 빨리 흘러갔으니	光陰六袠驚駒隙
서풍에 만사를 지으며 눈물만 흘리노라	薤露西風淚泫然

45 윤 목사(尹牧使) : 윤희인(尹希仁, 1465~1538)으로, 본관은 파평(坡平), 자는 자응(子應)이다. 문과에 급제하여 대사간, 도승지, 이조 참판 등을 역임하였다. 그의 아버지는 사섬시 주부(司贍寺主簿)를 지낸 윤준정(尹俊丁)이며, 어머니는 덕수 이씨(德水李氏)로 통례원 봉례(通禮院奉禮)를 지낸 이효조(李孝祖)의 딸이다.

46 몇……잇겠구나 : 과부로 홀로 남았다가 죽어서 남편을 다시 만나게 되리라는 말이다.

이 판서[47] 계남 에 대한 만사

李判書 季男 挽詞

나라의 현인이라 그 명성 자자했으니	藉甚聲名國有賢
붕새런가 구만 리 박차 올라 하늘에 날개 드리우네	鵬搏九萬翼垂天
초상은 전각에 그려져 공훈이 드러났으며[48]	形圖漢閣勳庸著
관직은 육경에 이르러 사업을 이룩하였네	官列周卿事業全
훌륭한 자손 서로 빛나 많은 복록 누리지만	玉樹交輝欽積慶
한바탕 꿈결 빨리 지나 구천 향해 곡하누나[49]	黃粱易熟哭重泉
사람의 목숨이야 예전부터 금석이 아니러니	人生自古無金石
애통하구나, 영웅호걸도 영원하지 못하는 걸	痛殺英豪亦不年

47 이 판서(李判書) : 이계남(李季男, 1448~1512)으로, 본관은 평창(平昌), 자는 자걸(子傑)이다. 대사헌, 호조 판서, 이조 판서 등을 역임하였다. 중종반정에 참여하여 정국 공신(靖國功臣)에 책록되고 평원군(平原君)에 봉해졌다.

48 초상은……드러났으며 : 한나라 선제(宣帝)가 곽광(霍光) 등 11명의 공신 초상을 공신각(功臣閣)인 기린각(麒麟閣)에 걸어 이들을 잊지 않고자 하였다. 《漢書 蘇建傳 蘇武》

49 한바탕……곡하누나 : 인간 세상의 부귀영화가 꿈같이 한순간임을 말한 것이다.

이 부사[50] 우 에 대한 만사

李府使 堣 挽詞

온화하고 고상한 몸가짐 천성에서 나왔고	溫溫雅操出天眞
문장 또한 뛰어나서 사람의 마음 움직였지	華藻敷榮亦動人
간략함으로 다스려 교화가 노나라 성읍에 퍼졌고[51]	化洽魯城治尙簡
어진 정사 베풀어 사랑이 감당나무 아래 남았네[52]	愛留棠舍政推仁
중년에 깊은 병을 손쓸 수가 없더니만	中年二豎翻爲祟
나이 많은 홀어머니 애통함 극에 달하였네[53]	暮歲偏親慟入神
다시 옛 벗이 상심하여 장송곡을 부르지만	更有舊朋傷薤露
북망산 멀리 막혀 있어 상엿줄만 부여잡네	北邙遙阻挽靈輴

50 이 부사(李府使) : 이우(李堣, 1469~1517)로, 본관은 진성(眞城), 자는 명중(明仲), 호는 송재(松齋)이다. 문과에 급제하여 호조 참판, 안동 부사(安東府使) 등을 역임하였다. 중종반정에 참여하여 정국 공신에 책록되고 청해군(靑海君)에 봉해졌다. 1510년(중종5)부터 1511년 사이 강원도 관찰사로 있으면서 지역을 유람하며 지은 〈관동행록(關東行錄)〉에 신용개가 발문을 썼다. 《松齋集 碣銘》《二樂亭集 卷8 書李明仲關東行錄跋》

51 간략함으로……퍼졌고 : 지방관으로서 선정을 베푼 것을 말한다. 공자의 제자 자유(子游)가 무성(武城)의 수령이 되어 예악(禮樂)으로 고을을 잘 교화하자 현가(弦歌)가 고을에 울려 퍼졌는데, 공자가 현가 소리를 듣고는 무척 흐뭇해하였다. 《論語 陽貨》

52 어진……남았네 : 지방관으로서 선정을 베푼 것을 말한다. 주(周)나라 소공(召公)이 남쪽 지방을 순행하면서 문왕(文王)의 정사를 펼 때에 감당나무 아래에서 머무른 적이 있는데, 그 후 백성들이 그의 덕을 생각하며 그 나무를 차마 손상하지 못하였다고 한다. 《詩經 召南 甘棠》

53 중년……달하였네 : 이우가 49세에 병으로 죽었는데, 당시 80세의 노모가 살아 있었다고 한다. 《松齋集 碣銘》

허 정승[54] 침 의 부인에 대한 만사

許政丞 琛 夫人挽詞

명망과 덕행으로 당년에 존경받던 허 정승이	名德當年欽許相
유순하고 아름다워 짝할 만한 부인을 얻었으니	柔嘉儷美得夫人
집안일 맡으면서 가정의 화목 능히 이루었고	主中剩有宜家法
선덕을 쌓았으니 가문의 경사 응당 이어지리	種善應成毓慶因
높은 관직 이어지는 벌열가의 으뜸으로서	駟馬軒車元閥閱
훌륭한 자식들에게 그 정신이 어리었다네	庭蘭階玉摠精神
미망인 이제 저승에서 헤어진 짝을 만나리니	未亡今合泉臺劍
인간사의 온갖 영예 칠십 년을 누리었네	人世哀榮七袠春

54 허 정승(許政丞) : 허침(許琛, 1444~1505)으로, 본관은 양천(陽川), 자는 헌지(獻之), 호는 이헌(頤軒)이다. 문과에 급제하여 사가독서(賜暇讀書)를 하였고, 대사헌, 이조 판서, 좌의정 등을 역임하였다. 그의 부인은 영해 부사(寧海府使)를 지낸 유시(柳蒔)의 딸이다.

이 동지[55] 창신 에 대한 만사

李同知 昌臣 挽詞

굳은 절개는 이전 누구보다 뒤지지 않는데	苦節從前不後人
유배 생활 삼 년 동안 정신이 손상되었네[56]	長沙三載損精神
위기를 목도하며 늙어 감을 마음 아파했고	危機滿眼傷身老
세상일에 마음 쓰며 임금님 인자하길 바랐네	世事關心望主仁
시름 속에 멀리 떠나갈 줄 어찌 알았으랴	豈意窮愁乘大化
깊은 산골 봄볕 피어난 걸 미처 못 보았네	未瞻幽谷發陽春
상여는 은은하게 선영으로 돌아가는데	靈輴隱隱歸先壟
다시 문명을 밝혀 줄 태양빛이 새롭네[57]	還帶文明日影新
예전 옥당에서 모시고 근무할 적에[58]	昔年陪侍玉堂中

55 이 동지(李同知) : 이창신(李昌臣, 1449~1506)으로, 본관은 전의(全義), 자는 국이(國耳), 호는 극암(克庵)이다. 중국어에 능하였으며 정조사(正朝使)로 중국에 다녀오기도 하였다. 갑자사화에 연루되어 섬으로 유배를 갔다가 중종반정 이후 다시 부름을 받았는데, 미처 명이 전해지기 전에 죽었다.

56 유배……손상되었네 : 1504년(연산군10) 갑자사화에 연루되어 유배를 가서 햇수로 3년을 보내다가 1506년에 유배지에서 죽은 것을 말한다.

57 다시……새롭네 : 중종반정이 성공하여 새로운 문명의 시대가 열릴 것임을 말한 것이다.

58 예전……적에 : 옥당(玉堂)은 홍문관의 별칭이다. 1488년(성종19) 신용개가 홍문관 정자(弘文館正字)의 직임을 맡았을 때에 이창신이 전한(典翰)을 맡아 함께 근무한 적이 있다.

은근히 나를 고풍으로 인도해 주셨는데	進我殷勤引古風
이로부터 말씀은 겉으로 하는 말 아니었고	從此談詼非外面
이후로도 마음 쓰며 충심으로 받아 주셨지	後來輸寫許深衷
남쪽으로 함께 유배 갔던 나는 가의에게 부끄러우니	天南共落吾慙賈
지붕서 놀라 울부짖는 복조 공에게 빌미가 되었네[59]	屋上驚號鵩祟公
눈을 감고 생각하면 애간장 찢어질 듯하니	闔眼思量腸欲裂
자식과 형제는 그 마음 어떠하려나	況於賢胤弟兄同

59 남쪽으로……되었네 : 갑자사화에 연루되어 신용개와 이창신이 모두 유배를 갔는데, 자신은 살아 있고 이창신만 죽었음을 안타까워한 것이다. 복조(鵩鳥)는 올빼미와 비슷하게 생긴 새로 상서롭지 못하다고 일컬어진다. 한(漢)나라의 가의(賈誼)가 조정에서 쫓겨나 장사(長沙)로 좌천되어 갔는데 복조가 날아든 것을 보고는 자신이 오래 살지 못할 것을 예상하고 〈복조부(鵩鳥賦)〉를 지었다. 《史記 賈生列傳》

평성부원군[60] 박원종 에 대한 만사

平城府院君 朴元宗 挽詞

세상에 드문 영걸로서 어려운 때를 구제하니	英豪間世濟時屯
천지를 붙들어 정돈하며 성상을 보익하였어라	扶整乾坤翼聖神
이윤 곽광이라 공훈으로 사직을 보존하였고[61]	伊霍勳庸存社稷
소하 조참이라 재상 되어 경륜을 보중하였네[62]	蕭曹相業重經綸
하늘은 어찌하여 급히 경략을 빼앗아 갔는가[63]	奪還景略天何遽
수명은 공평치 않아서 분양만 홀로 장수했네[64]	壽獨汾陽命不均

60 평성부원군(平城府院君) : 박원종(朴元宗, 1467~1510)이 봉호이다. 본관은 순천(順天), 자는 백윤(伯胤)이다. 중종반정에 적극 참여하여 정국 공신(靖國功臣) 1등에 책록되었고, 이과(李顆)의 난을 다스린 공으로 정난 공신(定難功臣) 1등에 책록되었다. 신용개가 그의 신도비명을 지었다.《二樂亭集 卷13 平城府院君朴公神道碑銘》

61 이윤(伊尹)……보존하였고 : 상(商)나라의 이윤은 무도한 왕인 태갑(太甲)을 내쫓았고, 한(漢)나라의 곽광(霍光)은 법도에 어긋난 창읍왕(昌邑王)을 폐하고 선제(宣帝)를 세웠다.《孟子 萬章上》《漢書 霍光傳》 여기서는 박원종이 중종반정에 참여하여 연산군을 폐위한 것을 이들에게 비유한 것이다.

62 소하(蕭何)……보중하였네 : 소하와 조참(曹參)은 모두 한나라 고조를 도와 왕업의 기틀을 세운 인물이다. 소하가 먼저 상국(相國)이 되었고, 소하가 죽은 뒤에는 소하의 추천으로 조참이 상국이 되었다.《史記 曹相國世家》 박원종이 중종을 도와 반정에 성공한 뒤에 정승의 반열에 오른 것을 이들에게 비유한 것이다.

63 하늘은……갔는가 : 경략(景略)은 오호 십육국 시대 전진(前秦)의 재상을 지낸 왕맹(王猛)의 자이다. 부견(苻堅)을 도와 부국강병을 이루었으나 51세에 생을 마감하였다.《晉書 王猛列傳》 44세의 젊은 나이에 죽은 박원종을 비유한 것이다.

64 수명은……장수했네 : 분양(汾陽)은 당(唐)나라 때의 명장인 분양왕(汾陽王) 곽

하룻저녁에 진나라 백성 절구질 노래 그쳤는데[65] 一夕秦民舂不相
한가히 기미성에 올라 높은 하늘로 향하누나[66] 閑騎箕尾向高旻

자의(郭子儀)를 가리킨다. 안녹산(安祿山)의 난을 평정하고 병권을 쥐었지만 교만하지 않고 매사를 법도에 맞게 처리하여, 많은 정치적 비방이 있었는데도 85세까지 무난한 생을 누렸다. 《新唐書 郭子儀列傳》

65 하룻저녁에……그쳤는데 : 춘추 시대 진(秦)나라의 어진 재상이었던 백리해(百里奚)가 죽자, 진나라 백성들이 몹시 슬퍼하여 방아를 찧는 사람도 절구질 노래를 부르지 않았다고 한다. 《史記 商君列傳》

66 한가히……향하누나 : 은(殷)나라의 재상이었던 부열(傅說)이 죽은 뒤에 기미성(箕尾星)을 타고 올라 별들과 나란히 하였다고 한다. 《莊子 大宗師》

영덕 현령[67] 조동호 에 대한 만사

盈德縣令 趙銅虎 挽詞

칠십 넘어 장수함은 선을 쌓았기 때문이니	壽過稀年由積善
사랑의 마음으로 고을에 선정을 베풀었지	愛留三異解推恩
많은 아들들 크게 드러나 뜨락을 빛내고	多男共覩輝庭玉
남은 경사는 끝내 응하여 후손에 이르네	遺慶終應至後昆
세상 떠나 참된 여정에서 천상에 찾아들고	乘化眞遊尋上界
집안에 큰 업적 전했으니 대문을 크게 하리[68]	傳家奕業大于門
애도와 존경이 이제 시종 온전해졌으니	哀榮到此全終始
구슬픈 장송곡이 깊은 땅속까지 전해지리	薤唱聲悲徹厚坤

67 영덕 현령(盈德縣令) : 조동호(趙銅虎, 1441~1517)로, 본관은 함안(咸安), 자는 정부(貞符)이다. 진사시에 합격한 후 사헌부 감찰, 진산 군수(珍山郡守) 등을 역임하였다.

68 집안에……하리 : 선대의 업적으로 후대에 큰 인물이 나올 것이라는 말이다. 290쪽 주42 참조.

성 지사[69] 세명 에 대한 만사

成知事 世明 挽詞

대대로 화려한 관복으로 붉은 수레[70] 올랐지만	簪纓奕世映朱輪
교만과 호기 벗어던지고 도리어 순박했으니	刮去驕豪意更淳
집안에 꾸며 놓은 동산은 바깥세상과 같았고[71]	宅裏園林同外境
공무가 끝난 뒤의 모습은 한가한 사람이었네	公餘巾屨作閑人
육신은 자연을 따라갔지만 이름은 그대로이며	身隨造化名猶在
인간사 모두가 꿈속이지만 자취는 남아 있구나	夢落邯鄲迹已陳
이제 친구들은 후사가 없는 것을 서글퍼하면서[72]	此日親朋傷伯道
새벽바람에 만사 지으며 눈물로 상여를 보내네	曉風薤露哭靈輴

69 성 지사(成知事) : 지돈녕부사를 지낸 성세명(成世明, 1447~1510)을 가리킨다. 본관은 창녕(昌寧), 자는 여회(如晦), 호는 일로당(佚老堂)이다. 문과에 급제하여 대사간, 대사헌 등을 역임하였다. 1476년(성종7)에는 서장관으로, 1505년(연산군11)에는 진향사(進香使)로 중국에 다녀오기도 하였다. 신용개가 그의 신도비명을 지었다. 《二樂亭集 卷12 知敦寧府事成公神道碑銘》

70 붉은 수레 : 바퀴에 붉은 칠을 한 수레로 고대에 고관대작이 이러한 수레를 탔던 데서 유래하여, 존귀한 사람이 타는 수레를 말한다.

71 집안에……같았고 : 성세명은 집의 뒷동산에 춘휘정(春輝亭)이란 정자를 지었고, 선친이 조성한 석가산(石假山)을 증수하여 작은 연못을 파고 그 옆에 이요정(二樂亭)이란 정자를 지었으며, 집의 동쪽 언덕에는 일로당(佚老堂)이란 작은 건물을 지어 서재로 삼았다. 화초를 잘 가꾸어 동산의 승경이 서울에서 최고로 일컬어졌다. 《二樂亭集 卷12 知敦寧府事成公神道碑銘》

72 이제……서글퍼하면서 : 성세명은 후사가 없어 동생 성세균(成世鈞)의 아들인 성근(成謹)을 후사로 삼았다. 《二樂亭集 卷12 知敦寧府事成公神道碑銘》

김 지사[73] 우신 에 대한 만사

金知事 友臣 挽詞

이전의 감반으로서 성상의 은혜를 입었고[74]	舊日甘盤結主恩
말년엔 부귀영화라 대부의 반열에 올랐지	暮年榮貴到乘軒
사씨 정원의 지란옥수라 가지가 뻗어 나고	謝庭蘭玉枝條遠
우씨 집안의 대문이로다 경사가 가득하네[75]	于氏門閭福慶繁
백 살에 가까워 외려 세상시기 싫어져서	壽近期頤還厭世
몸은 변화를 따라서 잠시 근원으로 돌아갔네	身隨氣化暫歸源
가업을 이어 다시금 경상의 명성이 있으니	持家更有名卿相
훌륭한 자식들이 떠나는 혼령을 위로하리라	幹蠱猶應慰逝魂

73 김 지사(金知事) : 지중추부사를 지낸 김우신(金友臣, 1424~1510)을 가리킨다. 본관은 연안(延安), 자는 대빙(待聘)이다. 단양 군수(丹陽郡守), 호조 참의 등을 역임하였다. 신용개가 그의 신도비명을 지었다. 《二樂亭集 卷13 知中樞府事金公神道碑銘》

74 이전의……입었고 : 감반(甘盤)은 은(殷)나라 고종(高宗)이 왕위에 오르기 전의 스승이었는데, 고종이 왕위에 오른 뒤에 그를 재상의 자리에 앉혔다. 김우신은 성종이 왕위에 오르기 전 사부관(師傅官)에 보임된 적이 있었는데, 성종이 왕위에 오른 뒤에 그를 기억하여 특별히 자급을 더해 주었다. 《二樂亭集 卷13 知中樞府事金公神道碑銘》

75 사씨(謝氏)……가득하네 : 자손의 번창함을 비유한 표현으로, 김우신의 세 아들 김심(金諶), 김흔(金訢), 김전(金詮)이 모두 문과에 급제하였다. 진(晉)나라의 사안(謝安)이 집안의 자제들에게 어떤 사람이 되고 싶은지를 묻자, 조카인 사현(謝玄)이 "비유하자면 정원에서 키우고 싶은 지란옥수(芝蘭玉樹)처럼 되고 싶습니다."라고 하였다. 《晉書 謝安列傳》 우씨(于氏) 집안의 대문에 관한 고사는 290쪽 주42 참조.

신 응교[76] 상 의 부모에 대한 만사
申應教 鏛 父母挽詞

함께 늙지 못하고서 갑자기 함께 죽었으니	未成偕老遽偕亡
저승으로 향하는 두 상여를 어찌 떠나보낼까	忍挽雙輀向北邙
선을 쌓았으니 절로 지란이 옥수를 마주하고[77]	積善自應蘭對玉
덕이 나란하니 원래 맹광이 양홍을 따름이라[78]	德齊元是孟隨梁
큰 업적 집안에 전해지니 남은 경사 알겠는데	家傳奕業知餘慶
수명은 왜 이리 부족한지 저 하늘에 물어보네	壽乏遐齡問彼蒼
다행히 높은 대문에 우공의 맏아들이 있지만[79]	賴有高門于胤在
온 조정의 전송을 받으니 애통함만 더해 가네	傾朝祖送更悲傷

76 신 응교(申應教) : 응교를 지낸 신상(申鏛, 1480~1530)을 가리킨다. 본관은 평산(平山), 자는 대용(大用), 호는 위암(韋庵)이다. 문과에 급제하여 도승지, 평안도 관찰사, 이조 판서 등을 역임하였다. 그의 아버지는 종친부 전첨(宗親府典籤)을 지낸 신말평(申末平)이며, 어머니는 좌의정을 지낸 권람(權擥)의 딸이다. 신말평이 병으로 죽자 권씨가 지나치게 슬퍼하다 그다음 달에 죽었고, 이에 합장하였다. 신용개가 부부의 합장 묘지명을 지었다. 《二樂亭集 卷11 申經歷夫妻合葬墓誌銘》

77 선을……마주하고 : 지란(芝蘭)과 옥수(玉樹)는 모두 훌륭한 자제를 비유하는 말이다. 301쪽 주75 참조.

78 덕이……따름이라 : 양홍(梁鴻)은 한나라 광무제(光武帝) 때의 은사(隱士)이며, 맹광(孟光)은 그의 부인이다. 부유한 집안에서 자란 맹광은 가난한 양홍에게 시집갔는데, 양홍의 뜻에 따라 은거하여 소박한 삶을 살았다. 맹광은 항상 남편을 공손히 받들어 부덕(婦德)이 뛰어난 사람으로 칭송되었다. 《後漢書 逸民列傳 梁鴻》

79 다행히……있지만 : 신말평의 큰아들인 신상을 우공(于公)의 맏아들에 비유한 것이다. 우공의 대문에 관한 고사는 290쪽 주42 참조.

노 동지[80] 공유 에 대한 만사

盧同知 公裕 挽詞

가문은 대대로 이어져 부귀하게 자랐지만	家世蟬聯長綺紈
마음은 속세를 벗어나 세파를 멀리하였네	襟期脫略絶波瀾
젊어선 황금과 주옥이 용모를 빛내었지만	早年金玉輝腰頂
말로엔 커다란 붕새가 날개를 거두었었지	末路鵾鵬戢羽翰
매양 고기 잡을 낚시 챙겨 물가에 노닐더니	每把漁綸遊水國
어찌 속세가 꿈인 줄 알고 세상을 떠나갔나	何知塵夢落邯鄲
육십 년의 세월이야 진정 빨리도 지나갔으니	光陰耳順眞駒隙
서글퍼라 서풍 속의 상엿소리 가슴 시리네	惆悵西風薤露寒

80 노 동지(盧同知) : 동지돈녕부사를 지낸 노공유(盧公裕)를 가리킨다. 본관은 교하(交河), 자는 숙의(叔毅)이다. 영의정을 지낸 노사신(盧思愼)의 아들이며, 사마시에 합격한 후 우부승지 등의 관직을 역임하였다.

김 목사[81] 세필 의 어머니에 대한 만사

金牧使 世弼 母氏挽詞

자식이 마음 편하게 봉양하니 몸도 편안해	志安榮養又身康
나이 팔십까지 장수하면서도 강건하였었지	胡耉眉年八耋强
살림을 맡아 일찍이 규방의 모범이 되었고	主饋早聞閨有範
자식 교육에 더욱이 많은 방도를 보이셨네	遷坊更見教多方
사씨의 옥수 정원이라 가지가 무성히 뻗고	謝庭寶樹枝條盛
우씨의 높은 대문이라 경사가 길이 전하네[82]	于氏高門福慶長
이제 저세상의 남편 곁으로 돌아가셨으니	此日重泉歸所仰
인간 세상 온갖 영예 모든 것이 꿈속이어라	哀榮人世轉黃粱

81 김 목사(金牧使) : 경주 목사(慶州牧使)를 지낸 김세필(金世弼, 1473~1533)을 가리킨다. 본관은 경주, 자는 공석(公碩), 호는 십청헌(十淸軒)이다. 문과에 급제하여 대사헌, 형조 참판 등을 역임하였다. 1518년(중종13) 성절사(聖節使)로 중국에 다녀오기도 하였다. 그의 어머니는 진천 송씨(鎭川宋氏)로, 군수를 지낸 송학(宋翯)의 딸이다.

82 사씨(謝氏)의……전하네 : 자손의 번창을 비유한 말이다. 사씨는 진(晉)나라의 사안(謝安)을, 우씨(于氏)는 한(漢)나라의 우공(于公)을 가리킨다. 301쪽 주75 참조.

홍 이상[83] 경주 의 어머니에 대한 만사

洪二相 景舟 母氏挽詞

정숙하고 온화한 성품은 온전함을 얻었고	貞淑柔嘉性得全
아름다움을 집안에 전해 경사가 끊임없네	家傳令善慶仍綿
규방의 아름다운 규범 검소함이 남아 있고	琴閨懿範荊釵在
공신각에 새겨진 공훈 자식에게 이어졌네	麟閣高勳玉樹連
자식들의 정성 어린 봉양 입에 맞았었지만	二釜享誠甘旨適
팔순에 승화하여 꿈속 멀리 떠나가셨네	八旬乘化夢魂遷
세상사 언제나 애도와 존경 지극하였으니	世間終始哀榮極
저승길의 상여를 많은 사람들이 부여잡네	萬指挽輀向北阡

83 홍 이상(洪二相) : 좌찬성을 지낸 홍경주(洪景舟, ?~1521)를 가리킨다. 본관은 남양(南陽), 자는 제옹(濟翁)이다. 문과에 급제하여 병조 판서, 이조 판서 등을 역임하였다. 중종반정에 참여하여 정국 공신(靖國功臣)에 책록되고 남양군(南陽君)에 봉해졌다. 그의 어머니는 양천 허씨(陽川許氏)로, 군수를 지낸 허손(許蓀)의 딸이다.

인천군[84] 채수 에 대한 만사
仁川君 蔡壽 挽詞

재주와 명망 있던 청년 태양 아래 구름이라[85]	才望靑年日下雲
조정의 영예로운 직책 홍문관에 뽑히었고	唐朝淸選擅弘文
승정원과 사헌부에서 두루 역량 펼쳤으며	銀臺烏府恢游刃
공신각에 이름 올려 일찍이 책훈되었어라	麟閣丹書早策勳
만년엔 벼슬을 버리고 적막하게 지내더니	暮境休官投寂寞
허무한 인생 놓아두고 세상에서 떠나갔네	浮生觀化謝紛紜
칠십 평생의 영욕이야 한바탕 꿈이러니	七旬榮辱南柯夢
구슬픈 상엿소리 귓가에 전해질는지	薤露哀聲倘徹聞

84 인천군(仁川君) : 채수(蔡壽, 1449~1515)로, 본관은 인천, 자는 기지(耆之), 호는 나재(懶齋)이다. 문과에 급제하여 동부승지, 대사헌, 충청도 관찰사 등을 역임하였다. 중종반정에 참여하여 정국 공신에 책록되고 인천군에 봉해졌다. 만년에는 벼슬을 버리고 은거하였다. 《容齋集 卷10 仁川君蔡公墓誌》

85 재주와……구름이라 : 채수가 젊은 나이인 21세로 과거에 장원 급제한 것을 비유한 말이다. 송(宋)나라의 한기(韓琦)가 약관의 나이로 진사시에 합격하였는데, 그를 호명할 때에 태사(太史)가 "태양 아래에 오색구름이 나타났습니다."라고 아뢰자, 좌우의 신하들이 모두 축하하였다. 《宋史 韓琦列傳》

문성부원군[86] 유순 에 대한 만사

文城府院君 柳洵 挽詞

기국은 넓디넓어 나라를 떠받쳤고	氣局弘厖柱國家
마음은 순수하여 화려함 끊어 냈지	心源淳古絶紛華
시절을 구원한 업적이라 이름이 간책에 남고	濟時事業名留策
세상에 으뜸인 문장이라 붓끝에 꽃이 피었네	傾世文章筆有花
복록이 집에 가득하니 하늘이 복을 내림이요	門慶共知天福善
장수는 거북에 비하니 신선이 노을 먹음이라	龜齡不減壽飧霞
집안은 번성하여 훌륭한 자손 서로 이어지고	充閭幹蠱相承繼
시종일관 애도와 존경 속에 만인이 탄식하네	終始哀榮萬口嗟

86 문성부원군(文城府院君) : 유순(柳洵, 1441~1517)으로, 본관은 문화(文化), 자는 희명(希明), 호는 노포당(老圃堂)이다. 문과에 급제하여 대사헌, 영의정 등을 역임하였다. 중종반정 이후 정국 공신(靖國功臣)에 책록되고 문성부원군에 봉해졌다. 신용개가 그의 묘지명을 지었다. 《二樂亭集 卷11 文城府院君柳公墓誌銘》

이 판부사[87] 손 의 부인에 대한 만사

李判府事 蓀 夫人挽詞

정숙하고 온화한 성품 깊이 간직하고서	淑愼柔嘉性所敦
귀한 집에 출가하여 덕의가 높았었다네	于門結帨德儀尊
부부가 함께 해로하여 육십을 살아왔고	瑟琴偕老星周甲
자식들 모두 번창하니 경사를 전함이네	蘭玉交輝慶後昆
살아온 햇수 헤아리니 팔십을 넘기고서	壽算乘除餘八袠
허무한 인생 돌이키어 원초로 돌아갔네	浮生歸寄返初元
부군은 복록을 누리며 신체도 강건한데	家公福祿身康健
홀로 저승문을 닫고서 깊은 밤 보내겠네	獨閉泉臺永夜昏

87 이 판부사(李判府事) : 판중추부사를 지낸 이손(李蓀, 1439~1520)을 가리킨다. 본관은 광주(廣州), 자는 자방(子芳)이다. 문과에 급제하여 병조 판서, 좌찬성 등을 역임하였다. 중종반정에 참여하여 정국 공신에 책록되고 한산군(漢山君)에 봉해졌다. 그의 부인은 경주 이씨(慶州李氏)로, 용양위 섭호군(龍驤衛攝護軍)을 지낸 이계반(李繼潘)의 딸이다. 이손보다 두 살이 많은데 2년 먼저 죽어 부부가 모두 82세에 일기를 마쳤다.《容齋集 卷10 秉忠奮義靖國功臣……》

안 부사[88] 팽수 의 어머니에 대한 만사

安府使 彭壽 母氏挽詞

공손하고도 법도 지켜 부덕을 온전히 하였고　敬順無違婦德全
자손은 많고 장수하니 복과 경사가 이어졌네　多男壽考福祥綿
훌륭한 자식 가업을 이어 뭇사람 우러르는데　白眉幹蠱千人仰
노년이 되어 선계 찾아가 모든 일 버리셨구나　黃髮尋仙萬事捐
저승길은 아득하니 깊은 밤중을 헤맬 것인데　泉路昏昏迷厚夜
무덤은 막혀 있으니 긴긴 세월을 어이할거나　佳城鬱鬱保長年
쌍을 이루었던 칼 이제 다시 합쳐질 것이며[89]　陽陰有劍今重合
후손들에게 복록을 남겨 경사가 전해지리라　垂裕雲仍吉慶傳

88 안 부사(安府使) : 연안 부사(延安府使)를 지낸 안팽수(安彭壽)를 가리킨다. 본관은 죽산(竹山), 자는 국로(國老)이다. 문과에 급제하여 예조 참의, 대사간, 황해도 관찰사 등을 역임하였다. 아버지는 안계성(安繼性)이고, 어머니는 안동 김씨(安東金氏)로 김영종(金永宗)의 딸이다.

89 쌍을……것이며 : 칼이 합쳐진다는 말은 부부가 죽어서 다시 만남을 의미한다. 진(晉)나라 뇌환(雷煥)이 용천(龍泉)과 태아(太阿)라는 두 보검을 얻어 그중 하나를 장화(張華)에게 주었는데 장화가 죽으면서 그 칼의 소재를 알 수 없게 되었다. 훗날 뇌환이 죽고 그의 아들이 칼을 가지고 연평진(延平津)을 지날 때에 갑자기 칼이 솟구쳐 물에 빠졌다. 물속을 찾아보니 칼은 보이지 않고 두 마리 용이 서로 엉켜 있었는데, 잠시 후 광채가 물에 비치고 물결이 쳤으며 칼은 사라졌다고 한다. 《晉書 張華列傳》

평성부원군 박원종 의 부인[90]에 대한 만사

平城府院君 朴元宗 夫人挽詞

출가한 이래로 유순하고도 법도를 지켰고	柔順無違自結褵
화목함은 아래에 미치어 부덕을 이루었네	宜家逮下合閨儀
남편의 공훈으로 집안의 경사를 열었으니	所天勳業開門慶
더없는 영광으로 집안을 환하게 비췄는데	傾世光榮照戶楣
중년에 이르기 전 도리어 과부가 되었으며	未過中年黐守寡
마침내 깊은 병이 들어 치료가 어려웠다네	遂成危疾竟難醫
마음 아파라, 복과 수를 함께 누리지 못하고	傷心福壽稀兼有
가업 전수 또한 측실의 아이에게 의지하네[91]	幹蠱還憑側出兒

90 평성부원군(平城府院君)의 부인 : 평성부원군은 박원종(朴元宗)의 봉호로, 박원종에 대해서는 297쪽 주60 참조. 그의 부인은 파평 윤씨(坡平尹氏)로, 사복시 부정(司僕寺副正)을 지낸 윤린(尹磷)의 딸이다.

91 가업……의지하네 : 윤씨 부인에게서는 후사가 없었고 측실에게서 낳은 아들 박운(朴雲)이 있다.《二樂亭集 卷13 平城府院君朴公神道碑銘》

안 판서[92] 침 에 대한 만사

安判書 琛 挽詞

이른 나이에 문단에서 이름을 떨치었고　早歲蜚英翰墨場
세 조정에서 벼슬을 한 어진 신하였지　三朝簪笏股肱良
사람들 예전부터 정승감이라 여겼더니　物論久擬黃扉上
명부를 급하게도 상제 곁으로 전했구나　仙籍忙通玉帝傍
큰 꿈은 밤중 무덤 속에 이제는 닫혔지만[93]　人夢泉臺今閉夜
고명은 역사에 실려 아름다움 멀리 전하리　高名國史遠流芳
집안의 훌륭한 자제들이 경사를 이을 테니　謝家蘭玉堪承慶
죽어 저승으로 돌아가지만 사라짐 아니라네　乘化歸眞也不亡

92 안 판서(安判書) : 공조 판서를 지낸 안침(安琛, 1445~1515)을 가리킨다. 본관은 순흥(順興), 자는 가진(可珍)·자진(子珍), 호는 죽제(竹齊)이다. 문과에 급제하여 대사헌, 평안도 관찰사 등을 역임하였다. 글씨로 유명하여 여러 차례 왕명을 받아 글씨를 써서 바치기도 하였다. 《容齋集 卷10 工曹判書安公神道碑銘》

93 큰……닫혔지만 : 죽음을 의미한다. 큰 꿈은 인생을 비유하는 말로, 《장자》〈제물론(齊物論)〉에 "꿈을 깬 뒤라야 그것이 꿈인 줄을 알고, 또 크게 깬 뒤라야 그것이 큰 꿈이었음을 알게 된다."라고 하였다.

하산군[94] 성몽정 에 대한 만사
夏山君 成夢井 挽詞

봄의 온기로 사람을 대하니 옥처럼 따사롭고	薰人春氣玉溫如
포정의 칼로 일을 처리하니 재주가 여유롭네[95]	裁物庖刀刃有餘
문정의 가슴엔 수만 무장한 군사 담아 두었고[96]	文正胸藏千甲騎
효선의 배에는 다섯 수레의 책이 쌓여 있었지[97]	孝先腹貯五車書
중년의 나이에 고향에서 저승길 재촉하지만	中身故宅催仙馭
늙으신 어머니 남아 있어 문에 기대어 계시리[98]	慈老萱堂倚賈閭

94 하산군(夏山君) : 성몽정(成夢井, 1471~1517)의 봉호이다. 본관은 창녕(昌寧), 자는 응경(應卿), 호는 장암(場巖)이다. 문과에 급제하여 대사헌, 공조 참판 등을 역임하였다. 중종반정에 참여하여 정국 공신(靖國功臣)에 책록되었다.

95 포정(庖丁)의……여유롭네 : 포정은 전국 시대 소 잡는 기술이 뛰어났던 사람이다. 그는 소의 결을 따라 칼을 운용하면서 뼈와 힘줄을 전혀 건드리지 않았기에 아무리 오래 칼을 사용해도 칼이 무뎌지지 않았다고 한다. 《莊子 養生主》

96 문정(文正)의……두었고 : 가슴에 병략(兵略)을 지니고 있음을 말한다. 문정은 송나라 범중엄(范仲淹)의 시호이다. 그가 연주(延州)를 맡아 다스리면서 장수를 선발하고 군사들을 잘 훈련하니, 오랑캐인 하인(夏人)들이 소식을 듣고는 서로 경계하며, 범중엄의 가슴속에는 수만 명의 군사가 있으니 감히 연주를 넘봐서는 안 된다고 하였다. 《宋名臣言行錄 卷7 范仲淹》

97 효선(孝先)의……있었지 : 학식이 풍부함을 말한다. 효선은 문장에 뛰어났던 후한 변소(邊韶)의 자이다. 그가 어느 날 낮잠을 자는데 한 제자가 그를 조롱하며 "변효선은 배가 뚱뚱하여 글 읽기는 싫어하고 잠만 자려 한다."라고 하자, 변소가 바로 그에 응대하여 "배가 뚱뚱함은 오경(五經)의 상자이고, 잠만 자려는 것은 경(經)을 생각하기 위함이다."라고 하였다. 《後漢書 文苑列傳 邊韶》

또한 마음을 함께했던 벗과 동료가 있어	更有朋僚同意氣
멀리서 만사 부르며 소매 가득 눈물 적시네	遙傳薤唱淚盈裾

98 늙으신……계시리 : 문에 기대어 있다는 말은 멀리 떠난 자식을 기다리며 그리워한다는 말이다. 전국 시대 제(齊)나라의 왕손가(王孫賈)가 민왕(閔王)을 섬겼는데, 그의 어머니는 그가 아침에 나가 저녁에 돌아오지 않으면 대문에 기대어 기다렸고, 저녁에 나가 돌아오지 않으면 마을 문에 기대어 기다렸다고 한다.《戰國策 齊策6》

홍직경[99]에 대한 만사

洪直卿挽詞

처음 옥당에서 그대의 진면모를 알고부터	初從玉署識君眞
동료의 정 두터웠고 마음 또한 맞았었지	僚友情深道更親
의기는 진훤 유령도 광달함을 못 따르고[100]	意氣陳劉非曠達
문장은 양웅 사마상여 정신이 깃들었네[101]	文章揚馬是精神
맑은 조정의 등용에는 특별한 도량 필요한데	淸朝有用須奇器
조물주는 무슨 맘으로 이런 사람을 앗아 갔나	造物何心奪此人
지난날 반갑게 지내던 이 어찌 차마 보낼꼬	可忍舊時靑眼裏
상여를 보며 슬픈 마음에 눈물만 흩뿌리네	翻垂哀淚向靈輴

99 홍직경(洪直卿) : 홍언충(洪彦忠, 1473~1508)으로, 본관은 부계(缶溪), 자는 직경, 호는 우암(寓庵)이다. 문과에 급제하여 이조 정랑 등을 역임하였다. 갑자사화에 연루되어 귀양을 갔다가 중종반정 이후 풀려났지만 벼슬길에 나아가지 않고 여생을 마쳤다.

100 의기는……따르고 : 진훤(陳暄)은 남조(南朝) 시대 진(陳)나라의 문인으로 글재주가 뛰어났으나 술을 너무 좋아하여 법도가 없었다. 《南史 陳暄列傳》 유령(劉伶)은 위진(魏晉) 시대 죽림칠현(竹林七賢)의 한 사람으로 술을 매우 좋아하여 〈주덕송(酒德頌)〉을 짓기도 하였다. 《晉書 劉伶列傳》 홍언충은 말년에 벼슬에 나아가지 않고 시와 술로 세월을 보냈다고 한다.

101 문장은……깃들었네 : 양웅(揚雄)과 사마상여(司馬相如)는 모두 한(漢)나라의 저명한 문장가이다. 홍언충은 문장이 뛰어나 박은(朴誾), 정희량(鄭希良), 이행(李荇)과 함께 당대의 사걸(四傑)로 불렸다. 《木齋集 卷5 山陽書堂立社呈文》

김계운의 유골을 이장할 때의 만사[102]

移葬金季雲遺骨挽詞

지난 일을 생각하면 마음 아프기만 한데	思量往事只心傷
십 년 지나 이제 그대 고향 땅에 묻히누나	十載君今葬舊鄉
성상의 깊은 은혜가 뼛속까지 미치었으나	聖主深恩知浹骨
옛 벗의 슬픈 눈물은 아직도 눈에 가득하네	故人哀淚尙盈眶
후사를 잇지 못했으니 누구에게 의탁할꼬[103]	身無胤嗣嗟何托
미망인 집에 남았으니 눈물이 가시질 않네	室有孀嫠泣未亡
재앙과 복록이 선악과는 관계없는 듯하니	禍福似非關善惡
후대 평론가들의 논설이 응당 길어지리라	後來評論說應長

102 김계운(金季雲)의……만사 : 김계운은 김일손(金馹孫, 1464~1498)으로, 본관은 김해(金海), 자는 계운, 호는 탁영(濯纓)이다. 무오사화 때 김종직(金宗直)의 〈조의제문(弔義帝文)〉을 사초(史草)에 실었다는 이유로 능지처참의 형벌을 받았다. 양주(楊州)의 석교(石橋)에 가매장하였다가 중종반정으로 신원이 된 1506년(중종1)에 목천(木川)의 작성산(鵲城山)에 개장하였고, 1508년에 다시 도주(道州)의 수야산(水也山)으로 이장하였다. 신용개의 이 만사는, 죽은 지 10년이 되었다는 내용이 있는 것으로 보아 1508년 수야산으로 이장할 때 지은 것인 듯하다. 《韓國文集叢刊解題 1輯 濯纓集》

103 후사를……의탁할꼬 : 후사가 없어 형 김준손(金駿孫)의 아들 김대장(金大壯)으로 대를 이었다.

이요정집

제6권

독서당록
讀書堂錄

독서당록[1] 讀書堂錄

비바람을 만나 읊다. 사호[2]의 시에 차운하다

風雨吟次士浩韻

거센 바람 큰 물결에 뱃사공은 시름겨우니	顚風大浪愁篙師
수풀은 흔들리고 모래는 뒤집혀 날리는데	樹林擺亞沙倒吹
소리는 서쪽 끝부터 바다를 진동하며 오고	聲從西極動海來
먹구름은 비를 이끌고서 사방을 어둡게 하네	黑雲曳雨昏四維
쏟아붓는 듯한 급한 형세는 대죽이 뻗듯	急勢如傾整如竹
천둥의 여신이 하늘에서 물을 들이붓는구나	天瓢滴注阿香兒
용왕도 이런 강포함을 어쩌지 못하여	龍公無奈太彊梁
파도의 신 바다의 신이 어지러이 횡행하게 하네	陽侯海若相離披

1 독서당록(讀書堂錄) : 신용개가 1492년(성종23) 사가독서(賜暇讀書)에 선발되어 독서당에서 공부할 때에 지은 시들을 모든 것이다. 당시 나라에서 용산(龍山)의 폐사(廢寺)를 수리하여 독서당이라 이름하였는데, 신용개는 강혼(姜渾), 김일손(金馹孫) 등과 함께 선반되었다.《成宗實錄 23年 1月 6日》

2 사호(士浩) : 강혼(姜渾, 1464~1519)의 자이다. 본관은 진주(晉州), 호는 목계(木溪)이다. 문과에 급제하여 대제학, 공조 판서 등을 역임하였다. 중종반정에 참여하여 정국 공신(靖國功臣)에 책록되었다. 당시 독서당에서 신용개와 함께 사가독서를 하였다.

취해 누운 고양자도 수레에서 일어나리니[3]	高陽子醉起立軒
두려워 곤두선 머리털 지느러미를 펼친 듯하네	頭悸髮竪如張鰭
희화가 저만치 흙비 사이에서 수레를 모니	羲和側走車軸霾
불덩이를 손에 쥐었건만 어디에다 펼치리오[4]	手持火傘安所施
어찌하면 하늘에 닿을 커다란 빗자루 얻어	焉得長篲三百丈
가을 하늘 말끔히 쓸어 깨끗한 모습 드러낼꼬	掃淨秋空露淸奇
밤 깊어 밝은 달이 구슬처럼 영롱히 굴러가니	夜深氷輪輾玻瓈
나그네 그제서야 근심스러운 미간을 펴네	然後客子方伸眉

3 취해……일어나리니 : 아무리 술에 취해 곯아떨어졌더라도 거센 빗줄기에 절로 술이 깰 듯하다는 말이다. 고양자(高陽子)는 진(晉)나라의 산간(山簡)을 가리키는 듯하다. 산간이 양양 태수(襄陽太守)로 있을 때 그곳에 경치가 좋은 양어지(養魚池)가 있었는데 그곳을 고양지(高陽池)라 하였다. 그가 고양지에서 매일 술을 실컷 마시고서 돌아오곤 하자 당시 사람들이 그를 두고 노래하기를 "해 저물면 고꾸라져 실려 돌아오니 술에 취해 아무것도 모르는구나.〔日夕倒載歸, 酩酊無所知.〕"라고 하였다. 《晉書 山濤列傳 簡》

4 희화(羲和)가……펼치리오 : 비가 많이 내려 어둑한 광경을 형용한 것인 듯하다. 희화는 전설상에 태양을 수레에 싣고 다닌다는 신이다.

오석강에서 저물녘에 바라보다

烏石岡晩眺

오석강은 독서당의 서쪽으로 백 걸음쯤 떨어져 있는 담담정(淡淡亭)[5]의 동북쪽에 있다. 올라가 바라보는 경치가 매우 뛰어나고, 언덕의 꼭대기에 오석(烏石)이 있다. 사호(士浩)가 반산(半山)의 시에 있는 "오석강 꼭대기 길〔烏石岡頭路〕"이라는 시어[6]를 따다가 오석강이라 이름하였다.

푸른 산이 아득한 해문을 여닫으니	蒼山開闔海門脩
해 질 녘 풍광이 한없이 펼쳐져 있네	落日風煙散未收
짙고 옅은 가없는 모습 그려 내고 싶지만	欲寫無邊濃淡態
가을빛이 이미 밤나무 숲 모래톱[7]에 있구나	秋光已在栗林洲

5 담담정(淡淡亭) : 마포 북쪽 기슭에 있는 정자로, 안평대군(安平大君)이 지었으며 만권의 서적을 비치하여 선비들을 불러 모아 시를 지었던 곳이다. 후에 신용개의 할아버지인 신숙주(申叔舟)의 별장이 되었다. 《新增東國輿地勝覽 卷3 漢城府》

6 반산(半山)의……시어 : 반산은 송나라의 문인이자 정치가인 왕안석(王安石)의 호이다. 그의 〈과외제음(過外弟飮)〉이라는 시에 "모르겠어라 오석강 꼭대기 길을, 늙을 때까지 서로 찾아갈 일 몇 번일런고.〔不知烏石岡頭路, 到老相尋得幾回?〕"라고 하였다.

7 밤나무 숲 모래톱 : 한강의 밤섬을 가리키는 듯하다.

계운[8]의 시에 차운하다 次季雲韻

나그네의 소매엔 가을바람 스미고	客袂秋風裏
안개 덮인 수풀엔 석양빛 비치는네	煙林返照間
물때에 맞춰 고깃배가 많아지면서	趁潮多釣艇
물가에는 속세의 풍진 적어지니	傍水少塵寰
산중에 의지한 사람 흥취가 일지만	倚嶺人乘興
물고기 노리는 백로 한가하지 않네	窺魚鷺不閑
깨끗한 마음 외려 쏟아 내기 두려워	淸懷猶怕寫
시 주머니에 고이 담아 돌아가누나	收着錦囊還

사성[9]의 시에 차운하다 次師聖韻

거센 물결 모래벌판 언덕을 때려 무너뜨리고	駭浪奔崩沙際岸
작은 배는 버들 가 어귀에 비껴 매여 있는데	小舟斜繫柳邊門
석양에 가을빛이 그지없이 예쁘고	夕陽無限秋容好
산기운에 물안개는 아스라이 흐리네	山氣微茫水氣昏

8 계운(季雲) : 김일손(金馹孫, 1464~1498)의 자이다. 본관은 김해(金海), 호는 탁영(濯纓)이다. 문과에 급제하여 이조 정랑 등을 역임하였다. 무오사화 당시 김종직(金宗直)의 〈조의제문(弔義帝文)〉을 사초(史草)에 실었다는 이유로 능지처참의 형벌을 받았다. 당시 독서당에서 신용개와 함께 사가독서(賜暇讀書)를 하였다.

9 사성(師聖) : 이희순(李希舜)의 자이다. 본관은 안악(安岳)이며, 문과에 급제하여 홍문관 수찬, 남원 부사(南原府使) 등을 역임하였다. 당시 독서당에서 신용개와 함께 사가독서를 하였다.

용산강에서의 여러 흥취
龍江雜興

푸른 물에 가을 소리가 나그네의 잠을 깨우니	碧水秋聲攪客眠
달은 맑은 물과 같고 물은 또 연기와 같구나	月如寒水水如煙
깊은 밤중에 혹여 소선의 학이 찾아온다면[10]	夜深若過蘇仙鶴
등에 올라타는 데 무슨 십만 전이 필요하랴[11]	跨背何須十萬錢

사호의 시에 차운하다 次士浩韻

한 조각 깊은 시름 만 갈래로 표출되는데	一段幽愁萬縷絲
애써 그림자 찾아보니 절로 서로 따르누나	巧尋形影自相隨
가을 강은 그저 사람의 뼛속을 맑게 하고	秋江只許淸人骨
차가운 안개 자아내며 시심 불러일으키네	噓起寒煙惹得詩

10 깊은……찾아온다면 : 소선(蘇仙)은 송(宋)나라의 문인 소식(蘇軾)을 가리킨다. 그의 〈후적벽부(後赤壁賦)〉에, 한밤중 적벽강에서 배를 타고 노닐 때에 학 한 마리가 배를 스쳐 지나갔고 잠시 후 꿈에 어떤 도사(道士)가 찾아왔는데 그 도사가 바로 조금 전에 지나간 학이었음을 깨달았고, 놀라 꿈에서 깨어 보니 아무도 없었다고 한다. 《東坡全集 卷33》

11 등에……필요하랴 : 옛날 어떤 나그네들이 각자 자신의 소원을 말하면서 첫 번째 사람은 양주 자사(揚州刺史)가 되기를 소망하였고, 두 번째 사람은 많은 재물을 소망하였고, 세 번째 사람은 학을 타고 승천하기를 소망하였는데, 그다음 사람은 허리에 십만 꿰미의 돈을 차고 학을 타고서 양주의 하늘을 날고 싶다고 하였다. 《古今事文類聚 卷42 騎鶴上揚州》

사성의 시에 차운하다 次師聖韻

독서당의 저녁 풍광 상쾌하고 맑은 가을이라	晩堂雲物爽新秋
마음 가는 대로 푸른 강의 승경에서 노니노라	隨意滄江勝處遊
한밤의 맑은 바람에 하늘은 물과도 같으니	一夜風淸天似水
물가 가득한 환한 달빛에 주렴 걸어 올리네	滿汀寒月捲簾鉤

비

雨

저 멀리서 바람이 가는 비 몰아와
십 리 이어진 평평한 물 위 지나니
차가운 연무 자욱하게 젖어 들고
아득한 산은 흐릿하게 사라지며
밝은 모래에 나무 환히 투영되고
물결 일어도 오리 놀라지 않는데
이러한 강가 정자에서의 정취를
유유히 혼자 스스로 실어 보내네

長風吹細雨
十里過平湖
寒霧霏霏濕
遙山淡淡無
沙明虛映樹
波起不驚鳧
多少江亭趣
悠悠獨自輸

7월 15일 밤에 배를 타고 성조암에서 노닐며. 절구 4수 계운의 시에 차운하다

七月十五夜舟遊聖祖巖 四絶 次季雲韻

독서당에 홀로 누워 푸른 강 물소리 듣는데	獨臥書堂聽碧江
강바람 장막에 불어 쇠잔한 등불이 흐리네	江風吹幔翳殘釭
어찌해야 안개 낀 모랫가 가까이 다가갈꼬	如何側近煙沙地
아직도 티끌세상의 번잡함에서 괴로워하네	還有塵喧苦亂哤
달빛은 누구에게 환하고 또 누구에게 어둡나	月華誰滿復誰晦
한가한 사람의 고독한 밤 창은 비추지 않네	不照閑人獨夜牕
칠 척의 여윈 몸으로 천고의 일을 생각하니	七尺瘦軀千古思
드넓은 강호에는 술이 술잔에 가득하구나	江湖滿地酒盈缸
한가하매 의리와 이익 맘속에서 싸움을 알겠더니	閑知義利心中戰
화려함 이미 항복의 기발 꽂고 고요함을 얻었네	靜得紛華已豎降
천기가 흘러 떠다니는 곳에 홀로 서 있자니	獨立天機流動處
하늘의 달과 물가의 바람은 더없는 묘미여라	月天風水味無雙
풍광을 구사하여 시 읊으며 술을 짝하니	驅使風光詩伴酒
마음속의 한가함과 번잡함을 모두 잊었노라	兩忘閑鬧六空腔
가만히 앉아 아침저녁 물가의 변화를 지켜보니	坐看朝暮沙汀變
일 많게도 차가운 물결 저 혼자 거세게 때리네	多事寒潮自怒撞

오석강에 올라

登烏石岡

천산은 이어지고 물은 굽이쳐 흐르는데 千山宛轉水逶迤
오석강 마루에는 해가 떨어지고 있구나 烏石岡頭日落時
만고의 세월은 한가히 눈앞을 지나고 萬古陰晴閑過眼
백 년의 회포에 홀로 턱을 괴고 있자니 百年襟抱獨支頤
모랫가 두어 가게에는 연기가 아득하고 沙邊數店煙波遠
물속의 두 마리 갈매기 날갯짓이 더디네 鏡裏雙鷗羽翮遲
오래도록 자연의 풍취 그려 내지 못하니 景趣久來描不得
풍광을 낚시하는 노인에게 맡겨 두노라 風光分付釣翁知

즉사

卽事

홀로 독서당에서 저녁을 맞이하며	獨倚書堂暮
창에서 어스름한 풍광을 마주하누나	窓臨泱漭中
호수와 산은 대지에 맞닿아 있고	湖山連大陰
바람과 비는 가을 하늘 씻기는데	風雨盪秋空
용강은 아래의 땅을 관장하여	龍江掌底地
만고 옛날의 혼돈을 여는구나	萬古開鴻濛
도롱이 입은 저 사람은 누구인가	簑衣彼誰子
수중 궁궐로 배 저어 나아가네	撑艇凴夷宮

노두의 시[12]에 차운하다

次老杜韻

하얀 모래 푸른 대나무 물결은 만 길이요	白沙翠竹波萬尋
아침 안개 저녁놀은 맑고 흐림 경계짓네[13]	朝煙暮靄閑晴陰
새는 가고 구름 흐르네 세월은 아득하고	鳥去雲移歲月遠
산은 길고 물 드넓어라 술잔은 깊어 가네	山長水闊杯觴深
만 리 먼 가을바람에 귀밑머리 세어 가는데	秋風萬里數莖鬢
깊은 밤의 달빛 속에 마음은 천고를 그리네	蟾桂一宵千古心
취하여 졸고 배불리 먹으며 마음대로 즐기니	醉睡飽嬉從意好
침상맡의 황금 소진한들 뉘라서 근심하랴[14]	誰能愁盡牀頭金

12 노두(老杜)의 시 : 노두는 당나라의 시인 두보(杜甫)를 가리킨다. 두목(杜牧)과 구분하여 두보를 노두, 두목을 소두(少杜)라고 부른다. 두보의 시는 〈제성중원벽(題省中院壁)〉이다. 《全唐詩 卷225》

13 아침……경계짓네 : 아침에 안개가 끼면 날씨가 맑고 저녁에 안개가 끼면 비가 온다는 속설이 있다.

14 침상맡의……근심하랴 : 가난도 근심할 것 없다는 말이다. 장적(張籍)의 〈행로난(行路難)〉에 "그대는 보지 못하였나, 침상맡의 황금을 다 소진하면 장사도 무안해 한다는 것을.〔君不見牀頭黃金盡, 壯士無顔色.〕"라고 한 말을 인용한 것이다. 《古今事文類聚 別集 卷25》

두보의 시[15]에 화운한 사호의 시에 차운하다

次士浩和杜工部韻

궤안에 기대어 나는 나를 잊었는데	隱几吾忘我
깊이 시름하며 너는 이를 모르는가	淸愁爾不知
맑은 가을 바람은 상쾌하게 이르고	高秋風颯爽
지는 해에 제비는 이리저리 나는데	斜日燕差池
흥이 일어 한가하게 시를 지으면서	有興詩閑就
물을 보며 자주자주 자리를 옮긴다	看湖坐屢移
모래밭 갈매기는 무슨 생각 하는가	沙鷗何意思
날아 내렸다 다시 와서 따르는구나	飛下更來隨

15 두보의 시 : 〈과남린주산인수정(過南隣朱山人水亭)〉이다. 《全唐詩 卷226》

감흥을 풀다. 계운의 시에 차운하다
遣興次季雲韻

가을 달빛은 깨끗하게 비추고	秋月淨輝光
가을바람은 별당으로 부는데	秋風吹別廂
바람과 달빛 어렴풋이 다가와	風將月依約
나와 짝하여 배회를 하는구나	與我雙彷徨
마음의 회포 풀어내지 못하고	有懷且莫辨
술에 취하여 곧바로 쓰러지니	得酒醉卽僵
슬픔과 기쁨 밖에서 녹아드나	悲懽本外鑠
어찌 또다시 마음을 휘젓는고	寧復攪寸腸
배를 내놔도 진기는 드러나니[16]	坦腹不掩眞
분을 바름은 겉치장일 뿐이라	傅粉徒外粧
탈속한 이는 절로 귀해지거늘	至人貴自然
속된 사람은 대도를 모르누나	俗子迷大方
실이 물듦은 슬퍼할 일이지만	絲染或可悲
오리 짧음은 서글프지 않다네[17]	鳧短非所傷

16 배를……드러나니 : 사람의 진면모(眞面貌)는 내면에 달려 있음을 말한다. 진(晉)나라 태위(太尉) 치감(郗鑒)이 왕도(王導)의 집안에서 사위를 맞이하려고 사람을 시켜 자제들을 살펴보게 하였다. 이 소식을 들은 자제들은 모두 단정하게 처신하며 잘 보이려고 하였는데, 왕희지(王羲之)만은 배를 드러낸 채 누워 소식을 못 들은 척하였다. 이러한 얘기를 전해 들은 치감은 좋은 사윗감이라고 하며 왕희지를 사위로 삼았다. 《晉書 王羲之列傳》

맑은 시대엔 만사 다스려지니　時淸萬事理
뜻을 품고서 떨치지 않겠는가　抱志誰不揚
젊은 나이엔 학문에 종사하고　弱年事墳典
장년이 되어 솟구쳐 올라야지　及壯更激昂
넘치는 나의 투명한 기상으로　以我汎濫淸
광활한 물결 그대를 취하노라　挹爾波汪洋
우로 내리는 독서당에 있자니　書堂雨露邊
공연히 시에 젖은 사람이어라　枉自作詩狂
안개와 노을 기이함을 전하고　煙霞語欲奇
험준한 산길 태항산 힘들지만　盤屈勞太行
이로 인하여 성정을 발현하여　因之發性情
너의 마음이 황폐하지 않도록[18]　無使爾心荒

17 실이……않다네 : 본성이 변하는 것이 슬퍼할 일이지 타고난 본성을 지니고 있는 것은 슬퍼할 일이 아니라는 말이다. 《묵자(墨子)》 〈소염(所染)〉에 "묵자가 실이 물드는 것을 보고 '파란색으로 물들이면 파랗게 되고 노란색으로 물들이면 노랗게 되니, 들어가는 것이 변하면 그 색깔도 변하는구나.'라고 탄식하였다." 하였고, 《장자(莊子)》 〈변무(騈拇)〉에 "오리의 다리가 비록 짧지만 이어 주면 근심하고, 학의 다리가 비록 길지만 잘라 주면 슬퍼한다. 그러므로 본성이 긴 것은 잘라 주면 안 되고 본성이 짧은 것은 이어 주면 안 되니, 그렇게 한들 근심이 사라지는 것이 아니다."라고 하였다.

18 안개와……않도록 : 마음의 평온함을 기약하는 말이다. 백거이(白居易)의 〈태항로(太行路)〉에 "태항산의 험한 길이 수레를 부수지만 그대의 마음에 비하면 그래도 평평한 길이며, 무협의 거센 물길이 배를 뒤집지만 그대의 마음에 비하면 그래도 평온히 흐르는 것이다.〔太行之路能摧車, 若比君心是坦途. 巫峽之水能覆舟, 若比君心是安流.〕"라고 하였다. 《白氏長慶集 卷3》

충청 도사로 떠나는 양길원을 전송하며

送忠清梁吉元都事

장부가 세상에 태어나 높은 뜻을 품었으니	丈夫生世抱奇意
아등바등 시속 좇는 것엔 아랑곳 말아야지	不數齷齪趨塵兒
붕새는 물을 박차 하늘로 구만 리 오르는데[19]	鵬飛水擊搏九萬
그대 바라보니 우뚝 솟은 청운의 자태로다	見爾突兀青雲姿
약관의 나이로 월계화 꺾어 머리에 꽂았고[20]	弱冠攀折月桂花
관직으론 옥당과 은대의 직임 모두 거쳤네	玉堂銀臺摠委蛇
임금을 옆에서 보좌할 인재로 선발이 되어	南宮星佐才所遴
옷자락 끌며 당차게 걸으니 명성이 따랐지	曳裾闊步聲名隨
어려운 일엔 반드시 걸출한 재능 필요하니	盤根本要須利器
뜻을 품은 영웅호걸 널리 능력을 펼쳐야지	英豪有志當博施
충청도는 위로 경기 요지에 맞닿아 있어서	忠淸上控三輔甸
복잡하고 많은 일이 얽힌 실타래와 같은데	繁華劇務如棼絲
성상이 그대 생각하여 도사 직임 맡겼으니	天心眷爾出佐幕
역마 타고 가을바람의 기러기처럼 달려가리	馹騎矯鴻秋風吹
도내의 못된 놈들은 맑은 기상에 도망쳐서	一道狐貍避淸標

19 붕새는……오르는데 : 《장자》〈소요유(逍遙遊)〉에, 몇천 리 크기의 붕새가 북쪽 바다에서 남쪽 바다로 옮겨 갈 때는 물을 박차 3000리를 달리다가 하늘로 9만 리를 올라가 6개월을 날아간다고 하였다.

20 약관의……꽂았고 : 이른 나이에 과거에 급제하였음을 말한다.

천 리 궁한 민가 개 발바닥 긴 털이 나리니[21]	千里窮閭犬足氂
선정에 가는 곳마다 찬동을 하여 한가롭고	棠陰隨處贊決閑
공무의 여가에 행락 즐겨 기특함 많으리라	公餘行樂應多奇
이로써 알게 되리, 왕업을 도와 펼쳐 나가며	從知佐宣君緖餘
문장이 뛰어나고 일 처리도 능하다는 것을	文章自富飾吏治
드넓은 하늘에 커다란 날개를 펼쳤으며	天衢闊遠羽翮長
충의를 마음에 채우고 밝은 시대 만났구나	滿腔忠義遭明時
의기는 나같이 부족한 이도 수용해 주어서	意氣能容我疏懶
오랫동안 함께 배우며 깊이 서로 알았으니	久入蘭室結相知
우리의 교분으로 작별에 아무 말 없겠는가	交契臨分可欠言
온화하면서도 강직하기를 그대는 생각하라	寬溫直栗君更思
여러 고을 순행하면 환영해 맞이할 것이나	列郡巡遊擁候迎
이로 인하여 마음을 자주 바꾸지 말아야지	莫因此時心屢移
나는 독서당에서 조용히 아무런 일 없으니	我自書堂靜無事
그대 생각에 자주 찡그리며 해를 보내리라	憶君頻皺經年眉

21 천……나리니 : 수령의 선정에 고을이 태평해짐을 말한다. 개가 발바닥에 긴 털이 난다는 것은 쫓아가며 짖지 않기 때문에 많이 뛰어다니지 않아 발바닥에 털이 나는 것이다. 후한 때 잠희(岑熙)가 위군 태수(魏郡太守)가 되어 선정을 베풀자 백성들이 그를 칭송하며 노래하기를 "우리에게 탐오한 관리가 있었는데 잠군이 이를 막아 주었네. 개가 짖어도 놀래지 않으니 발의 솜털이 다 길어졌다네.〔我有蟊賊, 岑君遏之. 狗吠不驚, 足下生氂.〕"라고 하였다.《後漢書 岑彭列傳》

배를 타고 양화나루로 내려갔다가 저녁에 돌아오며. 계운의 시에 차운하다

舟下楊花渡夕歸次季雲韻

하늘 높은 가을 물가에는 나뭇잎 날리는데	水國秋高木葉飛
찬 모래의 갈매기는 깨끗한 털옷 입었구나	沙寒鷗鷺淨毛衣
해 질 녘의 서풍이 유람하는 배로 불어오니	西風日落吹遊艇
취한 뒤 강산의 풍광 가득 싣고 돌아오네	醉後江山滿載歸

용산강에 배를 띄우고서 여러 흥이 일어

龍江泛舟雜興

푸른 강물 구월에는 풍파가 많기도 한데	滄江九月足風波
가을 기러기 하늘을 날고 해는 저물어 가네	霜雁飛時海日斜
여섯 판 조각 작은 배에 두 통의 술이라	六板小艇雙榼酒
가을 흥취 함께 싣고 양화나루로 내려간다	載他秋興下楊花

당 아래 용강의 물굽이는 교역의 강나루라	堂下龍灣是利津
장사를 위한 배들로 밤낮으로 붐비는구나	賈船商舶競昏晨
가을바람은 오히려 시상을 맑게 하는데	秋風猶自淸詩肺
바다 물결은 어떻게 속진을 씻어 주려나	海浪安能洗鬧塵
짐짓 가벼운 배 띄워 이별의 포구로 돌아가며	故泛輕舟歸別浦
멀리 가을 기러기 따르니 한가한 몸과 짝하네	遠隨霜雁伴閑身
이제부터는 흥취가 잠두봉[22] 너머에 있으니	從今興在蠶頭外
출렁이는 물결에 청신한 달빛 기다려 보노라	留待翻波月色新

하늘 맑고 가을 물결은 높은데	天淸秋浪高
바람 속에 노 젓는 상앗대 차가워라	風裏棹寒篙
맑은 햇빛 외딴 마을은 아득하고	淨日孤村迥

22 잠두봉(蠶頭峯) : 한강 양화나루 근처의 봉우리로, 모양이 누에의 머리를 닮았다고 하여 붙여진 이름이다.

성긴 수풀 양쪽 언덕은 울리는데	疏林兩岸號
시구 찾으며 이 밤 길이 즐기고	尋詩永今夕
흥취를 끌어 막걸리에 띄우노라	引興泛醦醪
시야엔 양천의 포구가 들어오고	眼底陽川浦
물살에 맡기니 수고로울 것 없네	乘潮莫報勞

가을 강의 물결 거세기도 한데	秋江何蕩潏
유객은 이 저녁에 배를 젓는구나	遊子暮撐舟
끊어진 무지개 바닷가에 떴으니	斷霓浮海曲
자라에 올라타 천 리를 내달리네	千里駕鼇頭
하얀 파도는 은빛 물결 일으키고	白浪堆銀山
거센 바람은 끊임없이 부는구나	長風吹不休
양화나루는 오리섬[23]에 이어지는데	楊花連鴨島
자연의 기운 이 안에 떠 있으니	元氣此中浮
오리와 기러기 물에 사는 게 본성이라	鳧雁本水性
둥둥 떠 있지만 편하기만 하여라	泛泛還自由
세상일 바라보니 물살과 같구나	世事看潮汐
연기와 구름은 신기루처럼 흩어지네	煙雲散蜃樓
뱃노래 부르기를 재촉하고서	狂催棹謳發
취한 흥취에 술잔을 두드린다	醉興擊瓦甌
종각이야 죽은 지 이미 오래지만	宗慤死已久

23 오리섬 : 한강의 모래섬인 난지도(蘭芝島)의 이칭으로, 오리가 물에 떠 있는 모습과 비슷하다고 하여 붙여진 이름이다.

서로 마주 앉아 응시하는 듯하여라[24] 相對只凝眸

24 종각(宗慤)이야……듯하여라 : 원대한 꿈과 드높은 기상을 말하고 있다. 종각은 남조(南朝) 송(宋)나라의 장수로, 무척 기개가 있어 어렸을 때에 숙부인 종병(宗炳)이 무슨 뜻을 품고 있느냐고 묻자, "큰 바람을 타고 만 리의 파도를 깨뜨리고 싶습니다."라고 답하였다. 《宋書 宗慤列傳》

배를 타고 잠령[25] 아래를 지나가다 깎아지른 절벽에 깃든 새를 올려다보며

舟過蠶嶺下仰看峭壁棲鳥

깎아지른 푸른 절벽은 차가운 못에 잠기었고	蒼崖斗截蘸寒潭
바위틈의 외로운 소나무엔 조각 남기 어리었네	石竇孤松鎖片嵐
해는 지고 바람 속에 한 쌍의 학이 깃들어	日落風棲雙水鶴
사람을 피해 달을 맞아 강남 꿈을 꾸는구나	避人迎月夢江南
고기잡이 불빛 마을마다 빛나고	漁火村村耿
강가의 안개는 나무마다 스미네	江煙樹樹沈
가을의 감회를 모두 배에 싣고서	秋懷都載艇
달빛을 타고서 용의 울음 듣는다	乘月聽龍吟
누워 쳐다보니 하늘은 크기만 하고	臥看天宇大
굽어 생각하니 이 몸 작기만 하여라	俯覺此身微
홀로 마음속에 흥취를 담고 있으니	獨有心中興
바람을 따라 어느 곳으로 날아갈까	隨風何處飛

25 잠령(蠶嶺) : 잠두봉(蠶頭峯)을 말한다.

사호의 시에 차운하다

次士浩韻

강물은 흘러흘러 가을 하늘은 가없고 江流袞袞秋無際
위로는 붉디붉은 단풍 숲이 우거졌구나 上有血赤楓林翳
나그네는 맑은 유람에 바람 타고 왔으니 客子淸遊御風來
반 자 크기 두건에 세 폭 넓이 소매로다 半尺綸巾三幅袂
산은 바다 어귀에 서리어 땅이 뜨려 하니 山蟠海口地欲浮
이러한 장대한 형세를 만들어 내었구나 做此一段壯形勢
소나무에 스치는 바람은 물결 뒤흔들고 松韻颼飀撼驚濤
싸늘한 정자 적막한데 왕손의 집이었네 寒亭寂寞王孫第
구름 도는 푸른 절벽에 서녘 해는 비추고 歸雲翠壁西日照
모랫가에 그물 말리는 어부의 집은 닫혔는데 沙頭曬網漁店閉
갈매기와 백로는 드넓은 물결 위를 날개 치고 鷗鷺飜飛浩蕩內
물고기와 용은 드러누워 서로를 쳐다보네 魚龍偃臥相睥睨
나는 초연히 한 조각 작은 배에 앉아 있자니 悄然坐我一葉上
신선이 되어 너울너울 날개가 돋는 듯하구나 飄飄羽化如尸蛻
뱃전을 두드리며 〈적벽부〉를 소리 높여 부르고 扣舷高詠赤壁賦
취하여 가는 붓을 휘두르니 시율이 정교하네 醉灑尖頭詩律細
속된 마음은 서쪽 찬 하늘에 우는 기러기 향해 돌리고 塵懷西折雁叫寒
벼슬의 흥취는 만년에 꼬리를 끄는 거북에게 보내네[26] 宦興晩輸龜尾曳

26 벼슬의……보내네 : 부귀영화에 얽매이지 않고 가난하지만 자유롭게 지내는 것을

눈앞의 적막한 기상은 천만 가지로 변하여	眼底牢落氣象千
승경을 찾아 입으로는 치솟는 기세를 말하네	舌頭選勝談鋒銳
봉래산의 푸른 새를 부를 수는 없지만[27]	蓬壺青鳥不可呼
달은 항아를 보내어 나의 수건을 푸는구나[28]	月送姮娥解余帨
허무한 인생 바다에 뜬 좁쌉 한 톨보다도 미미하니	浮生渺於滄海粟
위로는 천고의 세월이요 아래로는 또 몇 해련가	上有千古下幾歲
홀로 소멸과 생성의 변화에서 벗어나 서 있으면	獨立盈虛消長外
세상 속의 만물은 모두 파리 떼에 불과하여라	世間萬物皆群蚋

말한다. 장자가 복수(濮水)에서 낚시를 하고 있는데 초왕(楚王)이 사람을 보내어 장자에게 벼슬을 맡기려고 하자, 장자가 “거북은 죽어 뼈를 남긴 채 귀한 대접을 받기보다 살아서 진흙 속에 꼬리를 끌며 다니기를 바랄 것이다.”라고 말하며 사양하였다고 한다. 《莊子 秋水》

27 봉래산(蓬萊山)의……없지만 : 봉래산은 신선이 산다는 산이고, 푸른 새는 하늘의 전령을 상징한다. 신녀(神女)인 서왕모(西王母)가 한(漢)나라 무제(武帝)를 찾아올 때에 먼저 푸른 새를 보내어 소식을 알렸다고 한다. 《淵鑑類函 卷421 青鳥1》

28 달은……푸는구나 : 항아(姮娥)는 달에 산다는 전설상의 신녀이다. 수건을 푼다는 것은 다가와 유혹함을 말한다. 《시경》 〈소남(召南) 야유사균(野有死麕)〉은 남자가 노루와 사슴으로 여인을 유혹하지만 여인이 정조를 지키며 거절한다는 내용인데, 제3장에서 “가만히 서서히 와서 나의 수건을 건드리지 말고, 개가 짓게 하지 마라.〔舒而脫脫兮, 無感我帨兮, 無使尨也吠.〕”라고 하였다.

물새

水鳥

배 안에서 보았다.

모랫가에는 황새 한 쌍이 깃들어 있는데	沙頭野鶴一雙棲
한가로이 맑은 강에서 단꿈을 즐기다가	閑愛淸江夢自迷
바람 잦은 석양 아래 뱃노래에 놀라서	風斷夕陽驚款乃
가벼이 날개 치며 서쪽 언덕으로 날아가네	却飛西岸羽聲低

백조를 읊다. 계운의 시에 차운하다

詠白鳥次季雲韻

맑은 강에서 목욕하고 푸른 언덕에 점점이　　浴罷淸江點碧皐
바람을 등지고 찬 부리를 하얀 깃에 파묻네[29]　　背風寒觜閣霜毛
가을 다 저물려는 곳에 안개에 깃들어 평온하고　　秋將盡處棲煙穩
해가 서녘에 걸린 때에 그림자 떨구며 높이 나네　　日欲西時落影高
물가에서 자유롭게 노닐며 마음대로 모였다가　　自在滄洲隨意集
노니는 배를 익히 알아 사람에게 다가와 우네　　習知遊艇近人號
용산강에는 본래 주살을 쏘는 이들 많으니　　龍江自是多繒繳
모랫가에서 물고기 노리면서 과욕은 말아야지　　沙際窺魚愼太饕

29 바람을……파묻네 : 《노학암필기(老學庵筆記)》에 "회남(淮南)의 속담에 '닭은 추우면 나무에 오르고 오리는 추우면 물로 내려간다.'라고 하였는데 살펴보니 모두 그렇지 않다. 한 노파가 말해 주기를 '닭은 추우면 다리를 올리고 오리는 추우면 부리를 내릴 뿐이다.'라고 하였다. 다리를 올린다는 것은 다리 하나를 오므리는 것이고, 부리를 내린다는 것은 부리를 날개 사이에 감춘다는 것이다."라고 하였다.

중양절에

重陽

호숫가의 가을 소리 애간장을 더욱 녹이는데	湖上秋聲倍斷腸
허망한 인생은 올해 또 중양절을 맞이했네	浮生今歲又重陽
방 안에는 서적들만 쌓여 공연히 적막하고	一堂書史空牢落
단풍은 절로 서리에 붉고 국화는 절로 노랗네	楓自霜紅菊自黃

사호의 시에 차운하다
次士浩韻

외기러기 우는 소리에 가을은 이미 저무는데 一雁聲中秋已杪
만고의 근심과 즐거움은 여기에서 사라지누나 萬古憂樂此消沈
바람 소리 스산하고 낙엽은 우수수 날리며 風韻颼颼葉摵摵
차가운 산 적막하고 강물은 은은히 흐르네 寒山漠漠江陰陰
집 안엔 시인이 있어 홀로 고개 돌리는데 堂裏騷人首獨回
집 앞의 좋은 경치를 아무도 찾는 이 없네 堂前好景無人尋
반쯤 젖힌 두건은 삐딱하니 단정하지 않고 半頂巾帽欹不整
길게 헝크러진 머리털엔 홍진이 깊었어라 千尺亂髮紅塵深
백 년 인간사에 중구절을 몇 번이나 만난다고 百年重九能幾日
사방 들판 국화꽃인데 공연히 마음 저버리나 四野黃花空負心
문밖엔 흰옷 입고 오는 이 보이지 않으니[30] 不見門外白衣來
부질없이 거문고 매만지며 아양곡을 연주하네[31] 浪撫洋峨六絃琴

30 문밖엔……않으니 : 아무도 찾아오지 않음을 말한다. 흰옷을 입고 오는 사람이란 술을 가져오는 심부름꾼을 뜻한다. 진(晉)나라의 도잠(陶潛)이 중양절에 술이 없어 마시지 못하고 그저 국화를 즐기고 있을 때에 강주 자사(江州刺史) 왕홍(王弘)이 흰옷 입은 심부름꾼을 시켜 술을 보내왔다. 《續晉陽秋》

31 부질없이……연주하네 : 찾아오는 이 없어 아무도 듣지 않는데 혼자 거문고를 연주하는 것이다. 아양곡(峨洋曲)은 거문고의 명인인 백아(伯牙)가 산수(山水)를 연주한 곡조이다.

회포를 담아 김공과 강공[32]에게 올리다 2수

示懷奉金姜二案下 二首

두 달 남짓 가을 독서당에서 함께 지내며　共臥秋堂兩月餘
거문고 하나로 다섯 수레의 책을 대했지만　一張琴對五車書
지금도 전처럼 문서 작성에 종사하고 있으니　如今依舊隨刀筆
앞길도 처음과 달라지지 않음을 알겠구나　看我頭顱不變初

두 눈 달린 이 한 몸은 본래 가볍게 떠 있는데　一身雙眼本輕浮
한가함과 번잡함을 왜 마음대로 못 하는가　閑鬧如何不自由
구름과 달빛 강에 가득하고 바람 고요한 이 밤　雲月滿江風靜夜
풍진 속에 그대 생각하며 얼마나 고개 돌렸던고　憶君塵裏幾回頭

32 김공(金公)과 강공(姜公) : 독서당에서 함께 공부한 김일손(金馹孫)과 강혼(姜渾)을 가리킨다.

이요정집

제7권

贊찬 箴잠 賦부

序서 記기

부 賦

분서갱유부

焚書坑儒賦

응제(應製)이다.

아, 하늘에 근본한 지극한 도여	猗至道之原于天兮
성인에게 깃들어 행해졌도다	寓聖人而乃行
처음 삼획을 그이 혼몽을 열었으니	厥初畫三而啓蒙兮
문명의 세계에 만상을 게시하였도다[1]	揭萬象於文明
오제로부터 삼왕에 이름이여[2]	自五帝而三王兮
궁극의 도가 갖추어져 다스림이 펼쳐졌네	極道備而治亨
인간의 도리를 밝혀 후세에 비춰 줌이여	明彝倫以照後兮

1 처음……게시하였도다 : 삼획은 세 개의 획으로 구성되어 있는 《주역》의 8괘를 말한다. 삼획괘를 중첩하면 64괘가 되는데, 《주역》의 64괘에는 삼라만상의 이치가 담겨 있다고 한다.

2 오제(五帝)로부터 삼왕(三王)에 이름이여 : 오제는 상고 시대 전설상의 제왕으로 소호(少昊), 전욱(顓頊), 제곡(帝嚳), 제요(帝堯), 제순(帝舜)을 말하며, 삼왕은 하(夏)나라의 우(禹), 상(商)나라의 탕(湯), 주(周)나라의 무왕(武王)을 말한다. 일반적으로 인류 문명을 개창한 태고의 제왕을 지칭하는 말로 쓰인다.

또한 예악이 크게 이루어졌도다　亦禮樂之大成

아, 성인이 떠나고 말씀만 남았으니　嗟聖去而言留兮

분전과 고훈으로 불리네[3]　曰墳典與誥訓

중요한 바는 도를 담아 사라지지 않게 함이니　所貴載道而不遺兮

무엇이 그윽하고 감춰진 정미함이런가　孰精微之幽隱

시와 예를 갖추어 백가를 통달하니　該詩禮而達百家兮

아, 조리가 통창하여 문란하지 않아라　羌條貫而不紊

후대 학자들이 외고 따르는 것을 살펴보니　顧後儒之誦法兮

실마리를 뽑아 깊은 뜻을 발현하려 하였네　志抽緖而發蘊

비록 옛 도를 온전히 구현하지는 못하더라도　雖未全於古之道兮

함께 가르침을 따라 법도로 삼았으니　倂遵敎而儀刑

마땅히 후대 왕들이 이를 숭상하여　宜後王之崇右兮

육경을 통해 다스림과 교화를 넓히었네　恢治化於六經

어찌하여 세대가 내려가면서 순수함이 줄었는가　何世降而醇漓兮

어지러이 온갖 사욕들이 형체의 부림을 받네　紛衆欲之役于形也

훌륭한 다스림이 점차 무너져 날마다 추락하니　善治浸淫而日下兮

도가 또 아홉 갈래[4]로 갈라졌구나　道又岐於九流也

공리를 일삼은 춘추 시대에는　功利於春秋兮

3 분전(墳典)과 고훈(誥訓)으로 불리네 : 분전은 삼황(三皇) 시대의 글이라는 삼분(三墳)과 오제(五帝) 시대의 글이라는 오전(五典)을 말하며, 고훈은 《서경》에 보이는 〈탕고(湯誥)〉, 〈이훈(伊訓)〉 등 선왕의 가르침을 전하는 글을 말한다.

4 아홉 갈래 : 선진(先秦) 시대 아홉 가지로 대변되는 학파로, 유가(儒家), 도가(道家), 음양가(陰陽家), 법가(法家), 명가(名家), 묵가(墨家), 종횡가(縱橫家), 잡가(雜家), 농가(農家)를 말한다.

공자께서 늙도록 경전을 산삭하였고 孔聖卒老於刪修
합종연횡이 난무한 전국 시대에는 縱橫於戰國兮
맹자께서 마침내 유가에 귀의하였네 子輿終返乎魯鄒
왕도가 패도의 시대로 바뀌어 회복하지 못하더니 王之道霸而不返兮
또 난폭한 진나라로 이어졌구나 又繼之以暴秦
공을 앞세워 인의를 무너뜨리더니 殘仁義于首功兮
한비자와 신불해가 형명을 숭상하였네[5] 祖刑名于韓申
사해를 핍박하여 하나로 만들었으니 鞭四海以一之兮
만방을 통합하여 신하로 삼았구나 合萬邦以爲臣
제후왕을 없애고 군현을 설치하였으며 滅侯王而郡縣兮
무기를 녹여 금인을 만들었고[6] 銷鋒鏑爲金人
아방궁을 지어 궁성을 장엄하게 꾸몄고 宮阿房以壯內兮
만리장성을 쌓아 번방에 위엄을 보이었네 城萬里以威邊
스스로 삼황의 덕을 겸비하였다고 생각하고 自以爲德兼三皇兮
어느 왕도 자신보다 뛰어나지 않다고 여겼으며[7] 視百王余誰先

5 한비자(韓非子)와……숭상하였네 : 한비자와 신불해(申不害)는 전국 시대의 사상가로 법을 엄격히 적용하는 형명학(刑名學)을 중시하였다.

6 제후왕을……만들었고 : 진(秦)나라가 중국을 통일한 후 봉건제(封建制)를 혁파하고 군현제(郡縣制)를 실시하였으며, 천하의 병기를 몰수하여 천 석(石) 무게의 종과 금인(金人)을 만들어 궁중에 두었다. 《史記 秦始皇本紀》

7 스스로……여겼으며 : 진 시황(秦始皇)은 천하를 통일한 후에, 고대의 천황(天皇), 지황(地皇), 태황(泰皇)과 비교하여 '황(皇)' 자를 취하고, 상고 시대 제위(帝位)와 비교하여 '제(帝)' 자를 취하여 황제(皇帝)라는 칭호를 처음 사용하였고, 평가를 통해 부여하는 시호를 없애고 시황제(始皇帝)라 이름하였다. 《史記 秦始皇本紀》

태산에 올라 하늘에 제사를 지냈고	登泰山而告天兮
동해를 순행하고 신선의 길을 물었네	巡東海而問仙
온 천하를 하나의 법으로 몰아가	驅寰宇於一法兮
천고의 전통을 배척하고 독단으로 다스렸네	擯千古而獨理
시서의 바른 도리를 갈갈이 찢어 버렸으니	滅裂詩書之正道兮
성현이 남기신 법도는 옛 자취가 되었네	陳迹聖賢之遺軌
수신제가의 법도를 버리고 근본으로 삼지 않았으니	棄修齊而不本兮
경륜의 제도가 자신에게 해롭다고 미워한 것이라네	惡經制之害己
이미 행하는 일들이 어긋나 버렸으니	旣所行之乖剌兮
또 서적이 무슨 소용이 있었겠나	又焉用夫典記
이사가 스승의 도를 배반하고서[8]	惟斯也之背師道兮
대중의 마음을 격동하여 더욱 제멋대로였네	鼓群心而益肆
샅샅이 두루 찾아내고 널리 거둬들여	窮旁搜而遠收兮
치솟는 불길 속에 던져 버려	付炎火之烈熾
한 줄기 불꽃 속에 모든 책을 재로 만들었고	灰萬書於一焰兮
마음으로 전수한 것까지 물리쳐 함께 내버렸으니	鑿心法而同棄
선비가 옛것을 배우면 법망에 걸렸고	士學古而觸網兮
사람들은 법령을 익히며 관리를 스승으로 삼았네	人習令而師吏
아, 선왕의 훌륭한 법도가	嗟先王之善度兮
풀 베는 사람이 가져가는 추구와 같아졌으니[9]	若蘇者之芻狗

8 이사(李斯)가……배반하고서 : 이사는 진나라의 사상가로 강력한 법 집행을 강조하였고, 불온한 비판을 방지하기 위하여 학술 논의를 금하고 분서(焚書)할 것을 주장하였다. 그의 스승은 유가(儒家)에 속한 순자(荀子)였다.

천하의 마음과 눈을 모두 덮어 버려　塗堙天下之心目兮
백성들을 우매한 사람들로 만들려 하였네　將以愚夫黔首
그러나 우리의 도를 사람들은 간직하여　然斯道之在人兮
굳게 마음으로 전하며 말하지만 않았을 뿐　固心傳而不口
천지와 함께 운명을 같이하니　與天地而同運兮
어찌 문자를 따라 타 버릴 수 있었겠나　豈隨燼於文字
책을 불태워 근원을 없애고자 했지만　欲燒書而塞源兮
그저 자신의 어리석음을 드러냈을 뿐이네　秪自見其不智
제생은 자신의 역량을 헤아리지 않고서　諸生之不量力兮
다시 무엇 하러 비난하고 따졌는가　復何爲乎譏議
이미 포악하고 사나워 더불어 인을 행할 수 없으니　旣剛戾莫與仁兮
누군들 함께 하며 그 뜻을 돌리겠는가　誰與之回其志也
도의 곤액은 불길이 더욱 치솟는 것과 같아　道之厄如火之益炎兮
말하는 것으로는 진화할 수가 없었네　非口舌之撲滅也
그저 화란을 부추기고 포악함을 일으켰으니　徒鼓亂而起暴兮
임금의 잔혹함을 촉발하였음이라　觸忤君之酷烈
그물을 하늘에 펼쳐 땅을 덮으니　一網張天而掩地兮
사백여 명이 연이어 스스로를 논열하였고[10]　連四百以自列
아득한 여산의 형곡이여　邈驪山之硎谷兮

9 풀……같아졌으니 : 추구(芻狗)는 제사 지낼 때 사용하는 풀로 엮어 만든 개인데, 제사가 끝나면 아무 쓸모가 없어 버려진다.

10 그물을……논열하였고 : 유생들이 자신을 비방한다고 여긴 진 시황이 어사를 보내 유생들을 조사하게 하니 서로 고발한 자가 460여 명이었는데, 이들을 모두 함양(咸陽)에 묻어 버렸다.《史記 秦始皇本紀》

오이가 어찌 겨울에 열리겠는가[11]	瓜胡爲乎冬實
슬프도다, 죄 없는 유생들이여	哀吾儒之不辜兮
참혹하게 한 구덩이에 함께 묻혔구나	慘同坑於一穴
사람이 생겨난 이래로	自生民以來兮
이 지경보다 더 잔인한 화를 누가 입었으랴	禍誰酷於此極
임금은 시기하고 격노하는 마음을	君之心忌克而暴怒兮
정사에 펼치어 잔혹하기만 하였도다	發於政而殘刻
우리 도를 마치 원수를 보듯이 하여	視吾道如仇讎兮
뿌리와 밑동을 모조리 잘라 버리려 하였으니	擬根株之竝絶
재앙의 징조가 여기에 도사리고 있다가	知禍機之伏茲兮
둑이 크게 터져 버린 것이로다	見防川之大決
아득히 옛 명철한 임금을 생각해 보니	緬懷古之哲王兮
모두 이 도를 보호하고 도왔으니	咸扶翼夫斯道
마음으로 학문에 힘쓰며 유학을 존숭하여	心典學而尊儒兮
덕이 날로 높아져 쉽게 이루어졌도다	德易成於日造
복희와 헌원의 훌륭한 제도를 따르고	遵善制於羲軒兮
경전에 있는 성인의 계책을 본받았네	式聖謨於典誥
천하를 이끌고서 지극함으로 돌아가니	環率土以歸極兮
우 임금이 물을 잘 인도한 것과 같네[12]	若禹水之順導

11 아득한……열리겠는가 : 진 시황이 겨울에 여산(驪山) 형곡(硎谷)의 따뜻한 곳에 오이를 심어 열리게 하고는, 겨울에 오이가 열린 것에 대해 의견이 분분한 700여 명의 박사와 유생 들을 모두 직접 가서 보게 한 뒤에 그곳에서 화살을 쏘고 흙으로 덮어 묻어 버렸다. 《古今事文類聚 後集 卷26 視瓜坑儒》

12 천하를……같네 : 《서경》의 〈홍범(洪範)〉은 우(禹) 임금이 홍수를 다스릴 때 하

치적이 지극하여 태평성대를 이뤄	極治功於熙皥兮
한결같이 오래도록 은혜가 베풀어지니	齊歷年於覆燾
어찌 도를 저버리고 잘못을 좇아	夫何背道而追曲兮
형벌을 가지고서 가르침으로 삼겠는가	操刑戮以爲敎
자산은 제후국의 경상이거늘	子產列國之卿相兮
오히려 향교를 헐어 버리지 않았구나	猶不毁夫鄕校
좋다는 것은 취하고 나쁘다는 것은 고쳤으니	因取善而改惡兮
마침내 나라를 다스리며 성과를 이루었네[13]	卒理國而收效
백성들의 원망과 비판을 귀담아들어	聞下民之怨罵兮
덕을 공경하며 스스로를 맑게 해야 하거늘	宜敬德而自淑
저들은 위엄으로 비방을 그치게 하였으니	彼重威以止謗兮
이는 위망을 스스로 초래한 것이로다	適危亡之自速
영씨[14]가 세상을 다스린 것을 살펴보면	觀嬴氏之御世兮
탄식을 일으키고 원망을 사기에 충분하구나	足興嗟而起讟
거슬러 행하고 거꾸로 시행한 뒤에	夫旣逆行而倒施兮

늘로부터 낙서(洛書)를 전해 받고서 이를 본받아 진술한 것이라고 하는데, 그 내용 중에 "그 지극함에 모여 그 지극함에 돌아올 것이다.〔會其有極, 歸其有極.〕"라는 내용이 있다. 여기서의 '지극함'이란 치우침이 없는 인륜의 표준을 의미한다.《書經集傳 洪範》

13 자산(子産)은……이루었네 : 자산은 정(鄭)나라의 대부이다. 정나라 사람들이 향교에 모여 정사의 득실을 논하자 대부인 연명(然明)이 자산에게 향교를 헐어 버릴 것을 건의했는데, 자산이 말하기를 "어찌 그렇게 할 수 있겠는가. 저 사람들이 아침저녁으로 물러나 모여서 정치의 선악을 논하는데, 그들이 좋다고 하는 것은 내가 시행하고 그들이 나쁘다고 하는 것은 내가 고치고 있다. 그들은 나의 스승인데 어찌 향교를 허물어 버린단 말인가."라고 하였다.《春秋左氏傳 襄公31年》

14 영씨(嬴氏) : 진 시황을 가리킨다. 진(秦)나라 임금의 성(姓)이 영씨이다.

또 음란함과 포악함을 덧보탰으니 又濟之以淫虐
인심과 천명이 모두 떠나 버렸거늘 人心與天命俱去兮
나라의 명운이 기우는 걸 몰랐구나 曾不知國脈之自鑠
어찌 백성이 어리석다 속일 수 있겠으며 豈民愚而可欺兮
어찌 남들이 죽인다고 내가 따르겠는가 豈人殺而我從
택향에서 변방을 지키던 장부가 소리 한번 외치고 澤鄕之戍夫一呼兮
작대기를 휘두르며 예봉을 다투었네[15] 揮棘矜以爭鋒
사슴이 들판을 달리며 마음대로 내달리니 鹿走原而橫逸兮
많은 사람들이 이리저리 공격하며 덫을 놓았네[16] 衆掎角而機陷
버려진 진왕을 함곡관에 가둬 두고서 囚獨夫於函關兮
단칼에 천하를 걸고 싸웠구나[17] 擲乾坤於一劍
중간엔 성명만 쓸 줄 아는 항왕[18]에게 무너졌고 中裂於記姓之項王兮

15 택향(澤鄕)에서……다투었네 : 진승(陳勝)이 진나라의 학정에 대항하여 봉기한 것을 말한다. 진승 등 900여 명의 백성이 어양(漁陽)의 수비병으로 징발되어 가던 중에 대택향(大澤鄕)에서 봉기하여 관군에 맞서 승전을 하였다. 《史記 陳涉世家》

16 사슴이……놓았네 : 진나라가 힘을 잃자 군웅이 패권을 다툼을 말한 것이다. 사슴은 왕권을 상징하는 말이다. 《사기》 〈회음후열전(淮陰侯列傳)〉에, 제(齊)나라의 변사(辯士) 괴통(蒯通)이 한 고조(漢高祖)에게 "진나라가 사슴을 잃자 천하가 모두 이를 뒤쫓았다."라고 말한 내용이 있다.

17 단칼에……싸웠구나 : 항우(項羽)와 유방(劉邦)이 천하를 차지하게 위해 겨룬 것을 말한다.

18 성명만……항왕(項王) : 항왕은 항우를 가리킨다. 항우가 어렸을 적에 글을 배우다 끝까지 마치지 않고 또 검술을 배우다 끝을 이루지 않자 숙부인 항량(項梁)이 화를 냈는데, 항우가 말하기를 "글은 이름과 성을 쓸 수 있으면 충분하고 검은 한 사람을 대적하는 것이니 배울 만하지 않습니다. 만 명을 대적하는 것을 배우겠습니다."라고 하였다. 《史記 項羽本紀》

끝내는 말 위에서 천하를 얻은 내옹[19]에게 전해졌네 卒輸於馬上之乃翁
복록이 두 대까지만 갈 줄 생각이나 했으랴[20] 豈料夫傳祚之纔二兮
갑자기 궁실이 불타 붉게 물들었구나[21] 倏宮火之照紅
화란은 염려하지 않은 데에 절로 도사리고 禍自伏於不慮兮
술책은 도리어 영웅에게는 밑천이 되었네 術反資於英雄
이것은 누가 만든 재앙의 계제런가 是誰爲之厲階兮
또한 가련한 것은 저 분서와 갱유로다 亦可傷夫焚坑
그러나 하늘이 우리의 도를 없애진 않았으니 然天心未喪斯文兮
어찌 진나라의 위력이 큰 영향 미쳤으랴 豈秦威而重輕
공씨의 벽 속에서 병화를 견디었고[22] 超兵燹於孔壁兮
복생을 통하여 전해지기도 하였네[23] 或寓傳於伏生
도리어 한나라가 널리 선양하여 抑炎漢之表章兮

19 말……내옹(乃翁) : 내옹은 한 고조 유방을 가리킨다. 유방이 천하를 통일한 뒤에 육가(陸賈)가 때때로 나아가 시서(詩書)의 중요성을 논하였는데, 유방이 말하기를 "내가 말 위에서 천하를 얻었는데 어찌하여 시서를 일삼겠는가."라고 하였다. 이에 육가가 "말 위에서 천하를 얻었으나 어찌 말 위에서 천하를 다스릴 수 있겠습니까."라고 하였다. 《史記 陸賈列傳》

20 복록이……했으랴 : 진 시황이 천하를 통일한 이후 그의 아들인 이세(二世) 황제에 이르러 나라가 망한 것을 말한다.

21 궁실이……물들었구나 : 항우가 진나라를 정복한 뒤에 진나라 황궁인 아방궁(阿房宮)을 불태운 것을 말한다.

22 공씨(孔氏)의……견디었고 : 한(漢)나라 때에 공자의 옛집을 허물었는데 그때 벽 속에 감춰 두었던 경전이 발견되었다. 《漢書 藝文志》

23 복생(伏生)을……하였네 : 복생은 원래 진나라 때의 박사(博士)로 《상서(尙書)》를 전공하였는데 나라에서 서적을 불태울 때에 벽 속에 서적을 감추어 두었다. 한나라가 흥기한 이후에 그것들을 수습하여 학자들에게 전수하였다. 《史記 儒林列傳 伏生》

환히 문치가 크게 드러났으니	煥文治之有聲
석거각과 백호관에서 강론을 하였고[24]	惟石渠與白虎兮
또한 삼로와 오경으로 받들었네[25]	亦三老與五更
세상이 모두 중하게 여기며 게을리하지 않았으니	咸世重而不怠兮
족히 태평한 시대를 아름답게 빛내었네	足賁飾乎治平
게다가 동자 한자 주자 정자로 이어졌고[26]	況董韓與周程兮
또다시 장자와 주자가 번갈아 울리었네[27]	復張朱之迭鳴
모두 근원을 북돋고 인도하여	揔培根而導源兮
전해지지 못한 성학을 이었도다	續不傳之聖學
이에 참으로 도심은 민멸되지 않음을 알겠으니	是固知道心之不泯兮

24 석거각(石渠閣)과……하였고 : 석거각은 한나라 궁실의 장서각으로, 전한(前漢)의 선제(宣帝)가 이곳에서 학자를 모아 오경을 강론하게 하였다. 백호관(白虎觀)은 한나라 궁궐 내의 전각으로 이곳에서 학자들이 모여 오경을 강론하였는데, 후한(後漢)의 장제(章帝)가 석거각의 제도를 따라 설치하였다. 《古今事文類聚 新集 卷29》

25 또한……받들었네 : 삼로(三老)와 오경(五更)은 원래 주대(周代)에 천자가 노인을 부형(父兄)의 예로 봉양하기 위해 설치한 지위이다. 《禮記 文王世子》 후한의 명제(明帝)가 양로례(養老禮)를 행하며 이궁(李躬)을 삼로로 삼고 환영(桓榮)을 오경으로 삼았다. 《後漢書 明帝紀》

26 동자(董子)……이어졌고 : 동자는 한나라의 동중서(董仲舒)를, 한자(韓子)는 당나라의 한유(韓愈)를, 주자(周子)는 송나라의 주돈이(周敦頤)를, 정자(程子)는 송나라의 정호(鄭顥)와 정이(程頤) 형제를 가리킨다. 동중서는 한나라가 유가 사상을 국교로 삼는 데에 이바지하였고, 한유는 유학이 침체되어 가던 시기에 적극적으로 유학을 주장하였고, 주돈이와 정호 형제는 성리학을 선도하였다.

27 또다시……울리었네 : 장자(張子)는 송나라의 장재(張載)를, 주자(朱子)는 송나라의 주희(朱熹)를 가리킨다. 장재는 성리학을 발전시켰고, 주희는 성리학을 집대성하였다.

진나라가 꺼뜨리고 한나라가 되살린 것이 아니라네　不秦熸而漢復
이후에는 세상에 훌륭한 다스림이 없어　然後世之無善治兮
도가 천하에 행해지지 않아　道不行於天下
비록 문화가 간간이 드러나긴 하였지만　雖文化之間見兮
명목만 남았을 뿐 실제는 적었네　或名存而實寡
하늘이 우리나라를 돌보아 성군이 나셨는데　皇天眷東而聖作兮
늘 자만함을 경계하는 마음가짐으로　志每箴於滿假
제전을 통해 요 임금과 순 임금을 계승하고[28]　述堯舜於帝典兮
주아를 통해 문왕과 무왕을 본받으셨네[29]　憲文武於周雅
학문은 계속 밝히어 날로 진보하고　學緝熙而日就兮
마음은 순수하고 전일하여 중도를 잡으셨네[30]　心精一而執中
옛 성인을 통해 도의 근원을 열고　開道原於往聖兮
우리 동방에 학문의 가르침을 펼쳤도다　闡文敎於吾東
궁중에서부터 팔도에 이르기까지　自祕書而八方兮
성대하게 경서와 역사서가 두루 통하게 하였고　盛經史之旁通
마음으로는 공맹을 따르고 입으로는 시서를 외워　心孔孟而口詩書兮
학교에서의 유풍을 성하게 하였네　蔚庠序之儒風

28 제전(帝典)을……계승하고 : 제전은 《서경》의 〈요전(堯典)〉과 〈순전(舜典)〉을 가리키는 말로, 제요(帝堯)와 제순(帝舜)의 언행이 기록되어 있다.

29 주아(周雅)를……본받으셨네 : 주아는 《시경》의 〈대아(大雅)〉와 〈소아(小雅)〉를 가리키는 말로, 문왕(文王)과 무왕(武王)이 기초를 마련한 주나라의 궁중 음악이다.

30 마음은……잡으셨네 : 《서경》 〈대우모(大禹謨)〉에 "인심은 위태롭고 도심은 은미하니, 순수하고 전일하여야 진실로 그 중도를 잡으리라.〔人心惟危, 道心惟微, 惟精惟一, 允執厥中.〕"라고 하였다.

이에 성인의 교화가 무르익었으니	玆聖化之醞釀兮
한당이 번갈아서 삼황오제를 따르는데	軼漢唐而三五
미천한 신의 어리석음을 돌아보건대	顧微臣之顓蒙兮
아, 배움은 보잘것없고 마음은 둔하구나	嗟學蕪而心魯
재주가 뛰어났던 양웅과 사마상여에 못 미치고[31]	乏贍才於揚馬兮
강설을 잘했던 범조우에게 부끄러우니[32]	愧善講於祖禹
궁궐에서 오랫동안 피리를 불었지만	久吹竽於金闥兮
성상의 은혜를 저버릴까 두려울 뿐이라네[33]	恐負恩於聖主
항상 찬양의 마음을 간직하고서	常存心於贊揚兮
천지에 빗대어 묘사하려고 하는데	庶摹寫乎天地
문무의 온전한 덕을 펼치시니	駕文武之全德兮
예악이 밝게 갖추어짐을 송축하네	頌禮樂之明備
다시 어찌 광포한 진나라의 어리석음 말하리오	復何說夫狂秦之自愚兮
그저 찬미와 풍자에 흥을 붙일 뿐이로라	唯寄興於美刺

31 재주가……미치고 : 양웅(揚雄)과 사마상여(司馬相如)는 모두 한(漢)나라의 저명한 문장가이다.

32 강설을……부끄러우니 : 송(宋)나라의 학자 범조우(范祖禹)가 시강(侍講)으로서 강설에 뛰어났는데, 소식(蘇軾)이 그에 대해 "지금의 경연관 중 제일로, 말이 간략하면서도 합당하여 한 글자도 쓸데없는 말이 없고 한 마디도 덧보태진 말이 없이 의리가 명백하고 문장이 찬란하다."라고 하였다. 《古今事文類聚 遺集 卷3 講官第一》

33 궁궐에서……뿐이라네 : 부족한 재주가 임금의 뜻에 부합하지 못함을 말한다. 제 선왕(齊宣王)이 피리 연주를 좋아하여 300인의 악사를 모았는데 남곽처사(南郭處事)가 재주도 없으면서 합주하는 무리에 끼어 좋은 대우를 받았다. 그러나 선왕의 뒤를 이어 즉위한 민왕(湣王)은 독주를 좋아하여 한 명씩 연주하는 것을 듣고자 하였는데 남곽처사는 자신의 실력이 드러날 것이 두려워 도망쳤다고 한다. 《韓非子 內儲說上》

아사대성부[34]

餓死臺城賦

응제(應製)이다.

하늘이 백성들에게 충을 내리셨으니[35]	皇天降衷于下民兮
삼강과 오상이로다	曰三綱與五常
나의 심신으로부터 국가에 이르기까지	自心身而家國兮
도는 아무리 은미하여도 드러나지 않음이 없네	道無微而不彰
옛 성왕이 치우침이 없는 표준을 세웠으니	古聖王之建極兮
다섯 가르침을 펼쳐 경계하는 마음을 갖게 하였고[36]	敷五教以設防
나라에서 인의를 바탕으로 정사를 펴니	國有仁義之政兮
백성들이 예법의 마당으로 달려 나갔네	民趨禮法之場
정도를 따르면서 치우치지 않아	遵正道而不頗兮

34 아사대성부(餓死臺城賦) : 남조(南朝) 양(梁)나라의 무제(武帝)가 불교에 귀의하여 깊이 신봉하였지만 결국 복을 받지 못하고 후경(侯景)의 난에 대성(臺城)에서 굶어 죽은 내용을 서술한 것이다.

35 하늘이……내리셨으니 : 《서경》 〈탕고(湯誥)〉에 나오는 말이다. 채침(蔡沈)은 그 주석에서 '충(衷)'을 '중(中)'이라 하였고, 이어 "하늘이 명을 내릴 때에 인의예지신(仁義禮智信)의 이치를 갖추어 치우치는 바가 없게 하니 이것이 이른바 충이다."라고 하였다. 《書經集傳 湯誥》

36 옛……하였고 : 《서경》 〈순전(舜典)〉에, 순 임금이 설(契)에게 "너를 사도로 삼으니 공경히 다섯 가지 가르침을 펴되 너그러움이 있게 하라."라고 하였는데, 채침은 주석에서 '다섯 가르침'을 부자유친(父子有親), 군신유의(君臣有義), 부부유별(夫婦有別), 장유유서(長幼有序), 붕우유신(朋友有信) 즉 오륜(五倫)이라 하였다. 《書經集傳 舜典》

마치 해와 달이 하늘을 운행하는 것 같았는데	若日月之行天
세대가 내려올수록 거짓이 불어났으니	世逾降而滋僞兮
어찌 사람의 마음이 자주 바뀌었던고	胡人心之數遷
이단이 분분하여 바름을 해치면서	異端紛其害正兮
많은 갈래로 나뉘어 멋대로 뚫고 가니	路多岐而橫穿
주나라 말기에는 양주와 묵적의 무리가 만연하였고	蔓楊墨於周季兮
진나라와 한나라 때엔 신선술이 성행하기도 하였네	或神仙于秦漢
요순이 흥기하여 다스릴 수가 없었으니	堯舜不可作而治兮
누가 밝은 도를 한결같이 펼치겠나	孰明道之一貫
영평 연간에 이르러 화란을 기쁘게 여겨	逮永平之喜禍兮
서방에서 축법을 맞이하고는[37]	迎竺法於西方
공허한 말을 엮어 설교를 하였으니	架空虛以設敎兮
만세토록 이어질 고질병의 근원이 되었도다	根萬世之膏肓
인과응보란 말로 사람들을 현혹함이 깊으니	報果之說惑人深兮
아홉 가지 법[38]이 무너진들 그 누가 슬퍼하랴	淪九法其誰傷

37 영평(永平)……맞이하고는 : 영평은 후한 명제(後漢明帝)의 연호이다. 영평 2년인 59년에 명제가 꿈에 금빛으로 빛나는 사람이 하늘에서 대궐 뜰로 내려오는 꿈을 꾸고서, 서역의 월지국(月氏國)으로 사람을 보내어 가섭마등(迦葉摩騰)과 축법란(竺法蘭)이란 승려를 초빙하였고, 이들이 백마에 불상과 불경을 싣고 낙양(洛陽)으로 들어왔다. 이후 절을 짓고 백마사(白馬寺)라 하였는데, 일반적으로 이것을 중국에 불교가 전해진 기원으로 삼는다. 《古今事文類聚 卷35 漢明帝迎佛》

38 아홉 가지 법 : 우(禹) 임금이 하늘이 내려 준 낙서(洛書)를 보고 만들었다는 홍범구주(洪範九疇)로, 천하를 다스리는 아홉 가지 큰 법이다. 아홉 가지는 오행(五行), 오사(五事), 팔정(八政), 오기(五紀), 황극(皇極), 삼덕(三德), 계의(稽疑), 서징(庶徵), 오복(五福)과 육극(六極)을 말한다. 《書經 洪範》

행위를 하지 않음으로써 사람의 도리를 끊어 버리고	絶人道於無爲兮
인식하지 않음으로써 임금과 아비를 내버렸네	遺君父於相忘
이는 오랑캐의 가르침으로	茲夷狄之一法兮
만물을 공허하다 하고 적멸을 주장하여[39]	空萬有而寂滅
작게는 한 몸뚱이도 구제하지 않고	小不濟於一身兮
크게는 나라를 위해 아무 일도 않는구나	大無成於爲國
살펴보면 초왕 영이 무척 좋아하였으나	觀楚英之酷好兮
끝내 자신을 죽음에서 구원하지 못하였는데[40]	竟無救於身戮
잘못된 전철을 보고도 경계하지 않고서	車覆前而不戒兮
우습게도 양 무제가 다시 여기에 빠졌구나	嗤梁武之復溺
이미 천하에 정사를 베푸는데	旣爲政於天下兮
다시 무슨 저세상에 의지할 게 있겠는가	復何資於冥道
다섯 계율[41]을 지키며 자비심을 품고	心慈悲於五戒兮
세 가지를 보배로 여기며 복전에 씨를 뿌렸네[42]	種福田於三寶

39 만물을……주장하여 : 불교에서는 물질적 실체가 있는 것과 없는 것은 다르지 않다고 하며, 만물이 아무것도 없는 공(空)과 같다고 한다. 적멸(寂滅)은 열반(涅槃)과 같은 말로 생사의 구분에서 초탈한 경지 즉 죽음을 의미하는데, 불교에서는 열반을 깨달음이 완성된 최고의 경지로 여긴다.

40 살펴보면……못하였는데 : 초왕 영(楚王英)은 한(漢)나라 광무제(光武帝)의 여섯째 아들로 초왕에 봉해진 유영(劉英)을 가리킨다. 그는 불사에 제사를 지내는 등 불교를 신봉하였으나 모반 사건에 연루되어 왕위를 박탈당하고 결국은 자살하고 말았다. 《後漢書 光武十王列傳 楚王英》

41 다섯 계율 : 불교에서 종신토록 지키도록 하는 다섯 가지 계율로, 살생하지 말고〔不殺生〕, 도둑질하지 말고〔不偸盜〕, 간음하지 말고〔不邪婬〕, 거짓말하지 말고〔不妄語〕, 술 마시지 말라〔不飮酒〕는 것이다.

희생을 물리치고 밀가루로 대체하였으니 屛牲牢而代麪兮
슬프게도 종묘의 제사에선 혈식을 하지 못하고[43] 哀廟享之不血
명령과 형벌을 느슨히 하여 기강이 없었으니 弛政刑而無紀兮
관리와 백성은 제멋대로 교만과 흉악을 일삼았네[44] 縱吏民之驕惡
곤룡포를 벗고 승복을 입음이여 釋龍衮而緇素兮
몸을 희사하였다가 억만금으로 속신하고[45] 身大捨而金贖
종일 재계하며 한 끼만 먹으면서[46] 日長齋而一食兮

42 세……뿌렸네 : 불교에서 보배로 여기는 세 가지는 부처〔佛〕, 부처의 가르침〔法〕, 승려〔僧〕로, 불교에서 시종 귀의처로 삼는 것이다. 복전(福田)은 불교 용어로 복을 일구는 밭이라는 뜻인데, 선행을 베풀면 복을 받는다는 것을 밭을 일구는 것에 비유하여 쓴 말이다.

43 희생(犧牲)을……못하고 : 혈식(血食)은 핏물이 보이는 고기 및 희생을 올리는 제사로 종묘의 제사 같은 큰 제사에서 사용하는 방식이다. 양 무제(梁武帝)는 칙령을 내려 종묘의 제사에 사용하는 희생을 밀가루로 만들어 사용하도록 하였다. 《孟子集註 離婁上》

44 명령과……일삼았네 : 양 무제는 사인(士人)을 지나치게 관대하게 대하여 수령들은 백성들의 재산을 맘대로 빼앗았고 사신들은 군현(郡縣)을 간섭하였으며, 형법을 간략하게 적용하면서 죄인들을 감옥에 가두려는 뜻이 없어 죄인들에게 재능에 따라 대신 일을 하게 하였으며, 맡은 임무가 없는 죄수도 아프면 임시로 풀어 주기도 하였다. 당시 왕후(王侯)의 자제들은 교만하고 음란한 자들이 많아 불법을 자행하였는데 이들에게 중죄를 내려야 할 때면 종일토록 즐거워하지 않았고, 이들이 모반을 꾀하다가 발각되더라도 눈물을 흘리며 용서해 주었다. 왕후의 횡포가 날로 심해졌지만 양 무제는 자애로움에 빠져 이를 금지하지 못하였다. 《資治通鑑 卷159 梁紀15 高祖武皇帝》

45 곤룡포를……속신(贖身)하고 : 양 무제는 동태사(同泰寺)에 세 차례나 자신의 몸을 희사하여 속세를 버리고 불문에 귀의하였는데, 그때마다 신하들이 절에 억만금을 바치면서 환속하도록 하였다. 《梁書 武帝本紀下》

46 종일……먹으면서 : 양 무제는 불교에 귀의한 뒤 종일 재계를 하며 생선과 고기는

노승에게 각고 수행의 길을 배웠으며	學苦修於耆臘
만승의 지위를 굽혀 계율을 받았으니	屈萬乘而受戒兮
사해를 기울여 추종하며 따름이네	傾四海以趨服
모든 정사를 법도 밖에 내치고서	捐庶政於度外兮
언제나 자신을 사중과 나란히 여겼으니	每身儕於四衆
어찌 오랑캐의 가르침에 달게 빠졌던가	豈甘淪於夷敎兮
실로 화복이 이에 달려 있거늘	實禍福之所中
그 마음의 시종을 자세히 살펴보면	究厥心之始終兮
모두가 욕심이 많았기 때문이니	併同歸於多慾
나라를 가지려는 마음이 한번 싹터	心一萌於取國兮
사은을 저버리고서 선양으로 빼앗았고[47]	滅四恩而禪奪
항복을 받는 이익에 마음이 끌려	利一動於受降兮
배반한 자를 받아들여 화란의 발판을 놓았노나[48]	納叛虜以階亂
행하는 것이 이미 마음과 다르니	所行之旣與心異兮
흩어진 민심을 누가 단속하리오	孰收斂於畔渙

먹지 않고 나물국과 거친 밥으로 하루에 한 끼의 식사만을 하였다. 《資治通鑑 卷159 梁紀15 高祖武皇帝》

47 나라를……빼앗았고 : 양 무제는 폭정을 행하던 남제(南齊)의 동혼후(東昏侯) 소보권(蕭寶卷)을 제거하고 화제(和帝)를 옹립하였으나, 이듬해에 선양(禪讓)의 방식으로 황위를 빼앗았다. 《資治通鑑 卷145 梁紀1 高祖武皇帝》

48 항복을……놓았도다 : 후경(侯景)은 원래 동위(東魏)의 장수였으나, 동위를 배반하고 자신의 세력하에 있는 13개 주(州)를 이끌고 양(梁)나라에 귀순하였다. 그러나 이후 후경이 양나라에서 반란을 일으켜, 결국 양 무제는 후경에 의해 죽게 되었다. 《梁書 武帝本紀下》

아첨하는 신하가 국정을 도모하며 잘못을 저질러 佞臣謀國而不臧兮
강북에서 후경을 오게 하였으니[49] 來侯景於江北
날카로운 칼날을 주어 간웅을 키우고 授利器以長奸兮
도적을 어여삐 여겨 방으로 들인 것이라 媚盜賊以入室
결국 친척들은 떠나고 밖에서는 배반하여[50] 卒親離而外叛兮
금구가 많이 이지러짐을 보게 되었네[51] 見金甌之多缺
수양에서 먼지를 날리자마자 纔塵飛於壽陽[52]兮
갑자기 대성이 함락되었으니[53] 倏兵陷夫臺城
비록 득실이 자신에게서 비롯되었으나 雖得失之自我兮

49 아첨하는……하였으니 : 후경이 동위를 배반하고 양나라로 귀순하고자 할 때에, 신하들은 동위와의 화목이 깨지는 일이라며 반대하였고 양 무제도 이를 주저하였는데, 중서통사사인(中書通事舍人) 주이(朱异)가 적극 건의하여 후경을 받아들이게 되었다. 《資治通鑑 卷160 梁紀16 高祖武皇帝》

50 친척들은……배반하여 : 후경은 양 무제의 사촌인 소정덕(蕭正德)과 모의하여 반란을 일으켰으며, 양 무제를 포위하였을 때 각지에 봉해져 있던 친척들은 적극적으로 구원하지 않고 관망하였으며, 백성들은 후경의 군대에 적극 호응하여 처음에 1000명이었던 군사가 10만 명으로 늘어났다. 《資治通鑑 卷162 梁紀18 高祖武皇帝》

51 금구(金甌)가……되었네 : 금구는 금으로 만든 사발인데, 견고한 강토를 비유하는 말이다. 금구가 많이 이지러졌다는 것은 나라가 패망에 이르렀다는 의미이다. 양 무제가 후경을 받아들여야 하는지를 결정하지 못하였을 때 밤에 혼잣말로 "우리나라는 오히려 금구와 같아 조금의 손상과 이지러짐도 없다. 지금 후경의 땅을 받아들인다면 어찌 일이 마땅하다 하겠는가."라고 하였다. 《梁書 侯景列傳》

52 陽 : 대본에는 '楊'으로 되어 있는데, 《자치통감(資治通鑑)》 〈양기(梁紀)〉에 근거하여 '陽'으로 바로잡았다.

53 수양(壽陽)에서……함락되었으니 : 547년(양 무제45) 후경이 수양에서 최초 반란을 일으켰고, 549년에 궁성인 대성(臺城)을 함락하였다.

이름을 더럽히고 몸을 망친 것은 어이하리　奈名辱而身傾
걸핏하면 남의 손에 제압당하니　動遭牽於人手兮
감옥에 갇힌 곤궁한 필부의 처지가 되어　若匹夫之窮囚
음식 마련도 자유롭지 못하여　裁飮膳亦不自由兮
꿀이 먹고 싶었으나 어찌 구할 수 있었으리오　口思蜜其何求
닫힌 정거전에서 죽음을 맞이하였으니　閉淨居而長殂兮
하하거리는 애처로운 소리만 들리누나[54]　聽哀音之荷荷
끝내 자비의 배에서 도움을 받지 못하고서　終不能借力於慈航兮
고해라는 끝없는 물결에 빠지고 말았구나[55]　溺苦海之長波
이미 삼생의 인연을 맺었는데　旣結緣於三生兮
어찌 이러한 곤궁에서 벗어나지 못했는가　何不脫夫此窮
아, 삶과 죽음에 모두 미혹되었으니　嗟迷生而惑死兮
또한 황제의 마음이 밝지 못함이로다　亦帝心之不聰
천하를 기르면서 자신은 결국 굶주려[56]　養天下而卒餒兮

54 걸핏하면……들리누나 : 대성이 함락당한 뒤에 양 무제는 명목상으로만 황제의 지위를 유지한 채 아무런 권한을 행사하지 못하였고 음식조차 줄게 되었다. 병을 얻어 정거전(淨居殿)에 누웠는데 입이 써서 꿀을 달라고 하였으나 끝내 얻지 못하고 '하하(荷荷)' 소리만 내다가 죽었다. '하하'는 원망을 뜻하는 의성어이다. 《資治通鑑 卷162 梁紀18 高祖武皇帝》

55 끝내……말았구나 : 양 무제가 불교를 독실히 믿었지만 결국 불교의 구제를 받지 못하고 비참하게 생을 마감한 것을 빗대어 말한 것이다. 불교에서 부처가 자비심으로 중생을 구제하는 것을 배에 비유하여, 자비의 배로 중생을 고해(苦海)에서 벗어나게 해 준다고 하였다.

56 천하를……굶주려 : 후경의 난으로 유폐된 양 무제는 음식의 공급도 제한을 받아 결국 굶주려 죽었다. 《資治通鑑 卷162 梁紀18 高祖武皇帝》

후인들에게 심한 놀림을 받게 되었네　　貽後人之深譏

참으로 화복은 불심에 달려 있지 않은데　　信禍福之非佛兮

세상에선 어찌하여 불교에 귀의하였던가　　世胡爲乎歸依

《인왕경》을 강송하여 재앙에 대응하니[57]　　講仁王以應災兮

저 어리석음 어찌 비난하고 말고 할 게 있겠는가　　彼之昏焉足非也

고난을 구원하여 적병 물리칠 것을 생각했지만　　念救苦以却兵兮

또한 포위를 푸는 데는 아무 도움이 없었네　　復無賴於解圍也

개탄스러워라, 도도한 물결에 견고한 뿌리여　　慨波漫而根固兮

누가 높은 지혜를 발휘하여 홀로 어기겠는가　　孰高智而獨違

오직 당나라 무종이 승려를 멸하였고[58]　　惟唐武之滅僧兮

후주의 세종이 불상을 녹이었네[59]　　與周宗之毁像

그러나 말단만 건드리고 근본은 손대지 못하여　　然事末而不本兮

결국 잡초가 남모르게 자라났네　　竟稂莠之潛長

아, 우리 군왕께서 으뜸으로 나오시어[60]　　猗我王之首出兮

57 인왕경(仁王經)을……대응하니 : 인왕경은 불교의 경전으로, 이를 독송하면 재난이 없어지고 복을 얻는다고 하여《법화경(法華經)》,《금광명경(金光明經)》과 함께 호국삼부경(護國三部經)으로 일컬어진다. 당나라 대종(代宗)은 서번(西蕃)이 침입할 때마다 승려들에게《인왕경》을 강송(講誦)하게 하여 적을 물리치려 하였다.《舊唐書 王縉列傳》

58 오직……멸하였고 : 당(唐)나라 무종(武宗)은 칙명을 내려 4600여 개의 사찰과 4만여 개의 불당을 없앴고, 26만여 명의 승려를 환속시켰다.《舊唐書 武宗本紀》

59 후주(後周)의……녹이었네 : 후주의 세종(世宗)은 사찰 3000여 개를 없앴고, 천하의 동불상(銅佛像)을 녹여 돈을 주조하였다.《新五代史 周本紀 世宗》

60 으뜸으로 나오시어 : 성왕(聖王)의 덕을 나타낸 말이다.《주역》〈건괘(乾卦) 단(彖)〉에서 건도(乾道)를 설명하며 "만물에서 으뜸으로 나오니 만국이 모두 편안하다.

모든 이치가 갖추어진 하나의 성에 근원하였으니　原萬理之一性
지극한 밝음으로 사특함을 밝혀내고　懸至明以燭邪兮
크나큰 공정함으로 정사를 행하시어　揭大公以爲政
만세에 강상을 북돋우고　培綱常於萬世兮
천성의 도통을 이으셨네　續道統於千聖
사람들을 현혹하는 사특함을 물리쳐　闢淫詖之惑人兮
도를 병들게 하고 바름을 범하는 일이 없게 하였으니　無病道而干正
도첩을 파는 잘못된 제도를 혁파하여[61]　改舊絃於鬻度兮
다시 충효로 돌아올 것을 기약할 수 있다네　期反化於孝忠
만백성이 모두 우러러보면서 기뻐하며　欣萬姓之咸覩兮
문덕의 교화에 다 함께 춤을 추니　共鼓舞於文風
장차 이단의 가르침은 뿌리가 잘려　將見異教之絶根兮
편안히 만복이 성상의 몸에 깃들리라　綏萬福於聖躬

〔首出庶物, 萬國咸寧.〕"라고 하였다.

61 도첩(度牒)을……혁파하여 : 도첩은 관청에서 발급해 주는 승려의 신분증명서로, 도첩을 발급받기 위해서는 일정 금액을 내도록 하여 승려가 되는 것을 억제하는 수단으로 사용되었지만, 승려가 되는 길을 열어 놓은 제도이기도 하다. 도첩제는 시행과 폐지가 반복되었는데, 신용개는 도첩제의 폐지를 주장하였고, 성종은 일시적으로나마 도첩 발급을 중지시키기도 하였다.《成宗實錄 21年 5月 20日, 23年 2月 3日》

잠 箴

과욕잠

寡慾箴

마음이란 기르기가 어려우며	有心難養
욕심이란 적게 하기 어려우니	有慾難寡
조금이라도 밖으로 옮겨 가면	一爲外遷
정신이 거처하지 못하리라	神不宅舍
사람이 형체를 부여받아	凡人受形
귀와 눈과 입과 코가 있는데	耳目口鼻
사물이 사물과 접촉하는 데엔	以物交物
뜻이 이를 통솔하지 못하니	志不爲帥
욕심이 장차 생겨나려 할 때에는	慾之將萌
아직 때가 묻지 않은 것과 같지만	如垢未始
이미 풀어져 제멋대로 된 뒤에는	旣放而肆
물에 단단한 얼음이 언 것이라네[62]	堅氷入水

62 물에……것이라네 : 잘못이 커진 상태를 말한다. 《주역》 〈곤괘(坤卦) 초육(初六)〉에 "서리를 밟으면 단단한 얼음이 이른다."라고 하여, 서리를 밟는 때에는 아직

의리와 이익의 마음이 안에서 싸운다면　義利戰內
승부가 어떻게 결정되겠는가　勝負何在
붙잡으면 보존되고 놓아 버리면 잃게 되니[63]　操存捨亡
그 기미가 너무나도 위태롭도다　其幾孔殆
우산에 나무가 있었으나　牛山有木
도끼로 그것을 베어 가며　斧斤伐之
밤에 길러진 기운을 속박하여 잃게 하는 것은　夜氣梏亡
낮에 하는 행위들이어라[64]　朝晝所爲
옛 철인이 이를 두려워하여　先哲是懼
거짓을 끊어 내고 진실한 마음 보존하여　絶僞存誠
마치 거울 속이 투명하듯이　如鑑內瑩
때를 닦아 밝음을 드러내었도다[65]　刮垢生明
모든 군자들은　白爾君子

음(陰)의 기운이 미약하지만 이는 음이 성하게 되리라는 조짐이니 곧 단단한 얼음이 얼 것임을 알아야 한다고 하였다.

63 붙잡으면……되니 : 《맹자》 〈고자 상(告子上)〉에 "공자가 말씀하기를 '잡으면 보존되고 놓아 버리면 잃어서, 나가고 들어옴이 정해진 때가 없으며 그 방향을 알 수 없는 것은 오직 마음을 두고 이르는 것이다.' 하였다."라고 하였다.

64 우산(牛山)에……행위들이어라 : 《맹자》 〈고자 상(告子上)〉에서, 밤과 새벽에 길러진 사람의 본래 선한 마음이 낮에 하는 행동들에 의해 얽매이고 손상되어 그 마음을 보존하지 못하게 되는데, 이는 우산의 나무를 계속 베어 가고 싹이 돋아나면 또 소와 양을 방목하며 다 뜯어 먹게 하여 산의 본성을 보존하지 못하는 것과 같다고 하였다.

65 마치……드러내었도다 : 주희(朱熹)는 《대학》의 "밝은 덕을 밝힌다.〔明明德〕"라는 말을 설명하면서 거울에 비유하여, 거울이 애초 맑았는데 때가 끼어 비추지 못하는 것을 때를 닦아 원래의 맑은 상태를 회복하는 것이라 하였다. 《朱子語類 卷14 大學1》

예가 아니거든 그곳에 머물지 말아서	非禮勿居
사욕을 이겨 자신을 단속하여	勝私克己
성의 본연을 회복해야 할 것이니라	以復其初
욕심은 크건 작건 상관없이	慾無大小
싹이 트면 바로 욕심인 것이요	纔萌卽是
천리와 인심은	天理人心
사라지고 자라는 것이 자신에게 달려 있느니라	消長由己
홀로 있을 때에도 삼가서	愼爾之獨
방종한 뜻을 막기를 성을 지키듯이 하고	防意如城
마음을 잘 단속하여	收斂方寸
칠정에 이르러야 하리라	達于七情
그런 연후에 욕심이 적어지고	然後寡慾
존양의 요체를 얻을 것이니	存養得要
오직 성실하고 오직 공경하여야	惟誠惟敬
비방을 면할 수 있을 것이니라	庶免于誚

찬 贊

태감 이진 아버지의 진영에 부치는 찬 병서
太監李珍父眞贊 幷敍

이공 원경(李公原卿)은 선조가 원(元)나라 출신인데, 우리나라 평안도 덕천군(德川郡)에 와서 살면서 드디어 군민이 되었다. 세대를 이어 오다 공에 이르러 군오(軍伍)에 편입되었고 전력부위(展力副尉)가 되었다. 성품이 너그럽고 온화하였으며 글도 꽤나 알고 있었다. 부모를 모시면서 효도하였고 또 집을 잘 다스렸다. 농사일에 힘쓰면서 상공업은 일삼지 않았으며, 근후함과 독실함으로 마을에서 일컬어졌다. 아들이 셋 있었는데 막내가 이진이다.

이진은 여덟 살이던 경태(景泰) 병자년(1456, 세조2)에 중국의 조정에 선발되어 들어가 액정(掖庭)에서 일을 맡았는데, 여러 황제의 총애를 받아 태감에 오르게 되었다. 홍치(弘治) 을묘년(1495, 연산군1)에 황제의 명을 받들고 와서, 부모를 직접 봉양하지 못하는 것을 마음 아프게 여겨 화공(畫工)에게 청하여 진영(眞影)을 그려 가지고 돌아갔다. 그리고 묘사와 장식을 더하여 아침저녁으로 바라보며 예를 올려 추모하는 마음을 담았다. 계해년(1503)에 다시 사신으로 왔을 때 부모를 그리워하는 태감의 마음을 왕이 위로하기 위하여 공을 의정부 영의정에 추증하였다. 금년에 또 사명을 받들어 나왔을 때 그때의 진영을 가지고 와서 선친을 세상에 크게 드러낼 수 있게 덕행을 우선시했던 행적을 서술해 줄 것을 청하였으니, 공은 선덕을 쌓아 그 보답을 누리는 분이라고 말할 만하다. 찬은 다음과 같다.

산이 서 있는 듯한 위용	威容山立
봄이 열린 듯한 온화함	和氣春開
선덕이 고을에 쌓이었고	善積鄕閭
관직은 정승으로 높아졌네	官褒鼎台
희끗한 눈썹 수려한 용모	尨眉而秀
살진 하관에 네모진 얼굴[66]	豐下而方
마땅히 후손이 번성하여	宜其有後
죽어도 사라지지 않으리	歿而不亡

66 살진……얼굴 : 하관이 살진 것과 네모진 얼굴은 관상으로 볼 때에 귀한 인물이 되는 상이다. 특히 하관이 풍만한 것은 후손의 번성을 의미하기도 한다. 춘추 시대 노(魯)나라의 공손오(公孫敖)가 아들 곡(穀)의 관상을 보았는데 관상가가 "곡은 하관이 풍만하니 반드시 그의 후손들이 노나라에서 번성할 것입니다."라고 하였다. 《春秋左氏傳 文公1年》

나의 진영에 부치는 찬
自眞贊

너의 형체는 하늘이 주신 것이요	爾形天所賦
너의 모습엔 도가 갖추어졌도다	爾貌道斯俱
머리는 희끗하지만 맘은 또렷하고	鬢雪而心惺
관직은 영예롭지만 몸은 여위었네	官榮而身枯
영화와 의리가 마음속에서 싸우다가	有紛華義理戰于中
찌꺼기가 사라져 곧고 맑게 여윈 자이런가	滓穢去而直淸臞者耶
도의 맛을 곱씹어 보았지만	咀嚼乎道味
늙도록 깊은 맛을 터득하지 못한 자이런가	老而不得其腴者耶
모습은 그림 속에 드러낼 수 있지만	形可使寓諸影
마음은 그 본보기를 그려 내기 어려워라	心難寫其範模
의관 갖추고서 두 손 모아 앉은 모습에	冠裾而坐拱
사람들은 네가 지혜로운지 어리석은지를 알리라	人將於爾爲智愚

기 記

사간원제명기
司諫院題名記

간언하는 관직을 둔 것은 오래지 않다. 사람들이 말하는 것을 꺼리기 때문에 관직을 설치하여 말을 하게 한 것인데, 이후로 해당 관직이 없으면서 말을 하면 직무를 벗어났다는 책망을 듣게 되고 해당 관직에 있으면서 말을 하지 않으면 천하에 말할 자가 없게 되었다. 그렇다면 관직은 말을 전하기 위한 것인데 관직에 국한되어 도리어 천하 사람의 말을 다 하지 못하는 일이 있게 되는 것이다. 관직에 적임자를 얻으면 천하 사람의 말을 그 사람 한 명으로도 다 할 수 있지만, 적임자를 얻지 못하면 비록 수십 명이나 되더라도 무슨 보탬이 되겠는가. 관직의 중요함이 이와 같아 예로부터 그 선발을 어렵게 여겼다.

우리나라에는 사간원을 설치하여 간쟁과 논박의 일을 담당하도록 하였다. 관원은 사헌부가 여섯 명이고 사간원이 다섯 명인데 서로 논의하여 말을 다 하고자 힘썼다.[67] 아래에서 놓치면 위에서 반드시 잡아내

67 우리나라에는……힘썼다 : 《경국대전(經國大典)》에 사간원에 대해 "간쟁과 논박을 담당한다."라고 하였고, 대사간 1명, 사간 1명, 헌납 1명, 정언 2명 등 모두 5명으로

고 위에서 누락하면 아래에서 반드시 보완하니 거의 빠뜨리는 말이 없었다. 그런데 만약 임금이 남의 말을 잘 듣지 않고 오직 자신의 말을 남들이 어기지 못하는 것만을 기뻐한다면, 말을 하더라도 행해지지 않고 화가 미칠 것이다. 그리고 관직에 숫자만 채워 구차히 아첨하기만 한다면 비록 관직이 없더라도 문제 될 것이 없으니 어찌 빈 껍데기 같은 이름만 가지고 있을 수 있겠는가.

폐조(廢朝 연산군) 말년에는 간언을 꺼리는 것이 더욱 심하였으니, 이전에 일을 논쟁했던 사람들을 다시 문제 삼아 남김없이 죄를 주어, 날카로운 기상을 가진 자들이 혹시라도 감히 직언할까를 오히려 염려하였다. 그리하여 정언(正言)의 자리를 없애고 헌납(獻納) 한 자리를 추가로 설치하여 말하는 사람의 입에 재갈을 물리려 하였으며, 또 곧이어 그 관직을 혁파하여 언로를 막아 버렸다.[68] 언로가 막히자 과실을 고하는 말이 들리지 않아 끝내 왕위를 잃게 되었으니, 말이 나라와 어떤 관련이 있는지가 이와 같은 것이다.

성상께서 새로 보위에 올라 가장 먼저 이러한 점을 염려하시고는 옛 관원의 설치를 회복하고 언로를 열었다. 마음을 비우고서 사람들의

구성하였다. 사헌부는 감찰을 제외하면 대사헌 1명, 집의 1명, 장령 2명, 지평 2명 등 6명으로 구성하였다. 사간원과 사헌부는 양사(兩司)라고 하여 모두 언론의 기능이 있었다.

68 정언(正言)의……버렸다 : 1504년(연산군10) 12월에 연산군은 정언이 간언을 하는 것을 못마땅하게 여겨 자리를 없애라 명하였고, 이에 유순(柳洵) 등이 사간원에 정언이 없으면 관원이 3명밖에 남지 않는다고 하며 헌납 1명을 더 설치할 것을 청하여 윤허를 받았으며, 1506년 4월에는 사간원의 혁파를 명하였다. 《燕山君日記 10年 12月 26日, 12年 4月 25日》

말을 받아들여 혹시 한마디 말이라도 다 듣지 못할까를 염려하셨다. 제군들은 가장 먼저 이 직임에 뽑혀 시비와 득실을 쟁론하고 곧은 말과 바른 낯빛으로 혹시 한마디 말이라도 다 진달하지 못할까를 걱정하고 있다. 위에는 간언을 받아들이는 명철함이 있고 아래에는 직분을 다한다는 이름을 잃지 않고 있으니, 이것이 제군들이 두루마리에 이름을 써서 잊지 않으려는 이유이다. 을축년(1505, 연산군11) 1월 13일에 관원이 혁파되었으며 같은 해 9월 2일에 관직이 폐지되었고,[69] 성상이 즉위하여 처음 정사를 시행하면서 다시 옛 제도가 회복되었다. 관직의 연혁이 말이 소통되느냐 막히느냐에 따라 달라지고, 말이 소통되느냐 막히느냐는 임금이 사리에 밝은지 어두운지에 달려 있고, 임금이 사리에 밝은지 어두운지에 따라 신하가 곧은지 아첨하는지가 갈리게 된다. 지금은 이미 명철한 임금께서 위에 계시니 말의 곧고 바름은 어찌 제군들에게 달려 있지 않겠는가. 훗날 이 두루마리를 보는 사람들로 하여금 비판이 있지 않도록 하는 것이 옳을 것이다.

69 을축년……폐지되었고 : 1504년 12월 26일 정언의 자리를 혁파하라고 전교하였고, 1505년 1월 13일에는 대제학 김감(金勘)에게 짓게 한 혁파문(革罷文)을 판(板)에 새겨 후인들이 볼 수 있도록 하라고 명하였다. 1505년 9월 2일의 실록 기사에는 사간원의 폐지에 대한 내용은 보이지 않으며, 1506년 4월 25일 기사에 사간원을 혁파하라는 명을 내렸다고 하였다. 《燕山君日記 10年 12月 26日, 11年 1月 13日, 12年 4月 25日》《연려실기술(燃藜室記述)》 권6 〈갑자화적(甲子禍籍)〉에는 사간원 대사간 유헌(柳軒)이 이극균(李克均)의 원통함을 말하다 제주로 귀양을 갔는데 사간원 사간 강숙돌(姜叔突)이 이에 대해 간언을 올리다 또 귀양을 갔고, 이로 인하여 병인년인 1506년에 사간원을 폐지하였다고 하였다.

빈전도감제명기
殯殿都監題名記

동료 간에 서로 후의를 갖는 것은 좋은 마음이다. 같은 곳에 있으면 마음이 저절로 가까워지고, 오랫동안 가까이하면 뜻이 더욱 밀접해진다. 밀접함이 지극해져 지향이 서로 어긋나지 않으면 비록 아교나 옻칠로도 그 견고함을 비유할 수가 없다. 평상시의 관직에서 서로 어울리는 것도 오히려 이와 같으니, 하물며 우환에 바쁘고 어려운 일을 함께 한 사이는 그 관계가 어떠하겠는가.

정덕(正德) 을해년(1515, 중종10) 봄 3월 2일에 장경왕후(章敬王后)의 상(喪)을 당하여 우리 몇 사람이 빈전(殯殿)에서 상을 치르는 임무를 맡게 되었다.[70] 애통하고도 경황이 없었으며 일은 모두 바쁘고 급하였으나 총호공(摠護公)[71]의 지도를 삼가 잘 지키고 훌륭한 동료들의 도움이 있었기에 빈전의 일을 완수하여 조금도 어긋남이 없었다. 함께 거처하고 마음이 가까웠으며 뜻이 밀접하고 지향이 서로 들어맞아 이

70 정덕(正德)……되었다 : 장경왕후(1491~1515)는 중종의 계비(繼妃)로 파평 윤씨(坡平尹氏) 윤여필(尹汝弼)의 딸이다. 1506년 후궁 신분인 숙의(淑儀)로 대궐에 들어갔다가, 폐위된 단경왕후(端敬王后) 신씨(愼氏)를 이어 1507년 왕비에 책봉되었다. 1515년 2월 25일에 인종을 낳은 후 3월 2일에 산후병으로 죽었다. 이에 좌의정 정광필(鄭光弼)이 삼도감 총호사(三都監總護使)가 되었고, 병조 판서 신용개, 예조 판서 김전(金詮), 우참찬 이계맹(李繼孟)이 빈전도감 제조(殯殿都監提調)가 되었다. 당시 신용개는 장경왕후의 만사를 짓기도 하였다. 《中宗實錄 10年 2月 25日, 3月 2日》《二樂亭集 卷3 章敬王后挽詞》

71 총호공(摠護公) : 삼도감 총호사를 맡은 좌의정 정광필을 가리킨다.

일이 장차 훗날까지 장구하게 전해지기를 도모하고자 하지만, 이러한 제명기가 없으면 혹시라도 인멸되어 전해지지 않을까 걱정이 되었다. 그리하여 삼가 전말을 기록하여 후세에 알린다.

서 序

연경에 가는 영돈녕부사 노공필[72]을 전송하는 서
送領敦寧盧 公弼 赴京序

세상에서 사람의 그릇을 논할 때에 덕행으로 평가하기도 하고 문예로 평가하기도 하고 재능으로 평가하기도 하는데, 그중 하나만 있고 나머지 둘은 없는 사람이 있으며 두 가지는 잘하지만 한 가지는 부족한 사람도 있다. 만약 이 세 가지를 모두 겸하여 갖추고 있다면 이는 일명 온전한 사람으로 세상에서 얻기 어려운 인물이다. 그러나 문예와 재능은 그중 하나가 없어도 그래도 괜찮지만 덕행이 없다면 근본이 확립되지 않으니, 덕행이 없이 일을 수행하면 장차 분명 구차하게 될 뿐이다.

옛날에 공손홍(公孫弘)과 예관(兒寬)은 모두 유학을 공부한 선비였다. 세상의 일에 달통하여 경학으로 행정 사무를 빛나게 하여 한(漢)나라의 이름난 공경(公卿)이 되었다. 그러나 공손홍은 거짓을 꾸몄고

72 노공필(盧公弼) : 1445~1516. 본관은 교하(交河), 자는 희량(希亮), 호는 국일재(菊逸齋)이다. 갑자사화에 연루되어 유배를 갔다가 중종반정 이후 복귀하여 영돈녕부사가 되었고, 이때 중국에 사신으로 가서 중종의 즉위를 인정받는 권서국사(權署國事) 칙서를 받아 돌아와 그 공으로 원종공신(原從功臣) 1등에 책록되었다. 신용개가 그의 신도비명을 지었다. 《二樂亭集 卷14 領中樞府事交城君盧公神道碑銘》

예관은 잘못을 바로잡는 간쟁을 하지 않아 덕행이 세상에 알려진 바가 없으니,[73] 세상에서는 유학의 학술과 행정 사무를 가지고서 그들을 높이 평가하지 않는다. 옛날 사람들은 갖추어 다 논하기 어렵고 지금 세상의 우리나라에 영돈녕부사 노공(盧公)이 있으니 이분은 위의 세 가지를 온전히 갖춘 사람이다.

공은 바로 문광공(文匡公)[74]의 큰아들인데, 문광공의 넓고 큰 도량은 세상에 둘도 없고 훈업은 우뚝하여 명성과 지위가 모두 높았다. 공은 일찍이 가정에서 부친에게 가르침을 받았으니 멀리 근원한 바가 있는데, 마음에서 얻어 몸을 단속하기를 크고도 바르게 하였다. 일찍 문과에 급제하여 관직에 나아갔고 관각을 거쳐 크게 쓰이게 되어 육조의 판서를 역임하였다. 그의 문예와 재능은 사람들의 마음과 입으로 전해졌으나 이것으로 공을 일컫기에는 부족하다. 공은 타고난 성품이 매우 효성스러워 언제나 정성을 지극히 하였다. 대부인께서 오래도록 깊은 병을 앓아 병석에서 일어나지 못하였는데, 공은 아침저녁으로 그 곁에서 직접 맛난 음식을 수년 동안 부지런하게 챙겨 드렸다. 천성으로 타고나고 실천의 근본으로 삼은 것이 이와 같으니 문예와 재능은 무슨 보탤 것이 있겠는가.

공이 연산군의 조정에서 귀양을 간 적이 있지만[75] 자신에게 죄가

73 공손홍(公孫弘)과……없으니 : 공손홍과 예관은 모두 한나라 무제(武帝)가 선비 중에서 발탁한 사람들로 무제의 신임을 얻어 승상 및 어사대부에까지 오른 인물들이다. 그러나 공손홍은 삼공(三公)의 지위에 있으면서 포의(布衣)를 입고 다녀 거짓을 꾸며 명성을 얻으려 한다는 비판을 받았으며, 예관은 간언을 해야 하는 어사대부의 직임에 있으면서도 황제에게 잘못을 지적하는 간언을 올리지 않았다. 《漢書 公孫弘卜式兒寬傳》

74 문광공(文匡公) : 영의정을 지낸 노사신(盧思愼)의 시호이다.

있던 것은 아니었고, 당시 정사가 가혹하여 언제 죽을지 모르는 상황이었는데, 공은 조금도 폄훼되지 않았으며 뜻을 더욱 굳건히 지켰다. 그러다가 하늘이 성군을 인도하여 다시 조종의 성대한 다스림이 열렸을 때에 노성한 공의 덕을 돌아보고는 최고의 품계에 공을 올렸으니,[76] 공의 명망이 이에 조금 걸맞기 시작하였다.

성상께서 새로 종사의 주인이 되어 중국에 고명(誥命)을 청하였으나, 황제는 왕위를 잇는 일은 중대하다고 하며 다시 자문(咨文)을 내렸다. 이에 조정에서는 명망이 두텁고 외국에 나가서도 스스로 일 처리를 할 수 있는 사람을 뽑으며 공을 그 사신의 임원으로 채웠으니 이번이 바로 그 사행이다.[77] 덕행과 문예와 재능을 온전히 갖춘 사람이 아니라면 어찌 이번 선발을 감당할 수 있겠는가. 명나라가 천하를 소유한 지가 이제 백여 년이 되었다. 해외의 여러 나라들 중에는 세대(世代)에 한 번 방문하는 나라도 있고, 몇 년에 한두 번 왕래하는 나라도 있으며, 또 하사품을 탐하여 예법에 어긋나게 수시로 조공을 바치는 나라도 있다. 우리나라는 중국의 동쪽에 위치하여 예법을 지키고 의리를 따라

75 공이……있지만 : 노공필은 갑자사화에 연루되어 무장(茂長)으로 유배를 갔었다.

76 하늘이……올렸으니 : 노공필은 중종반정으로 귀양에서 풀려 나와 우찬성에 다시 제수되었다가 1507년(중종2)에 정1품인 보국숭록대부(輔國崇祿大夫)의 품계를 받고 영돈녕부사에 제수되었다. 《二樂亭集 卷14 領中樞府事交城君盧公神道碑銘》

77 성상께서……사행이다 : 중종반정 직후 중국으로 사위사(辭位使)와 승습사(承襲使)를 보내어 고명을 청하였는데, 중국에서는 자문을 보내어 사실 관계를 명확히 조사하겠다고 하며 바로 고명을 내려 주지 않았다. 이에 다시 노공필이 고명을 청하기 위해 사신으로 중국에 갔다. 《中宗實錄 2年 2月 15日, 2月 28日》《二樂亭集 卷14 領中樞府事交城君盧公神道碑銘》

서 대대로 제후국으로서의 법도를 허물없이 실천하였다. 하원정사(賀元正使), 성절사(聖節使), 천추사(千秋使)로 해마다 세 차례 사행을 하여 사신의 수레가 계속 이어지지만, 길이 너무 멀어 서울에서 출발하여 5, 6십 일 정도는 걸려야 황성에 도착할 수 있다. 이런 이유로 모두들 사행을 꺼려 어떤 이들은 회피하라고 충고를 하고 해당되는 사람들도 선택에 여지를 두지 않았다.

공의 이번 사행은 이미 연례적으로 가는 사행이 아니며 조정의 공론이 공에게로 모인 것 또한 공에게 의지하고 기대하는 바가 깊기 때문이다. 공의 나이 육십이 넘어 백발이 성성한데도 오직 나라만을 생각한 채 자신의 몸은 잊고서 조금도 꺼리거나 수고로워하는 기색이 없으니, 만 리 머나먼 길을 떠나면서 마치 수레를 타고 관청에 들어가 아침에 일을 행하고 저녁에 집으로 돌아올 듯이 하고 있다. 이 어찌 공이 근본으로 삼은 것은 효이고 거기에 문예와 재능으로 수식하였고 또 이러한 마음이 나라를 위해 자신을 돌보지 않는 충성으로 옮겨 간 것이 아니겠는가. 공이 황제의 경도(京都)에 들어가서는 분명 위로는 황제에게 믿음을 주고 아래로는 여러 사람들을 흡족하게 하여 즉시로 고명을 하사받아 며칠 지나지 않아 빨리 돌아올 것이니, 우리나라가 공에게 기대하는 것은 마치 계약서를 작성이나 한 듯이 어긋남 없이 일을 성사하는 것이다. 그리고 중국 조정의 사대부들 또한 우리나라에 이런 사람이 있다는 것을 알게 되어 반드시 마음으로 탄복할 것이니, 그렇다면 공은 천하의 선비라고 해야 할 것이요 한 나라의 선비는 아닌 것이다.

요동(遼東)을 지나면서는 관녕(管寧)과 병원(邴原)의 고상했던 행적[78]을 찾아보고 고죽(孤竹)의 길목에선 백이(伯夷)와 숙제(叔齊)의 맑은 풍모[79]에 고개를 숙이며, 산해관(山海關)에서는 진(秦)나라의 험준함을 보며 황제의 도성에서는 주(周)나라의 예를 볼 것이니, 지나는 길에서 보고 느끼는 모든 것이 일반 선비들에게는 매우 만족스러운 모습일 것이다. 그러나 공의 경우는 마음속에 만고의 역사를 간직하고 몸에 예의와 법도를 갖추어, 천하의 훌륭한 자취들을 모두 가슴에 담아 마치 눈앞에 펼쳐 놓은 것과 같으리니, 새롭게 마주하는 이러한 것들을 어찌 공에게 군더더기처럼 덧붙일 게 있겠는가. 그러나 자장(子長)이 멀리 유람하며 기이함을 담아 자신의 기상을 키웠으니,[80] 혹시라도 이러한 점에서 유익함이 될 수도 있을 것이다.

공이 돌아왔을 때에는 마땅히 먼저 나라를 위해 임무를 완수한 것을 축하해야 할 것이고, 다음으로는 내가 지난 사행길에 보고 느끼면서 적어 왔던 거친 글들을 공이 시로 읊은 내용을 가지고 질정하리라. 이번 사행에 조정의 신료 중 시를 지을 수 있다는 사람들은 모두 말을 남겨 작별 인사를 하였고 나에게 그 서문을 맡겼기 때문에 사람들의 뜻을 풀어 써서 앞머리에 서문으로 붙인다.

78 관녕(管寧)과……행적 : 관녕과 병원은 삼국 시대 위(魏)나라의 현인으로, 황건적(黃巾賊)의 난 때에 요동으로 피난을 갔었는데 그들을 따르는 사람이 많았다고 한다. 《三國志 魏書 管寧傳》

79 백이(伯夷)와……풍모 : 백이와 숙제는 고죽군(孤竹君)의 두 아들인데, 주(周)나라 무왕(武王)이 주(紂)를 정벌하려 할 때에 신하로서 왕을 시해하는 것은 인(仁)하지 못하다고 간언을 하다 받아들여지지 않자, 주나라의 곡식을 먹을 수 없다고 하며 수양산(首陽山)에 들어가 고사리를 캐 먹고 살다 굶어 죽었다고 한다. 《史記 伯夷列傳》

80 자장(子長)이……키웠으니 : 자장은 한(漢)나라의 태사령(太史令)으로 《사기(史記)》를 저술한 사마천(司馬遷)의 자이다. 그는 젊어서 천하의 산천과 역사 유적을 두루 유람하였다. 《史記 太史公自序》

연경에 가는 좌의정 박원종[81]을 전송하는 서
送左議政朴 元宗 赴京序

하늘이 재능 있고 영걸한 기운을 사람에게 주는 것은 단지 그 사람을 재능 있게 하고 영걸하게 하기 위해서일 뿐만이 아니라 대개 앞으로 세상에 쓰이게 하기 위해서이다. 그런데 만약 때를 만나지 못하면 비록 출중한 지혜와 뛰어난 재주를 가지고 있더라도 그중 한두 가지도 펼칠 수 없어 일반인과 다를 바가 없게 된다. 반면에 다행히 큰일을 할 수 있는 시대를 타고나 명철한 임금을 만나게 되면 화란을 구제하고 백성을 구원하여 세상에 더없는 공훈을 세워 만대에 영원할 기틀을 다지며 하늘이 부여한 재능 있고 영걸한 기운을 펼칠 것이다. 아, 하늘이 이 사람에게 기대하는 바가 또한 크다 할 것이다.

우리의 좌상 평성부원군(平城府院君) 박공(朴公)은 어려서 영특한 자질이 있었기에 사람들 모두 그가 큰일을 할 그릇인 줄을 알고 있었다. 성종(成宗)의 조정에서 인정을 받아 승정원의 직임을 맡았고 그 후로 여러 관직을 역임하며 맡은 바 임무에서 많은 성과를 이루었다. 외직으로는 관찰사와 절도사를 맡았고 내직으로는 보필의 직무와 한성부의 직책을 맡았는데, 복잡하게 얽힌 일들을 여유롭게 잘 처리하였고

81 박원종(朴元宗) : 1467~1510. 본관은 순천(順天), 자는 백윤(伯胤)이다. 중종반정에 적극 참여하여 정국 공신(靖國功臣) 1등에 책록되었고, 이과(李顆)의 난을 다스린 공으로 정난 공신(定難功臣) 1등에 책록되었다. 신용개가 그의 신도비명을 지었다. 《二樂亭集 卷13 平城府院君朴公神道碑銘》

경계를 늦추고 긴장을 풀더라도 방비가 굳건히 이루어졌으니, 하늘이 부여한 재능 있고 영걸한 기운을 여기에서 볼 수 있을 듯하다. 그러나 당시에는 정사가 잘못 시행되지 않았고 백성들은 사리에 맞게 행동하였기에 옛 제도를 그대로 준수하기만 하면 될 뿐 달리 특별한 계책을 시행할 것이 없었으니, 여기에서는 공의 역량이 어떠한지를 제대로 살펴보기에 부족하였다.

그러다 국운이 중간에 막히게 되어 임금은 황음(荒淫)하고 정사는 가혹했으니, 사람들의 마음은 무너져 내려 마음 붙일 곳이 없었고 종묘와 사직은 의지할 데 없어 나라가 언제 망할지 한 치 앞도 알 수 없었다. 이러한 때에 재능 있고 영걸한 기운을 지닌 자가 흥기하여 기울어져 가는 나라를 부지할 계책을 내어 혼매한 임금을 폐하고 성명한 임금을 도와 널리 어려운 시국을 구제하지 않는다면, 이는 거의 하늘의 크나큰 기대를 저버리고 부여받은 큰 재능을 헛되이 하는 것에 가깝지 않겠는가. 이에 상공이 개연히 사직을 부지하려는 마음을 먹고 조정의 기업(基業)과 백성의 생명을 중하게 여겨, 우상인 청천부원군(菁川府院君) 유공(柳公)[82]과 창산부원군(昌山府院君) 성공(成公)[83]과 더불어 계책을 결정하고 함께 도모하여 밝은 임금을 도와 직접 태양을 받들어 하늘에 올렸으니, 위급에 빠진 나라의 운명을 돌려 반석 위에 올린 것이다. 가혹한 정사를 되돌리고 옛 법도를 행하여 우리들이 고난에서 벗어나 태평한 세상에서 함께 살 수 있도록 하였으니, 이에 이르러 공의 재능 있고 영걸한 기운이 비로소 펴져 크게 베풀어졌음을 볼 수 있었다.

82 청천부원군(菁川府院君) 유공(柳公) : 유순정(柳順汀)을 가리킨다.

83 창산부원군(昌山府院君) 성공(成公) : 성희안(成希顔)을 가리킨다.

이러한 일은 당대에 추종할 자가 없으니, 하늘을 저버리지 않았고 나라를 저버리지 않았고 사람을 저버리지 않았다고 이를 만하다. 이러한 공훈과 덕업은 박륙후(博陸侯)[84]의 경우를 가지고서도 비교하여 논하기에 부족하다.

성상이 보위에 오르고 나서 중국에 고명(誥命)을 청하느라 사신이 두 번이나 다녀왔는데도 황제의 칙명이 내려오지 않았다. 이에 창산공(昌山公)을 주문사(奏聞使)로 삼아 연경에 가서 뜻을 아뢰게 하였더니 은혜로운 명이 즉시 내려져 태감(太監) 이진(李珍)과 진호(陳浩)가 조칙(詔勅)을 받들고 와서 전하였으니, 이는 실로 우리나라의 큰 경사였다. 마침내 상공(相公)을 정사(正使)로 삼고 한성부 우윤 이점(李坫) 공을 부사(副使)로 삼아 중국에 가서 황제의 은혜에 사례하도록 하였다. 전례에는 책봉에 대한 사은에 으레 의정(議政)을 사신으로 뽑았으나 또한 때때로 임시로 직임을 맡아 다녀온 경우도 있었다. 상공은 국가의 원훈(元勳)으로서 성상이 크게 의지하고 조정의 든든한 버팀목이며 백성들도 우러러 존경하는 인물이었으니 하루라도 조정을 떠나게 하고 싶지 않았다. 만 리 여정을 다녀오는 길은 움직였다 하면 몇 개월이 걸리니 많은 사람의 생각에 꼭 공이 갈 필요는 없다고 여겼으나, 공은 의연히 자신의 몸을 돌아보지 않고 먼 길의 수고로움도 꺼리지 않고서 단단히 여장을 꾸려 명을 받들어 먼 길을 떠나게 되었다.

84 박륙후(博陸侯) : 한(漢)나라 곽광(霍光)의 봉호이다. 그는 법도에 어긋난 창읍왕(昌邑王)을 폐하고 선제(宣帝)를 세웠다. 박원종이 중종반정에 참여하여 연산군을 폐위하고 중종을 세운 것을, 곽광을 인용하여 언급한 것이다.《二樂亭集 卷3 平城府院君挽詞》

이는 공훈이 있다는 이유로 자신을 높이지도 않고 부귀하다는 이유로 거만하지도 않은 것이니, 나라와 공무만을 생각한 채 일신의 사사로움을 잊은 것이다. 쉬운지 험난한지를 따져 절의를 바꾸지도 않았고 편히 지내기를 도모하지도 않으면서 이처럼 원대한 사업의 기틀을 다지려 하니, 그가 나라와 더불어 아름다움을 짝하고 시종일관 공명을 보존할 것임을 또한 이번 사행을 통해서도 알 수가 있다.

압록강을 거쳐 서쪽으로 가면 요양(遼陽)에 이르고, 또 산해관(山海關)에 이르고, 황도(皇都)에 이르게 된다. 성곽과 도시의 규모, 민간 풍습의 차이, 산천과 지리의 형세, 예악과 문물의 화려함 등 눈에 보이고 마음으로 느껴지는 것들 모두가 지극히 큰 공의 기운을 북돋아 주는 것들이다. 그러나 중국 조정의 선비들이 공의 용모와 도량을 보게 되면 분명 눈을 밝게 뜨고 손을 이마에 대고서 경의를 표하며 입으로는 칭송하고 마음으로는 따르면서 우리 동방에 이같이 영걸한 기운을 지닌 사람이 있고 이 같은 장상(將相)이 있는 줄을 알아 찬탄해 마지않을 것이다. 공의 이번 사행에 대해 조정에서는 비록 떠나보내기 아쉬운 마음이 있으나, 은연중에는 국가의 위상을 높이는 것이니 어찌 아름다운 일이 아니겠는가.

떠나려 할 때에 상께서 의정부에 잔치를 베풀어 주셨는데, 술자리의 중간에 공이 좌우를 돌아보며 전별의 말을 청하였고 이어 나에게는 서문을 지어 그 뜻을 펼쳐 달라고 부탁하였다. 내가 전에 이미 창산공의 부사가 되어 고명을 청하고 돌아왔으며 지금은 사은의 사행을 떠나는 공을 전송하고 있다. 이는 실로 시작과 끝맺음의 뜻이 있으니 또한 아무 말이 없을 수 없다. 삼가 서문을 쓴다.

임지로 가는 경원 부사 조원기[85]를 전송하는 시의 서
送慶源府使趙 元紀 之任詩序

나는 늘 장부가 되어서 기특한 계책을 운용하여 이역 땅에서 공을 세우지 못하고 그저 졸렬함을 유지한 채 글이나 쓰며 책 사이에서 말라죽은 좀벌레와 함께 지내고 있음을 한스러워하였다. 그리하여 변방의 성곽을 맡아 창을 비껴들고 군진으로 가는 사람을 보면 언제나 그 행차를 장하게 여기고 그 뜻을 북돋지 않은 적이 없었다. 그러나 나라에서 변방의 장수를 선발할 적에는 으레 용맹스러움과 무예 역량을 우선시하고 학문적 지략은 따지지도 않으니 문장으로 관직에 진출한 이들은 모두 청요직(淸要職)에 뜻을 두게 된다. 변방에 보임되는 경우에는 바로 기색이 저상되어 속으로는 명예로운 자리로 나아가지 못함을 애석해하고 겉으로는 간교한 오랑캐가 날뛸까 두려워 온갖 계책을 내어 교묘히 회피하기도 하니 얼마나 그릇이 작은 것인가. 반 정원(班定遠),[86] 두 정남(杜征南),[87] 이 찬황(李贊皇),[88] 한 충헌(韓忠獻),[89] 범

85 조원기(趙元紀) : 1457~1533. 본관은 한양(漢陽), 자는 이지(理之), 호는 돈후재(敦厚齋)이다. 문과에 급제하여 대사헌, 형조 판서 등을 역임하였으며, 1515년(중종 10)에는 성절사(聖節使)로, 1523년에는 진위사(陳慰使)로 중국에 다녀오기도 하였다. 무예에도 조예가 깊어 경원 부사(慶源府使)의 직임을 맡은 것이다.《默齋集 卷5 舅氏參贊趙公墓碑銘》

86 반 정원(班定遠) : 정원후(定遠侯)에 봉해진 후한의 반초(班超)를 가리킨다. 그는《한서(漢書)》를 지은 반고(班固)의 동생으로, 반고를 따라 낙양(落陽)으로 진출하여 처음에는 문서를 베끼는 일을 하였으나, 이역만리로 나가 공을 세워야겠다는 뜻을 품고 흉노 원정에 동참하였고, 흉노를 정벌하여 한나라의 서역 지배를 확립했다.

문정(范文正)[90]은 모두 학문을 한 선비 출신이었는데 오랑캐 적들에게 위엄과 신망을 보이고 나라를 튼튼하게 방비하여 훌륭한 명성을 후세에 드리워 지금까지도 그 아름다움을 칭송하고 있으니, 어찌 유독 지금의 시대만 그러한 사람이 없겠는가.

우리나라는 남북으로 오랑캐와 이웃하고 있어 실제 무력을 사용하는 나라이다. 그리고 연산군의 학정을 거치면서 안팎으로 모두 손상되고 북쪽 변방은 더욱 피폐하였으니, 만약 적임이 아닌 자가 직임을 맡는다면 진무하고 다스림이 법도에 어긋나서 그로 인한 근심이 반드시 커질 것이다. 이지(理之)는 문사(文士)이기에 무예가 본업이 아닌데도 성상께서 북방에 대한 염려를 하면서 항상 적임자를 얻고자 힘쓰다가 경원(慶源) 지역을 굳이 그에게 맡긴 것은, 이지의 용맹과 무예가 능히 적장을 베고 적기를 뽑아 버릴 수 있기 때문이 아니라 그가 담력과

87 두 정남(杜征南) : 정남대장군(征南大將軍)에 추증된 진(晉)나라의 두예(杜預)를 가리킨다. 정치가이자 학자로 《춘추좌씨경전집해(春秋左氏經傳集解)》를 저술하는 등 학문적 성취도 대단했는데, 오(吳)나라를 정벌하여 천하를 통일하는 데에도 큰 공을 세웠다.

88 이 찬황(李贊皇) : 찬황백(贊皇伯)에 봉해진 당나라의 이덕유(李德裕)를 가리킨다. 교서랑(校書郎), 한림학사(翰林學士) 등을 지낸 문신이었으나, 조정에서 배척당해 서천(西川)의 군진을 맡게 되었을 때에는 오랑캐를 평정하고 백성을 안정시켰다.

89 한 충헌(韓忠獻) : 시호가 충헌인 송나라의 한기(韓琦)를 가리킨다. 과거에 급제하여 태상박사(太常博士) 등을 지낸 문신이었으나 범중엄(范仲淹)과 함께 서하(西夏) 정벌에 참여하여 위세를 드날렸는데 서하 사람들이 그의 이름만 듣고도 가슴이 서늘해질 정도였다고 한다.

90 범 문정(范文正) : 시호가 문정인 송나라의 범중엄을 가리킨다. 과거에 급제하여 교학(敎學)에 힘썼으며, 한기와 함께 서하 정벌에 참여하였다.

지략이 있어 적에게는 위엄과 신망을 보이고 백성들을 어루만져 편안하게 할 수 있는 방책을 지니고 있는 점만을 취한 것이다.

내가 소싯적에 이지와 어울렸는데, 이지는 활쏘기를 배우지도 않고 말달리는 것을 익히지도 않았지만 무예를 익힌 자와 견줄 만하였고, 백 균(鈞)을 당길 수 있을 정도로 힘이 셌다. 그렇다면 이지는 무예에 재능을 지닌 숨은 인재였던 것이다. 지금 그 재능을 크게 펼치려고 하니 그렇다면 어찌 담력과 지략으로 위엄과 신망을 보이고 계책을 내는 정도일 뿐이겠는가.

이지가 이전에 해랑도(海浪島)의 일에 종사관으로서 굳세고 원대한 기운을 더하였고,[91] 본도의 좌막(佐幕)이 되어서 북쪽 변경의 정세를 잘 알게 되었다. 가슴속에 천만의 병사를 간직하고 있어 비록 절도사의 직책이라도 넉넉히 잘 수행할 수 있으니 경원을 다스리는 일쯤이야 무슨 어려울 것이 있겠는가. 장차 가벼운 갖옷을 입고 느슨하게 띠를 두르고서 전아한 노래를 부르고 투호 놀이를 하더라도[92] 적들은 그의 위세를 두려워하고 은덕에 감사할 것이다. 말에 올라타서는 도적을 격퇴하고 말에서 내려서는 격문을 지어 위엄의 명성이 멀리까지 진동

91 이지가……더하였고 : 해랑도는 중국 동북쪽에 있는 섬이다. 그곳에 우리나라에서 도망친 사람들의 자손이 많이 살고 있다는 사실을 파악하고는 초무사(招撫使) 전림(田霖)을 파견하여 이들을 수색하여 잡아왔는데, 당시 조원기가 종사관으로 참여하였다. 《星湖僿說 卷2 海浪島》《燕山君日記 6年 6月 28日》

92 가벼운……하더라도 : 여유롭게 군진을 다스림을 말한다. 진(晉)나라의 장수 양호(羊祜)는 군진에 있을 때에 항상 가벼운 갖옷을 입고 띠를 느슨하게 맨 채 갑옷을 걸치지 않았으며, 후한의 장수 채준(祭遵)은 군진에 있을 때에 문사(文事)에 해당하는 전아한 노래와 투호 놀이를 즐겼다. 《晉書 羊祜列傳》《後漢書 祭遵列傳》

하리니, 이지가 이에 간직한 것을 펼쳐 나라에 보답하고 변방을 안정시켰음을 사람들이 알게 될 것이다.

군민은 쇠잔하고 오랑캐는 간교하니, 안으로 백성들을 다스리고 밖으로 적들을 물리칠 방책을 내는 것이 이런 점에서 더욱 어려운 것이다. 오랑캐의 촌락이 성을 두르고 있어 우리나라 변경의 울타리 역할을 하고 있으나, 그들은 움직이는 것을 좋아하고 가만히 있는 것은 싫어하여 자신들의 이익에 따라 복종하기도 하고 배반하기도 하니, 다독이는 데에 합당함을 얻으면 우리의 말을 잘 듣는 사냥매와 사냥개의 역할을 할 것이고, 다독이는 데에 합당함을 잃으면 우리에게 위험이 되는 호랑이와 이리가 될 것이다. 이지는 반드시 이러한 점을 잘 생각해야 한다. 어짊으로 포용하고 위세로 위엄을 보이고 신뢰로 결속하고 고요함으로 억누르는 것은 이지가 잘하는 것인데, 북방인들이 바라는 것과 나라에서 믿고 의지하는 것도 이에 지나지 않는다. 내가 살펴보건대 이지가 은으로 장식한 옥관자를 달고서 왕명을 받들어 변방으로 가면서도[93] 마치 좋은 곳으로 가는 것처럼 의기양양 행동하며 멀리 떠나는 근심과 집안을 돌아보는 기색이 없으니 그가 큰 그릇임을 알 수 있다. 훗날 두 정남, 이 찬황, 한 충헌, 범 문정 같은 명성이 어찌 이지에게도 있지 않겠는가. 가서 힘써야 할 것이다. 시는 다음과 같다.

긴 팔로 강한 쇠뇌 당기는 것을 꺼려서　　猿臂曾嫌力挽强
붓 휘갈기며 문단에서 기예를 다투었다네　　揮毫較藝戰文場

93 은으로……가면서도 : 고관으로서 변방의 수령으로 나가는 것을 말한다. 옥관자는 3품 이상만 사용할 수 있었다.

밝고 환하게 글을 지어 문장을 이뤘으니　光明賦就豹斑變
구름 드리운 하늘 길에 큰 날개 펼치누나　天路雲垂鵬翼長

문무 겸비한 재주라 본래 감추기 어려우니　文武有才難自卷
주머니 속 송곳이라 반드시 먼저 드러나네[94]　囊中處穎須先見
그대 이제 굳게 지켜 북방의 근심 덜어야지　君今鎖鑰紓北憂
우스워라, 노쇠한 나는 필묵만 붙잡고 있네　笑我龍鍾守筆硯

94 주머니……드러나네 : 주머니 속에 있는 송곳은 반드시 그 끝이 삐져나오듯이 재주 있는 사람도 반드시 알려지게 된다는 말이다.

장수를 축하하는 시첩의 서

慶壽詩序

내가 고금의 인물들을 살펴보니 부모에게 효도했다는 명성이 있는 사람이 많다. 그러나 경상(卿相)의 신분으로 부모를 모셔, 부모의 이름을 드러내고 마음을 흡족하게 하면서 세상에서 영예를 누리게 한 경우는 항상 드물었고, 부모가 장수를 한 경우는 더욱 찾아보기 어려웠다. 예컨대 많은 나이에도 자식의 입장이 되어 백 세의 부모를 봉양하면서 입신양명하여 어버이를 영예롭게 하는 효도를 지극히 하고 언제나 그 곁에 현손과 증손이 가득 있는 경우는 세상에 몇이나 되는지 다시 알 수 있을 정도이다. 옛날에 노래자(老萊子)가 칠십의 나이에 부모를 모시면서 항상 어린아이처럼 장난을 치며 기쁘게 해 드렸지만 관직을 가지고서 영예롭게 해 드린 것은 없으며, 왕 문헌(王文獻)과 부 문충(富文忠) 두 공은 승상이 되었고 부모도 모두 건강하였지만 그래도 장수하도록 봉양하지는 못하였으니,[95] 이 얼마나 겸하기 어려운 것인가.

나는 어려서 아버지를 여의어 어머니의 손에 길러졌는데, 내가 겨우 성년이 되었을 때에 어머니께서 갑자기 세상을 등져[96] 자식으로서 되돌

95 왕……못하였으니 : 왕 문헌은 동진(東晉)의 재상인 왕도(王導)로, 문헌은 그의 시호이다. 그의 부모에 대한 고사는 자세하지 않다. 부 문충은 송나라의 재상인 부필(富弼)로, 문충은 그의 시호이다. 그는 52세인 1055년에 승상이 되었고 80세까지 살았으나, 그의 어머니는 그의 나이 58세인 1061년에 죽었다.

96 내가……등져 : 신용개의 아버지 신면(申㴐)은 신용개가 다섯 살일 때 함경도 관찰사로 재임 중 이시애(李施愛)의 난에 피살되었고, 어머니는 신용개의 나이 서른다섯

릴 수 없는 슬픔이 온몸을 휘감았다. 내가 지금은 육경의 반열을 따르고 있어 관직이 높고 봉록도 많으니, 늘 증삼(曾參)과 자로(子路)가 했던 생각[97]을 품고서 부모를 직접 봉양하지 못함을 슬퍼하며 잠시도 마음 편한 적이 없었다.

하루는 강원 감사 이계복(李繼福)[98] 공이 나에게 부임 행차 일정을 일러 주고는 또 말하기를 "우리 고조이신 중추원 사(中樞院使) 휘(諱) 정간(貞幹)이 일찍이 본도의 관찰사를 지냈고,[99] 그의 아들 사관(士寬)과 손자 함장(諴長)이 서로 이어 그곳의 관찰사로 나갔으며,[100] 내가 지금 또 그 뒤를 이었으니, 강원도는 우리 집안이 대대로 맡아 다스리는 지역 같습니다. 선조의 발자취를 계속 이을 수 있으니 또한 큰 행운

에 죽었다.

97 증삼(曾參)과……생각 : 증삼과 자로는 모두 공자의 제자이다. 증삼의 아버지 증석(曾晳)이 생전에 양조(羊棗)를 좋아하였는데, 그가 죽자 증삼은 아버지가 생각나서 차마 양조를 먹지 못하였다고 한다. 《孟子 盡心下》 자로는 소싯적에는 가난하여 거친 음식을 먹으며 부모를 위해 백 리 밖에서 쌀을 지고 오곤 했는데, 부모가 돌아가신 뒤에는 아무리 좋은 음식이 있더라도 부모를 봉양하던 때의 행복을 다시 느끼지 못한다고 탄식하였다. 《孔子家語 致思》

98 이계복(李繼福) : 본관은 전의(全義), 자는 덕로(德老)이다. 문과에 급제하여 좌부승지, 경주 부윤(慶州府尹) 등을 역임하였다. 1508년(중종3)에 강원도 관찰사로 임명되었다. 《中宗實錄 3年 10月 29日》

99 우리……지냈고 : 이계복의 고조부 이정간(李貞幹)은 1418년(태종18)에 강원도 관찰사로 임명되었다. 《太宗實錄 18年 7月 8日》

100 그의……나갔으며 : 이사관(李士寬)은 이계복의 증조부인데, 1434년(세종16)에 강원도 관찰사로 임명되었다. 《世宗實錄 16年 10月 30日》 이함장(李諴長)은 이계복의 종조부(從祖父)인데, 1462년(세조8)경에 강원도 관찰사를 지냈다. 《世祖實錄 8年 3月 27日》

이라 하겠습니다."라고 하였다. 그리고 이어서 여러 사람들이 운을 나누어 짓고 중추공(中樞公)이 엮은 경수시(慶壽詩)와 영연시(榮宴詩)[101] 2부를 꺼내어 나에게 보여 주며 말하기를,

"나의 고조부께서 모부인(母夫人) 김씨(金氏)를 모시며 봉양할 적에 효성이 지극하였습니다. 당시 모부인의 연세가 백 세에 가까웠고 고조부도 칠십이 넘었는데 항상 그 앞에서 재롱을 부리며 노래자가 했던 것처럼 하였으며, 그 아래의 자손들은 150여 명이었습니다. 또 계속 수연(壽筵)을 열어 그 마음을 편안하게 봉양하였습니다. 세종(世宗)께서 이를 가상히 여겨 글을 내려 크게 장려하였으며 등급을 뛰어넘어 관작을 올려 주고 효행을 표창하였습니다. 시를 통해 살펴보면 알 수 있고 돌아가신 뒤에 효정(孝靖)으로 시호가 내려졌으니[102] 이것이 또 그 사실입니다. 지금 동쪽으로 부임하면서 이것을 가지고 가서 한가한 때에 장인을 모아 간행하여 길이 전해지도록 하고자 합니다. 이는 비단 나의 선조의 이름을 드러내고자 해서일 뿐만이 아닙니다. 아마 세상 사람들의 효심을 불러일으킬 수 있을 것이니, 세속의 교화에 조금이나마 보탬이 될 것입니다. 게다가 그

101 영연시(榮宴詩) : 영연(榮宴)에서 지어진 시들이다. 영연은 영친연(榮親宴)으로, 자식이 과거에 급제한 경우 부모를 영화롭게 하기 위하여 베푸는 잔치이다. 당시 이정간의 손자 이예장(李禮長)이 과거에 급제하여 영친연이 베풀어졌다.《世宗實錄 14年 4月 25日》

102 세종(世宗)께서……내려졌으니 : 1432년(세종14)에 이정간에게 궤장을 하사하며 교서를 내려 효행을 표창하였고, 아울러 자헌대부(資憲大夫) 중추원 사(中樞院使)에 제수하였다. 그리고 그가 죽었을 때에는 '어버이를 사랑하였으며 너그럽고 화락하게 죽음을 잘 맞이하였다'는 의미를 담아 효정(孝靖)이라는 시호를 내렸다.《世宗實錄 14年 4月 25日, 21年 9月 27日》

대의 증조부[103]께서 이미 경수시의 서문을 지었으니 그대가 어찌 서문을 지어 뜻을 펼쳐 주지 않아서야 되겠습니까."

하였다.

내가 그 말을 듣고서 공경심이 일었고 마음속으로는 부러운 생각이 들었다. 그리고 시첩을 펼쳐 한 번 읽어 보고 나서는 중추공의 진심 어린 효성은 늙어 갈수록 더욱 독실해졌으며 그 어머니는 복이 많아 신체 건강하고 영화를 누려 한 시대의 흠모의 대상이었음을 더욱 믿게 되었으니, 감사공(監司公)의 말이 과장되지 않았음을 알 수 있었다.

2부의 시는 모두 합쳐 49장(章)이고 각기 서문이 맨 앞에 실려 있다. 모두가 한 시대의 이름난 대신과 선비 들이 중추공의 순수한 효심 및 영화와 장수를 칭찬하여 선양한 내용이고, 칭찬의 교서(敎書)와 사은의 전(箋)도 아울러 모두 말미에 실려 있다. 다만 영연시 중 일실된 40장은 지금으로서는 실전된 지가 오래되어 찾아 온전하게 만들기 어려운 점이 한스러울 뿐이다. 그러나 그 사실에 흠이 되지는 않는다.

아, 중추공이 이미 남들은 겸할 수 없는 것을 겸하였고 또 남들은 받을 수 없었던 칭찬의 교서를 받았으니, 이는 한때의 영광일 뿐만이 아니라 장차 자손만대의 영광이 될 것이고, 자손의 영광이 될 뿐만이 아니라 장차 이를 보고 듣는 세상 사람들이 영광으로 여겨 줄 것이다. 그렇다면 그 영광을 영구히 전하고자 하는 감사공의 계획을 어찌 그만둘 수 있겠는가.

시조인 이도(李棹) 어른께서 고려 태조조에 공을 세운 이래로[104] 대

103 그대의 증조부 : 신장(申檣, 1382~1433)을 가리킨다. 자는 제부(濟夫), 호는 암헌(巖軒)이다. 태종 대에 문과에 급제하였으며, 대제학 등을 역임하였다.

대로 공훈이 있는 집안이었고, 15대가 지나 중추공에 이르기까지 하늘은 오래도록 선대에 경사를 길러 주었다. 지금 그 후손은 셀 수 없을 정도에 이르렀고, 또 감사공 같은 이가 있어 입신양명으로 부모를 세상에 드러내고자 하는 마음을 먹고 있으니, 어찌 장차 더욱 오래되더라도 하늘이 변함없이 공의 집안을 후하게 하려는 것이 아니겠는가. 그렇다면 이 시집의 간행은 그저 여사일 뿐이지만 또한 민멸되어 전해지지 않아 후인들이 본받을 수 없게 해서는 안 된다. 게다가 나의 증조부께서 이미 서문을 지었으니, 감사공의 뜻을 또한 저버릴 수가 없었다. 이에 대략 그 연유를 쓰고 겸하여 나의 부러워하는 마음을 덧붙였다. 장수를 축하하는 영광에 대해 서술한 말은 옛 서문에 이미 자세하니, 지금 군더더기의 말을 더 보태지 않는다.

104 시조인……이래로 : 이도는 고려 태조의 후백제 정벌을 도운 개국 공신으로, 전의 이씨(全義李氏)의 시조가 되었다.

《후속록》 서
後續錄序

법이란 제왕이 때에 맞춰 합당하게 처리하고 세상을 어루만지며 사물에 응대함으로써 천하의 변화에 통달하고 천하의 일을 완성하여 정사를 다스리고 교화를 시행하는 것입니다. 그러나 큰 줄기는 비록 하나에 집중되지만 조목은 만 갈래로 분산되니 다스리기를 지극히 간략하게 하더라도 생기는 일은 끝이 없습니다. 이 때문에 옛날에 다스림을 행하던 사람들은 내용을 보태거나 빼 가면서 당장의 일을 해결하지 않을 수가 없었습니다. 삼대 시대 이전에는 민심이 순박하여 다스림과 교화가 쉽게 행해졌으니, 아래에서는 거짓이 거의 행해지지 않았고 위에서는 번거롭게 일을 시행하지 않았습니다. 사람에게 맡기고 법에 맡기지 않았으니, 규정과 법령을 확립하여 다스림을 정교하게 하였다는 말은 들어 보지 못하였습니다.

세대가 내려가고 때가 달라져 다스리는 도구가 점점 늘어나다가 주(周)나라에 이르러 지극히 갖추어져 육경(六卿)의 자리를 두어 육전(六典)을 담당하게 하였습니다. 각각 소속 관원을 거느리고서 중요한 일들을 종합적으로 잘 처리하여 훌륭하게 잘 다스려지도록 하였으니, 마땅히 후세의 율령과 규정이 된다 하겠습니다. 그러나 한당(漢唐) 이래로 법칙이 매우 많아지고 생기고 없어지는 것이 일정하지 않아 비록 뛰어난 사람일지라도 일관된 도를 지키며 규제를 정할 수가 없었습니다. 또한 풍속은 야박하고 사람들은 진실하지 못하며 일은 때에 따라 달라지기 때문에 명령이 나오면 그 기세가 막히고 법은 오래되면 폐단이 생기니, 변통하여 시의적절하게 하는 것은 비록 명철한 임금이라도 마땅히 급선무로 삼아야 할 바입니다.

삼가 생각해 보건대 우리나라는 태조 강헌대왕(太祖康獻大王)께서 왕업을 개창하여 계통을 후세에 전한 이래로 여러 성왕이 그 성취를 계승하였는데 예악(禮樂)을 일으키고 인의(仁義)를 실천하여 삼황오제 시대의 풍속을 잘 회복하여 구현하였습니다. 그리하여 우리나라 민간의 풍속이 황극(皇極)[105]에 들어맞게 하였으니, 이는 참으로 근고에 없던 성대한 다스림이었습니다. 그리고 큰 법도를 세우고 제도를 정함으로써 다스림의 도구가 지극히 정밀하고도 지극히 갖추어졌으니, 《원육전(元六典)》,[106] 《속육전(續六典)》,[107] 《대전속록(大典續錄)》[108]을 살펴보면 또한 선대의 왕들께서 원대하고 명철한 생각을 가지고서 법을 근간으로 삼으면서도 상황에 맞게 가감하여 세상의 일에 적용되도록 하였음을 잘 알 수가 있습니다.

아, 선대왕들의 훌륭한 법과 아름다운 뜻이 폐조(廢朝 연산군)의 혼란한 정치에 절반은 훼손되었습니다. 우리 성상께서 중흥을 이루고

105 황극(皇極) : 제왕이 천하를 통치하는 표준으로, 한쪽으로 치우치지 않으면서 지극히 바른 도리이다.

106 원육전(元六典) : 1397년(태조6)에 공포된 조선 시대 최초의 공식 법전인 《경제육전(經濟六典)》을 달리 부르는 명칭이다. 현재 전하지 않는다.

107 속육전(續六典) : 《경제육전》 시행 이후 새로 제정된 법령들을 정리한 1413년(태종13)의 《속육전》, 1428년(세종10)의 《신속육전(新續六典)》, 1433년의 《신찬경제속육전(新撰經濟續六典)》 등을 통칭한다. 모두 현재 전하지 않는다.

108 대전속록(大典續錄) : 《경국대전(經國大典)》 시행 이후 새로 제정된 법령들을 정리한 법전으로, 1491년(성종22)에 왕명으로 정리에 착수하여 1492년 완성하였다.

나서 거칠고 잡다한 것들을 모두 제거하고 다시 기틀을 잡으며 한결같이 선왕의 옛 법을 준수하였으나 간간이 다 없애지 못한 것들이 있었는데, 교령(敎令)도 여전히 문서에 남아 있었기 때문에 관리들이 그대로 따르지 않을 수 없었습니다. 또《속록》이 편찬된 이후 새로 만들어진 조목이 한둘이 아닌데 앞뒤로 서로 어긋나고 시의(時宜)에도 맞지 않아, 이를 집행하는 자들이 번잡함 때문에 고생하면서 무엇을 따라 집행해야 할지 헷갈려 하니, 이를 요약하지 않으면 행하기 어렵습니다. 성상께서 이 점을 염려하여 좌찬성 이손(李蓀)[109]과 우찬성 이집(李諿)[110] 등에게 명하여 여러 조목을 모아 불필요한 것들을 없애라 하셨고, 다시 삼공과 육경에게 명하여 정밀하게 취사하여 조금도 모순되지 않도록 하였으며 간략하고 요약되게 하도록 힘쓰되 모든 것에 대해 윤허를 받도록 하였습니다. 책을 올리자《후속록》이라 명명하였습니다. 아, 아름답습니다. 어찌 선대왕들께서 상황에 맞게 가감하여 세상의 일에 적용될 수 있도록 한 성대한 마음이 아니겠습니까.

신이 삼가 생각건대 다스림을 행하는 방도에는 근본이 있고 말단이 있으니, 덕이 근본이고 법이 말단입니다. 근본이 확립되면 말단은 반드시 거행되지만, 근본에 힘쓰지 않고 한갓 말단인 법제만을 일삼고서 잘 다스릴 수 있는 자는 없습니다. 옛날의 명철한 임금은 반드시 먼저 자신의 덕을 밝혀 근본으로 삼았고, 자신의 덕을 밝힘으로 말미암아

109 이손(李蓀) : 1439~1520. 본관은 광주(廣州), 자는 자방(子芳)이다. 문과에 급제하여 형조 판서, 병조 판서 등을 역임하였다. 중종반정에 참여하여 정국 공신에 책록되고 한산군(漢山君)에 봉해졌다.

110 이집(李諿) : 1438~1509. 본관은 성주(星州), 자는 화숙(和叔)이다. 문과에 급제하여 이조 판서 등을 역임하였다.

집안을 가지런히 하였고, 집안을 가지런히 함으로 말미암아 나라를 다스렸고, 나라를 다스림으로 말미암아 천하를 평안하게 하였으니, 천하가 평안해지면 백성을 새롭게 하는 공이 지극할 것입니다. 백성이 새로워지고 나면 법은 쓸데가 없지만 법이 없으면 백성이 혹시라도 따르지 않을 수 있습니다. 덕으로 인도하고 예로 가지런히 하는 것은 백성을 새롭게 하는 일이고 정치와 형벌은 또 그것을 면려하는 채찍이 됩니다. 그렇다면 비록 법이 없을 수 있더라도 또한 법이 없어서는 안 됩니다.

《중용》의 구경(九經)에 수신(修身)이 맨 먼저이고 존현(尊賢)이 그 다음이니,[111] 만약 위로는 덕을 밝히고 아래로는 어진 이를 임용하면 백성은 절로 감화되고 법은 절로 행해져 시속이 예악으로 잘 다스려진 경지에 오르는 것이 어렵지 않을 것입니다. 그러나 그렇지 않으면 날마다 법을 바꾸고 날마다 폐단을 제거하더라도 폐난이 법과 함께 생겨나 장차 폐단을 이루 다 바로잡을 수가 없을 것입니다. 성상께서 이미 위로는 덕을 밝혀 신민(新民)의 근본을 확립하였고 아래로는 법을 바르게 하여 상황에 맞게 가감하여 시의에 합당하게 할 수 있었습니다. 이처럼 하고서 어진 이가 지위에 있게 하고 능력 있는 이가 직무를 맡도록 할 수 있다면 법의 시행은 앞으로 백세 이후라도 폐단이 없을 것이니, 어찌 그저 한때에만 시행될 뿐이겠습니까. 맹가(孟軻)가 말하

111 중용의……그다음이니 : 구경(九經)은 《중용》에서 말하는 천하와 국가를 다스리기 위한 아홉 가지의 변함없는 방도로, 그 순서는 수신(修身), 존현(尊賢), 친친(親親), 경대신(敬大臣), 체군신(體群臣), 자서민(子庶民), 내백공(來百工), 유원인(柔遠人), 회제후(懷諸侯)이다.

기를 "한갓 선한 마음만으로는 법을 시행할 수 없고[112] 한갓 법만 가지고는 스스로 행해질 수 없다."라고 하였고, 또 말하기를 "선왕의 법을 따르고서 잘못되는 자는 있지 않다."라고 하였는데, 이는 만세토록 제왕이 규범으로 삼아야 하니 유념하지 않아서야 되겠습니까.

정덕(正德) 8년인 계유년(1513, 중종8) 11월 하순에 신 아무개가 절하며 머리를 조아리고서 삼가 서문을 지었습니다.

112 법을……없고 : 《맹자》 〈이루 상(離婁上)〉에는 '정사를 시행할 수 없고〔不足以爲政〕'로 되어 있다.

지은이 **신용개(申用漑)**

1463년(세조9)~1519년(중종14). 조선 전기의 문신으로, 자는 개지(漑之)이고, 호는 이요정(二樂亭)·송계(松溪)·휴휴자(休休子)이며, 본관은 고령(高靈)이다. 어려서 부친을 여의고 조부인 신숙주(申叔舟)에게 양육되었다. 26세인 1488년(성종19)에 문과에 급제하여 홍문관 정자(弘文館正字)에 제수되었고, 1491년에는 사가독서(賜暇讀書)를 하였다. 연산군 때에는 무오사화(戊午士禍)에 연루되어 국문을 받았으나 원한을 품은 추관(推官)이 없어 화를 면했고, 1504년(연산군10)에는 사화에 연루되어 영광(靈光)으로 귀양을 갔다. 1506년 중종반정 이후 다시 조정으로 돌아와 형조 참판, 홍문관 대제학 등을 역임하였고, 1507년 성희안(成希顔)이 주문사(奏聞使)가 되어 중국에 고명(誥命)을 받으러 갈 때에 부사(副使)로 함께 다녀왔으며 그 공로로 원종공신(原從功臣)이 되었다. 이후 예조 판서, 이조 판서, 병조 판서, 대사헌, 우의정 등을 거쳐 벼슬이 좌의정에 이르렀다. 57세인 1519년(중종14)에 병으로 사직을 청하였으나 허락을 받지 못하였는데, 그해 병으로 세상을 떠났다. 시호는 문경(文景)이다.

옮긴이 **이정원(李庭元)**

성균관대학교 한문학과를 졸업하고, 같은 대학원에서 문학 석사 학위를 받았으며, 성균관대학교 한문고전번역 석·박사 통합과정을 수료하였다. 민족문화추진회 국역연수원 연수부와 상임연구부 과정을 마쳤다. 한국고전번역원 수석연구위원으로 재직 중이다. 《대산집》, 《명재유고》, 《성호전집》, 《설수외사》, 《우담전집》, 《승정원일기》 등을 번역하였다.

이요정집 1
신용개 지음 | 이정원 옮김

2022년 12월 31일 초판 1쇄 발행

발행인 신승운 | 발행처 한국고전번역원
등록 2008. 3. 12. 제25100-2018-000049호
주소 (03310) 서울시 은평구 진관1로 85
전화 02-350-4800 | 팩스 02-350-4994 | 홈페이지 www.itkc.or.kr

연구총괄 권헌준 | 연구기획 김지민 | 연구평가 성과평가실 | 자문 정선용

책임편집 하현주 | 편집진행 신진호
교정 송숙희 채은주 | 조판 김은하 | 제작 조은지
디자인 씨디자인 | 인쇄 사단법인 에스디워크

값 20,000원
ISBN 978-89-284-0964-8 94810
978-89-284-0962-4 (세트)